关联适用全书系列

公司法及司法解释
关联适用全书

法规应用研究中心 ◎ 编

中国法制出版社
CHINA LEGAL PUBLISHING HOUSE

出 版 说 明

法律的生命在于实践。为了方便法官、检察官、律师等法律从业人员，法学研究和教学人员，以及社会大众能够全面、系统地学习新法或重要法律，对照相关规定，掌握重点内容，指引实务操作，我们组织编写了关联适用全书系列。

本系列图书有如下特点：

1. 基础法律的统领性。以新法或重要法律条文为主体内容，统领该领域立法。同时归纳条文主旨，突出条文要义，方便读者明确法条的规范对象。

2. 要点提示的精炼性。对重要法条或新修订之处的主要内容进行释义，旨在用简洁凝练的文字概括立法背景、立法宗旨、法条内涵，解析实务适用中的重点难点。

3. 关联规定的齐备性。将与新法或重要法律相关的法律法规、司法解释、部门规章等法律文件分条逐一列举，旨在方便读者直接对照使用，对该领域立法形成系统性知识架构。

4. 典型案例的指导性。收录与新法或重要法律相关的最高人民法院或最高人民检察院发布的指导性案例、公报案例、典型案例，旨在以案释法，为相关法律的适用和类似案件的审理提供有益参考。

由于编者水平有限，书中内容可能存在不足，敬请广大读者批评指正。如蒙提出建设性意见，我们将不胜感激。

法规应用研究中心
2024 年 1 月

目 录

中华人民共和国公司法

第一章 总 则

- 第 一 条【立法目的】 002
- 第 二 条【调整对象】 003
- 第 三 条【公司法律地位】 003
- 第 四 条【股东有限责任及股东权利】 006
- 第 五 条【公司章程】 007
- 第 六 条【公司名称】 014
- 第 七 条【公司名称中的组织形式】 014
- 第 八 条【公司住所】 015
- 第 九 条【公司经营范围】 017
- 第 十 条【公司法定代表人的担任及辞任】 018
- 第十一条【法定代表人代表行为的法律后果】 019
- 第十二条【公司形式变更】 020
- 第十三条【子公司与分公司】 021
- 第十四条【转投资】 023
- 第十五条【公司投资或者提供担保的限制】 023
- 第十六条【职工权益保护与职业教育】 025
- 第十七条【工会和公司民主管理】 025
- 第十八条【党组织】 027
- 第十九条【合法合规诚信经营】 027
- 第二十条【承担社会责任】 028

第二十一条【禁止滥用股东权利】……………………………… 028

　　第二十二条【不得利用关联关系损害公司利益】……………… 030

　　第二十三条【公司法人人格否认】………………………………… 031

　　第二十四条【电子通信方式开会】………………………………… 041

　　第二十五条【股东会、董事会决议的无效】…………………… 041

　　第二十六条【股东会、董事会决议的撤销】…………………… 042

　　第二十七条【股东会、董事会决议不成立】…………………… 046

　　第二十八条【决议被宣告无效、被撤销、被确认不成立的后果】… 046

第二章　公司登记

　　第二十九条【公司设立登记】……………………………………… 047

　　第 三 十 条【设立公司申请材料】………………………………… 047

　　第三十一条【公司设立登记】……………………………………… 048

　　第三十二条【公司登记事项及公示】……………………………… 049

　　第三十三条【公司营业执照】……………………………………… 049

　　第三十四条【公司变更登记】……………………………………… 051

　　第三十五条【公司变更登记所需材料】…………………………… 051

　　第三十六条【变更登记换发营业执照】…………………………… 051

　　第三十七条【公司注销登记】……………………………………… 051

　　第三十八条【设立分公司登记】…………………………………… 051

　　第三十九条【应当撤销公司登记的情形】………………………… 052

　　第 四 十 条【企业信息公示系统公示事项】……………………… 053

　　第四十一条【优化公司登记服务】………………………………… 053

第三章　有限责任公司的设立和组织机构

第一节　设　　立

　　第四十二条【有限责任公司的股东人数】………………………… 053

第四十三条【有限责任公司的设立协议】……………………054

第四十四条【有限责任公司设立时的股东责任】………054

第四十五条【公司章程制定】………………………………054

第四十六条【公司章程内容】………………………………055

第四十七条【注册资本】……………………………………055

第四十八条【股东出资方式】………………………………065

第四十九条【股东出资义务】………………………………068

第 五 十 条【股东虚假出资或不足额出资的责任】………070

第五十一条【董事会催缴义务及其赔偿责任】……………071

第五十二条【股东催缴失权制度】…………………………071

第五十三条【股东抽逃出资的法律责任】…………………071

第五十四条【股东出资加速到期】…………………………073

第五十五条【出资证明书】…………………………………073

第五十六条【股东名册】……………………………………075

第五十七条【股东查阅复制权】……………………………076

第二节 组织机构

第五十八条【股东会的组成及地位】………………………078

第五十九条【股东会的职权与书面议事方式】……………078

第 六 十 条【一人公司的股东决定】………………………080

第六十一条【首次股东会会议】……………………………080

第六十二条【定期会议和临时会议】………………………080

第六十三条【股东会会议的召集和主持】…………………081

第六十四条【股东会会议的通知和记录】…………………081

第六十五条【股东表决权】…………………………………081

第六十六条【股东会的议事方式和表决程序】……………082

第六十七条【董事会的职权】………………………………082

第六十八条【董事会的组成】………………………………083

第六十九条【审计委员会】 ………………………………… 084

第 七 十 条【董事任期、选任和辞任】 ………………… 084

第七十一条【董事的解任和赔偿】 ………………………… 084

第七十二条【董事会会议的召集和主持】 ………………… 084

第七十三条【董事会的议事方式、表决程序和会议记录】 ……… 085

第七十四条【经理的任免和职权】 ………………………… 085

第七十五条【设董事不设董事会的情形】 ………………… 085

第七十六条【监事会的设置、组成和监事会会议】 ……… 086

第七十七条【监事的任期、选任和辞任】 ………………… 086

第七十八条【监事会的一般职权】 ………………………… 086

第七十九条【监事的质询权、建议权和监事会的调查权】 ……… 087

第 八 十 条【监事会有权要求董事、高级管理人员提交执行
职务报告】 ………………………………………… 087

第八十一条【监事会会议】 ………………………………… 087

第八十二条【监事会履职费用的承担】 …………………… 088

第八十三条【不设监事会、监事的情形】 ………………… 088

第四章 有限责任公司的股权转让

第八十四条【股权转让规则及优先购买权】 ……………… 088

第八十五条【强制执行程序中的优先购买权】 …………… 091

第八十六条【股东名册变更】 ……………………………… 093

第八十七条【转让股权后的变更记载】 …………………… 093

第八十八条【瑕疵出资股权转让的责任承担】 …………… 095

第八十九条【公司股权回购的情形】 ……………………… 095

第 九 十 条【股东资格的继承】 …………………………… 099

第五章 股份有限公司的设立和组织机构

第一节 设 立

第九十一条【设立方式】 …… 100
第九十二条【发起人的限制】 …… 101
第九十三条【发起人的义务】 …… 102
第九十四条【公司章程制定】 …… 102
第九十五条【公司章程内容】 …… 102
第九十六条【注册资本】 …… 103
第九十七条【发起人认购股份】 …… 103
第九十八条【足额缴纳股款与出资方式】 …… 105
第九十九条【发起人的连带责任】 …… 105
第一百条【募集股份的公告和认股书】 …… 107
第一百零一条【验资】 …… 107
第一百零二条【股东名册】 …… 107
第一百零三条【公司成立大会的召开】 …… 108
第一百零四条【公司成立大会的职权和表决程序】 …… 108
第一百零五条【返还股款、不得任意抽回股本】 …… 109
第一百零六条【申请设立登记】 …… 109
第一百零七条【有限责任公司中适用于股份有限公司的规定】 … 110
第一百零八条【有限责任公司变更为股份有限公司】 …… 110
第一百零九条【重要资料的置备】 …… 111
第一百一十条【股东的查阅、复制、建议、质询及知情权】 …… 111

第二节 股东会

第一百一十一条【股东会的组成与地位】 …… 112
第一百一十二条【股东会的职权】 …… 112
第一百一十三条【股东会和临时股东会的召开】 …… 113
第一百一十四条【股东会会议的召集与主持】 …… 114

第一百一十五条【股东会的通知期限、临时议案】……………… 116

第一百一十六条【股东表决权和决议比例】……………………… 118

第一百一十七条【累积投票制】…………………………………… 120

第一百一十八条【出席股东会会议的代理】……………………… 121

第一百一十九条【股东会会议记录】……………………………… 122

第三节 董事会、经理

第一百二十条【董事会的组成、任期及职权】…………………… 123

第一百二十一条【审计委员会】…………………………………… 124

第一百二十二条【董事长的产生及职权】………………………… 125

第一百二十三条【董事会会议的召集】…………………………… 125

第一百二十四条【董事会会议的议事规则】……………………… 126

第一百二十五条【董事会会议的出席及责任承担】……………… 126

第一百二十六条【经理的任免及职权】…………………………… 127

第一百二十七条【董事会成员兼任经理】………………………… 128

第一百二十八条【设董事不设董事会的情形】…………………… 128

第一百二十九条【高级管理人员的报酬披露】…………………… 128

第四节 监事会

第一百三十条【监事会的组成及任期】…………………………… 128

第一百三十一条【监事会的职权及费用】………………………… 129

第一百三十二条【监事会会议】…………………………………… 130

第一百三十三条【设监事不设监事会的情形】…………………… 131

第五节 上市公司组织机构的特别规定

第一百三十四条【上市公司的定义】……………………………… 131

第一百三十五条【特别事项的通过】……………………………… 132

第一百三十六条【独立董事】……………………………………… 134

第一百三十七条【上市公司审计委员会】………………………… 136

第一百三十八条【董事会秘书】 …………………………………… 137

第一百三十九条【会议决议的关联关系董事不得表决】 ………… 138

第一百四十条【依法信息披露及禁止违法代持】 ………………… 138

第一百四十一条【禁止交叉持股】 ………………………………… 139

第六章 股份有限公司的股份发行和转让

第一节 股份发行

第一百四十二条【股份及其形式】 ………………………………… 139

第一百四十三条【股份发行的原则】 ……………………………… 139

第一百四十四条【类别股的发行】 ………………………………… 147

第一百四十五条【类别股的章程记载】 …………………………… 148

第一百四十六条【类别股股东表决权的行使规则】 ……………… 148

第一百四十七条【公司股票及记名股票】 ………………………… 148

第一百四十八条【股票发行的价格】 ……………………………… 149

第一百四十九条【股票的形式及载明事项】 ……………………… 149

第一百五十条【股票的交付】 ……………………………………… 150

第一百五十一条【发行新股的决议】 ……………………………… 150

第一百五十二条【授权董事会发行新股】 ………………………… 151

第一百五十三条【授权董事会发行新股决议的通过】 …………… 151

第一百五十四条【公开募集股份及招股说明书内容】 …………… 151

第一百五十五条【股票承销】 ……………………………………… 153

第一百五十六条【代收股款】 ……………………………………… 155

第二节 股份转让

第一百五十七条【股份转让】 ……………………………………… 156

第一百五十八条【股份转让场所和方式】 ………………………… 158

第一百五十九条【股票转让】 ……………………………………… 160

第一百六十条【股份转让限制】 …………………………………… 160

第一百六十一条【异议股东股份回购请求权】……………… 164

第一百六十二条【公司回购股份的情形及要求】…………… 164

第一百六十三条【禁止财务资助】………… 173

第一百六十四条【股票丢失的救济】……………………… 173

第一百六十五条【上市公司的股票交易】………………… 174

第一百六十六条【上市公司的信息披露】………………… 175

第一百六十七条【股东资格的继承】……………………… 197

第七章 国家出资公司组织机构的特别规定

第一百六十八条【国家出资公司的概念】………………… 198

第一百六十九条【代表国家出资人的职责和权益】……… 198

第 一 百 七 十 条【国家出资公司的党组织】……………… 198

第一百七十一条【国有独资公司章程】…………………… 198

第一百七十二条【国有独资公司股东会职权的行使】…… 199

第一百七十三条【国有独资公司的董事会】……………… 200

第一百七十四条【国有独资公司的经理】………………… 201

第一百七十五条【国有独资公司高层人员的兼职禁止】…… 202

第一百七十六条【国有独资公司不设监事会和监事的情形】…… 202

第一百七十七条【国家出资公司加强内部合规管理】…… 202

第八章 公司董事、监事、高级管理人员的资格和义务

第一百七十八条【董事、监事、高级管理人员的资格禁止】…… 202

第一百七十九条【董事、监事、高级管理人员的守法合规义务】… 204

第一百八十条【董事、监事、高级管理人员的忠实义务和
勤勉义务】……………………………………… 205

第一百八十一条【董事、监事、高级管理人员的禁止行为】…… 205

第一百八十二条【董事、监事、高级管理人员自我交易和
　　　　　　　关联交易的限制】 …………………………………… 206
第一百八十三条【禁止董事、监事、高级管理人员篡夺公司
　　　　　　　商业机会】 …………………………………………… 206
第一百八十四条【董事、监事、高级管理人员同业竞争的限制】 … 207
第一百八十五条【关联董事表决权】 ……………………………… 207
第一百八十六条【董事、监事、高级管理人员违法所得收入
　　　　　　　应当归公司所有】 …………………………………… 207
第一百八十七条【董事、监事、高级管理人员列席股东会】 …… 207
第一百八十八条【董事、监事、高级管理人员的损害赔偿责任】 … 208
第一百八十九条【公司权益受损的股东救济】 …………………… 208
第 一 百 九 十 条【股东权益受损的直接诉讼】 …………………… 211
第一百九十一条【董事、高级管理人员与公司的连带责任】 …… 212
第一百九十二条【控股股东、实际控制人的连带责任】 ………… 212
第一百九十三条【董事责任保险】 ………………………………… 212

第九章　公司债券

第一百九十四条【公司债券的定义、发行与交易】 ……………… 212
第一百九十五条【公司债券募集办法】 …………………………… 215
第一百九十六条【公司债券的票面记载事项】 …………………… 215
第一百九十七条【公司债券应记名】 ……………………………… 216
第一百九十八条【公司债券持有人名册】 ………………………… 216
第一百九十九条【公司债券的登记结算】 ………………………… 216
第 二 百 条【公司债券转让】 ……………………………………… 234
第二百零一条【公司债券的转让方式】 …………………………… 235
第二百零二条【可转换公司债券的发行】 ………………………… 235
第二百零三条【可转换公司债券的转换】 ………………………… 237

第二百零四条【债券持有人会议】 ………………………… 237
第二百零五条【聘请债券受托管理人】 ………………… 238
第二百零六条【债券受托管理人的职责与责任】 ………… 238

第十章 公司财务、会计

第二百零七条【公司财务与会计制度】 ………………… 238
第二百零八条【财务会计报告】 ………………………… 247
第二百零九条【财务会计报告的公示】 ………………… 248
第二百一十条【法定公积金、任意公积金与利润分配】 … 248
第二百一十一条【违法利润分配的法律责任】 ………… 249
第二百一十二条【利润分配期限】 ……………………… 249
第二百一十三条【股份有限公司资本公积金】 ………… 249
第二百一十四条【公积金的用途】 ……………………… 250
第二百一十五条【聘用、解聘会计师事务所】 ………… 250
第二百一十六条【真实提供会计资料】 ………………… 254
第二百一十七条【会计账簿】 …………………………… 256

第十一章 公司合并、分立、增资、减资

第二百一十八条【公司合并】 …………………………… 257
第二百一十九条【简易合并】 …………………………… 257
第二百二十条【公司合并的程序】 ……………………… 258
第二百二十一条【公司合并前债权债务的承继】 ……… 259
第二百二十二条【公司分立】 …………………………… 261
第二百二十三条【公司分立前的债务承担】 …………… 262
第二百二十四条【公司减资】 …………………………… 263
第二百二十五条【简易减资】 …………………………… 264
第二百二十六条【违法减资的法律后果】 ……………… 264

第二百二十七条【增资优先认缴（购）权】 ……………… 265

第二百二十八条【公司增资】 ……………………………… 265

第十二章　公司解散和清算

第二百二十九条【公司解散的事由及公示】 ……………… 267

第二百三十条【特定解散情形下的公司存续】 …………… 268

第二百三十一条【司法强制解散公司】 …………………… 268

第二百三十二条【清算义务人和清算组】 ………………… 270

第二百三十三条【法院指定清算组】 ……………………… 276

第二百三十四条【清算组的职权】 ………………………… 277

第二百三十五条【债权人申报债权】 ……………………… 278

第二百三十六条【清算程序】 ……………………………… 279

第二百三十七条【破产申请】 ……………………………… 280

第二百三十八条【清算组成员的义务和责任】 …………… 282

第二百三十九条【清算结束后公司的注销】 ……………… 283

第二百四十条【简易注销】 ………………………………… 285

第二百四十一条【强制注销】 ……………………………… 285

第二百四十二条【破产清算】 ……………………………… 285

第十三章　外国公司的分支机构

第二百四十三条【外国公司的概念】 ……………………… 290

第二百四十四条【外国公司分支机构的设立程序】 ……… 291

第二百四十五条【外国公司分支机构的设立条件】 ……… 291

第二百四十六条【外国公司分支机构的名称】 …………… 291

第二百四十七条【外国公司分支机构的法律地位】 ……… 291

第二百四十八条【外国公司分支机构的活动原则】 ……… 292

第二百四十九条【外国公司分支机构的撤销和清算】 …… 292

第十四章 法律责任

第二百五十条【欺诈登记的法律责任】 …………………… 292

第二百五十一条【未依法公示有关信息的法律责任】 ……… 298

第二百五十二条【虚假出资的法律责任】 …………………… 298

第二百五十三条【抽逃出资的法律责任】 …………………… 299

第二百五十四条【另立会计账簿、提供虚假财务会计报告的
　　　　　　　　法律责任】 ……………………………… 300

第二百五十五条【不按规定通知债权人的法律责任】 ……… 301

第二百五十六条【清算时隐匿分配公司财产的法律责任】 … 302

第二百五十七条【承担资产评估、验资或者验证的机构违法
　　　　　　　　的法律责任】 …………………………… 303

第二百五十八条【公司登记机关违法的法律责任】 ………… 304

第二百五十九条【冒用公司名义的法律责任】 ……………… 304

第二百六十条【逾期开业、不当停业及未依法办理变更登记
　　　　　　　的法律责任】 ……………………………… 304

第二百六十一条【外国公司擅自设立分支机构的法律责任】 … 305

第二百六十二条【利用公司名义危害国家安全与社会公共利益
　　　　　　　　的法律责任】 …………………………… 305

第二百六十三条【民事赔偿优先】 …………………………… 305

第二百六十四条【刑事责任】 ………………………………… 305

第十五章 附　则

第二百六十五条【本法相关用语的含义】 …………………… 306

第二百六十六条【施行日期】 ………………………………… 306

附录

关于《中华人民共和国公司法（修订草案）》的说明 ……… 308

案例索引目录

- 江苏省某木业公司环境违法行政非诉执行检察监督案 …………… 004
- 某保险公司与某选煤公司财产损失保险合同纠纷案 …………… 027
- 昆明闽某纸业有限责任公司等污染环境刑事附带民事公益诉讼案 …………………………………………………………………… 032
- 深圳市丙投资企业（有限合伙）被诉股东损害赔偿责任纠纷抗诉案 ………………………………………………………………… 035
- 徐工集团工程机械股份有限公司诉成都川交工贸有限责任公司等买卖合同纠纷案 …………………………………………………… 038
- 李建军诉上海佳动力环保科技有限公司公司决议撤销纠纷案 …… 044
- 宋文军诉西安市大华餐饮有限公司股东资格确认纠纷案 ………… 097
- 林方清诉常熟市凯莱实业有限公司、戴小明公司解散纠纷案 …… 273
- 仕丰科技有限公司与富钧新型复合材料（太仓）有限公司、第三人永利集团有限公司解散纠纷案 ……………………………………… 276
- 浙江省杭州市某区人民检察院督促治理虚假登记市场主体检察监督案 …………………………………………………………………… 293

中华人民共和国公司法

（1993年12月29日第八届全国人民代表大会常务委员会第五次会议通过　根据1999年12月25日第九届全国人民代表大会常务委员会第十三次会议《关于修改〈中华人民共和国公司法〉的决定》第一次修正　根据2004年8月28日第十届全国人民代表大会常务委员会第十一次会议《关于修改〈中华人民共和国公司法〉的决定》第二次修正　2005年10月27日第十届全国人民代表大会常务委员会第十八次会议第一次修订　根据2013年12月28日第十二届全国人民代表大会常务委员会第六次会议《关于修改〈中华人民共和国海洋环境保护法〉等七部法律的决定》第三次修正　根据2018年10月26日第十三届全国人民代表大会常务委员会第六次会议《关于修改〈中华人民共和国公司法〉的决定》第四次修正　2023年12月29日第十四届全国人民代表大会常务委员会第七次会议第二次修订　2023年12月29日中华人民共和国主席令第15号公布　自2024年7月1日起施行）

目　录

第一章　总　　则
第二章　公司登记
第三章　有限责任公司的设立和组织机构
　第一节　设　　立
　第二节　组织机构
第四章　有限责任公司的股权转让

第五章　股份有限公司的设立和组织机构

　　第一节　设　　立

　　第二节　股 东 会

　　第三节　董事会、经理

　　第四节　监 事 会

　　第五节　上市公司组织机构的特别规定

第六章　股份有限公司的股份发行和转让

　　第一节　股份发行

　　第二节　股份转让

第七章　国家出资公司组织机构的特别规定

第八章　公司董事、监事、高级管理人员的资格和义务

第九章　公司债券

第十章　公司财务、会计

第十一章　公司合并、分立、增资、减资

第十二章　公司解散和清算

第十三章　外国公司的分支机构

第十四章　法律责任

第十五章　附　　则

第一章　总　　则

第一条　立法目的①

为了规范公司的组织和行为，保护公司、股东、职工和债权人的合法权益，完善中国特色现代企业制度，弘扬企业家精神，维护社会经济秩序，促进社会主义市场经济的发展，根据宪法，制定本法。

---

①　条文主旨为编者所加，全书同。

第二条　调整对象

本法所称公司，是指依照本法在中华人民共和国境内设立的有限责任公司和股份有限公司。

❋ 关联规定[①]

《民法典》（2020年5月28日）

第七十六条　以取得利润并分配给股东等出资人为目的成立的法人，为营利法人。

营利法人包括有限责任公司、股份有限公司和其他企业法人等。

第三条　公司法律地位

公司是企业法人，有独立的法人财产，享有法人财产权。公司以其全部财产对公司的债务承担责任。

公司的合法权益受法律保护，不受侵犯。

❋ 关联规定

《民法典》（2020年5月28日）

第五十七条　法人是具有民事权利能力和民事行为能力，依法独立享有民事权利和承担民事义务的组织。

第五十八条　法人应当依法成立。

法人应当有自己的名称、组织机构、住所、财产或者经费。法人成立的具体条件和程序，依照法律、行政法规的规定。

设立法人，法律、行政法规规定须经有关机关批准的，依照其规定。

第五十九条　法人的民事权利能力和民事行为能力，从法人成立时产生，到法人终止时消灭。

---

① 本书【关联规定】部分的法律文件名为简称，日期为公布时间或者最后一次修正、修订时间。

第六十条 法人以其全部财产独立承担民事责任。

❋ 典型案例

江苏省某木业公司环境违法行政非诉执行检察监督案①

◎ **关键词**

企业恶意注销　行政非诉执行　溯源治理

◎ **基本案情**

2019年12月6日，江苏省苏州市生态环境局依法对其辖区内的某木业有限公司（以下简称木业公司）的环境违法行为作出行政处罚决定：罚款258800元，责令二个月内通过"三同时"验收，限于接到行政处罚决定之日起十五日内缴纳罚款，逾期缴纳罚款的，每日按罚款数额的百分之三加处罚款。因木业公司未履行行政处罚决定，且在法定期限内既未申请行政复议，又未提起行政诉讼，苏州市生态环境局向某市法院申请强制执行。次日，某市法院裁定准予强制执行苏州市生态环境局作出的行政处罚决定。2021年1月8日，某市法院依法对该案立案执行，执行标的为517600元。后该院查明木业公司已于2020年12月1日核准注销，某市法院遂裁定驳回苏州市生态环境局的执行申请。

◎ **检察机关履职情况**

某市检察院在办案中发现木业公司可能被"恶意注销"，致使苏州市生态环境局的行政处罚决定执行申请被法院驳回，遂依职权启动监督程序。

经调查核实，查明木业公司在向江苏省某保税区市场监督管理局申请注销时，提供的清算报告中写明公司无其他债权债务和未了结事项。该公司关于清算报告的股东会决议载明，股东签字确认公司清算如有遗留问题，由股东承担全部责任。2021年5月26日，某市检察院向市法院发出

---

① 《行政检察监督优化营商环境典型案例"检察为民办实事"——行政检察与民同行系列典型案例（第六批）》，载最高人民检察院网站，https://www.spp.gov.cn/xwfbh/wsfbt/202206/t20220616_559927.shtml#2，2024年1月1日访问。

检察建议，指出：木业公司被注销时，公司股东隐瞒被行政处罚、存在债务的事实，通过提供公司无债务的虚假清算报告，办理恶意注销登记，根据《最高人民法院关于适用〈中华人民共和国公司法〉若干问题的规定（二）》第十九条及《最高人民法院对〈关于非诉执行案件中作为被执行人的法人终止，人民法院是否可以直接裁定变更被执行人的请示〉的答复》（以下简称《答复》）的相关规定，木业公司虽被注销，但其存续期间受到的行政处罚仍应执行。木业公司股东承诺对公司遗留问题承担全部责任，应履行相应赔偿义务，法院应当通知苏州市生态环境局变更被执行人，而非裁定驳回执行申请。据此，某市检察院建议某市法院撤销原裁定，通知申请机关变更木业公司股东为被执行人，推动行政处罚落实到位。2021年8月24日，某市法院回函采纳检察建议，并向申请机关释明，可以依法申请变更被执行人。后苏州市生态环境局向某市法院申请变更木业公司股东为被执行人，法院已对公司两名股东采取强制执行措施。

某市检察院通过走访研判、数据碰撞，发现恶意注销企业逃避行政处罚的情况并非个例，遂根据调研情况撰写《问题企业"注销换壳"逃避处罚多发 基层"放管服"改革需完善制度措施》报地方党委政府，推动全市建立企业注销信息共享机制和数据平台，通过这个平台，已纠正12个导致行政处罚决定无法执行的注销行为。2022年2月，某市检察院邀请某市法院、行政审批局、市场监督管理局、司法局、生态环境局等部门召开圆桌会议，就防止恶意注销企业逃避行政处罚问题进一步达成共识，会签了工作意见，建立常态化工作机制，实现行政处罚信息与公司注销登记信息数据互联互通，有效促进源头治理。

◎ **典型意义**

根据申请进行市场主体注册、注销登记是行政机关履行市场监管职责的重要方式。为持续深化"放管服"改革，激发市场活力，优化营商环境，国务院制定了《中华人民共和国市场主体登记管理条例》，市场监管总局等部门修订了《企业注销指引》，这标志着我国市场主体准入退出制度更加完善，公司注册、注销登记更加便捷。借助新的制度，市场主体进出的制度成本明显降低，同时也为少数公司恶意"注销换壳"、逃避行政处罚责任提供了可乘之机。公司股东隐瞒被行政处罚、存在债务的事实，通过提供公司无债务的虚假清算报告，恶意申请注销登记，使得被执行人失去主体地位的，行政机关依法作出的行政处罚决定仍应执行。人民法院裁定驳回行政机关执行申请的，检察机关应当依法履行行政非诉执行监督职能，建议行政机关申请变更公司股东为被执行人，或者向人民法院制发检察建议提出纠正意见，保障行政处罚的有效性和及时性。《中华人民共和国公司法》第三条规定，"公司是企业法人，有独立的法人财产，享有法人财产权。公司以其全部财产对公司的债务承担责任。"第二十条规定，"公司股东应当遵守法律、行政法规和公司章程，依法行使股东权利，不得滥用股东权利损害公司或者其他股东的利益；不得滥用公司法人独立地位和股东有限责任损害公司债权人的利益。公司股东滥用股东权利给公司或者其他股东造成损失的，应当依法承担赔偿责任。公司股东滥用公司法人独立地位和股东有限责任，逃避债务，严重损害公司债权人利益的，应当对公司债务承担连带责任。"上述规定可以作为恶意申请注销公司、逃避行政处罚义务的股东承担责任的法律依据。同时，检察机关在办案中发现行政执法机关与市场主体登记机关之间存在信息壁垒，提出防止恶意注销公司的源头治理对策建议，推动相关职能部门建立信息共享平台，打破信息壁垒，破解行政机关市场监管难题，推动优化营商环境。

第四条　股东有限责任及股东权利

有限责任公司的股东以其认缴的出资额为限对公司承担责任；股份有限公司的股东以其认购的股份为限对公司承担责任。

公司股东对公司依法享有资产收益、参与重大决策和选择管理者等权利。

关联规定

《最高人民法院关于适用〈中华人民共和国公司法〉若干问题的规定（四）》
（2020 年 12 月 29 日）

第十三条　股东请求公司分配利润案件，应当列公司为被告。

一审法庭辩论终结前，其他股东基于同一分配方案请求分配利润并申请参加诉讼的，应当列为共同原告。

第十四条　股东提交载明具体分配方案的股东会或者股东大会的有效决议，请求公司分配利润，公司拒绝分配利润且其关于无法执行决议的抗辩理由不成立的，人民法院应当判决公司按照决议载明的具体分配方案向股东分配利润。

第十五条　股东未提交载明具体分配方案的股东会或者股东大会决议，请求公司分配利润的，人民法院应当驳回其诉讼请求，但违反法律规定滥用股东权利导致公司不分配利润，给其他股东造成损失的除外。

第五条　公司章程

设立公司应当依法制定公司章程。公司章程对公司、股东、董事、监事、高级管理人员具有约束力。

要点提示

公司章程，是指公司依法制定的，规定公司名称、住所、经营范围、经营管理制度等重大事项的基本文件。公司章程是公司组织和活动的基本准则。订立公司章程是设立公司的条件之一。审批机构和登记机关要对公司章程进行审查，以决定是否给予批准或者给予登记。公司章程一经有关部门批准，并经公司登记机关核准即对外产生法律效力。公司、公司股东以及董事、监事和高级管理人员都要受到公司章程的约束。

"高级管理人员"包括公司的经理、副经理、财务负责人以及上市公司董事会秘书和公司章程规定的其他人员，这些人员由公司董事会聘任，负责公司日常的经营管理事务，所以必须受公司章程的约束，遵守公司章程的规定。

✦ 关联规定

1.《上市公司章程指引》（2023年12月15日）

第一章 总 则

第一条 为维护公司、股东和债权人的合法权益，规范公司的组织和行为，根据《中华人民共和国公司法》（以下简称《公司法》）、《中华人民共和国证券法》（以下简称《证券法》）和其他有关规定，制订本章程。

第二条 公司系依照【法规名称】和其他有关规定成立的股份有限公司（以下简称公司）。

公司【设立方式】设立；在【公司登记机关所在地名】市场监督管理局注册登记，取得营业执照，营业执照号【营业执照号码】。

注释：依法律、行政法规规定，公司设立必须报经批准的，应当说明批准机关和批准文件名称。

第三条 公司于【批/核准/注册日期】经【批/核准/注册机关全称】批/核准，首次向社会公众发行人民币普通股【股份数额】股，于【上市日期】在【证券交易所全称】上市。公司于【批/核准/注册日期】经【批/核准/注册机关全称】批/核准，发行优先股【股份数额】股，于【上市日期】在【证券交易所全称】上市。公司向境外投资人发行的以外币认购并且在境内上市的境内上市外资股为【股份数额】，于【上市日期】在【证券交易所全称】上市。

注释：本指引所称优先股，是指依照《公司法》，在一般规定的普通种类股份之外，另行规定的其他种类股份，其股份持有人优先于普通股股东分配公司利润和剩余财产，但参与公司决策管理等权利受到限制。

没有发行（或拟发行）优先股或者境内上市外资股的公司，无需就本条有关优先股或者境内上市外资股的内容作出说明。以下同。

第四条 公司注册名称：【中文全称】【英文全称】。

第五条 公司住所:【公司住所地址全称,邮政编码】。

第六条 公司注册资本为人民币【注册资本数额】元。

注释:公司因增加或者减少注册资本而导致注册资本总额变更的,可以在股东大会通过同意增加或减少注册资本的决议后,再就因此而需要修改公司章程的事项通过一项决议,并说明授权董事会具体办理注册资本的变更登记手续。

第七条 公司营业期限为【年数】或者【公司为永久存续的股份有限公司】。

第八条【董事长或经理】为公司的法定代表人。

第九条 公司全部资产分为等额股份,股东以其认购的股份为限对公司承担责任,公司以其全部资产对公司的债务承担责任。

第十条 本公司章程自生效之日起,即成为规范公司的组织与行为、公司与股东、股东与股东之间权利义务关系的具有法律约束力的文件,对公司、股东、董事、监事、高级管理人员具有法律约束力的文件。依据本章程,股东可以起诉股东,股东可以起诉公司董事、监事、经理和其他高级管理人员,股东可以起诉公司,公司可以起诉股东、董事、监事、经理和其他高级管理人员。

第十一条 本章程所称其他高级管理人员是指公司的副经理、董事会秘书、财务负责人。

注释:公司可以根据实际情况,在章程中确定属于公司高级管理人员的人员。

第十二条 公司根据中国共产党章程的规定,设立共产党组织、开展党的活动。公司为党组织的活动提供必要条件。

第二章 经营宗旨和范围

第十三条 公司的经营宗旨:【宗旨内容】。

第十四条 经依法登记,公司的经营范围:【经营范围内容】。

注释:公司的经营范围中属于法律、行政法规规定须经批准的项目,应当依法经过批准。

2.《国有企业公司章程制定管理办法》（2020年12月31日）

第二章 公司章程的主要内容

第五条 国有企业公司章程一般应当包括但不限于以下主要内容：

（一）总则；

（二）经营宗旨、范围和期限；

（三）出资人机构或股东、股东会（包括股东大会，下同）；

（四）公司党组织；

（五）董事会；

（六）经理层；

（七）监事会（监事）；

（八）职工民主管理与劳动人事制度；

（九）财务、会计、审计与法律顾问制度；

（十）合并、分立、解散和清算；

（十一）附则。

第六条 总则条款应当根据《公司法》等法律法规要求载明公司名称、住所、法定代表人、注册资本等基本信息。明确公司类型（国有独资公司、有限责任公司等）；明确公司按照《中国共产党章程》规定设立党的组织，开展党的工作，提供基础保障等。

第七条 经营宗旨、范围和期限条款应当根据《公司法》相关规定载明公司经营宗旨、经营范围和经营期限等基本信息。经营宗旨、经营范围应当符合出资人机构审定的公司发展战略规划；经营范围的表述要规范统一，符合工商注册登记的管理要求。

第八条 出资人机构或股东、股东会条款应当按照《公司法》《企业国有资产法》等有关法律法规及相关规定表述，载明出资方式，明确出资人机构或股东、股东会的职权范围。

第九条 公司党组织条款应当按照《中国共产党章程》《中国共产党国有企业基层组织工作条例（试行）》等有关规定，写明党委（党组）或党支部（党总支）的职责权限、机构设置、运行机制等重要事项。明确党组织研究讨论是董事会、经理层决策重大问题的前置程序。

设立公司党委（党组）的国有企业应当明确党委（党组）发挥领导作用，把方向、管大局、保落实，依照规定讨论和决定企业重大事项；明确坚持和完善"双向进入、交叉任职"领导体制及有关要求。设立公司党支部（党总支）的国有企业应当明确公司党支部（党总支）围绕生产经营开展工作，发挥战斗堡垒作用；具有人财物重大事项决策权的企业党支部（党总支），明确一般由企业党员负责人担任书记和委员，由党支部（党总支）对企业重大事项进行集体研究把关。

对于国有相对控股企业的党建工作，需结合企业股权结构、经营管理等实际，充分听取其他股东包括机构投资者的意见，参照有关规定和本条款的内容把党建工作基本要求写入公司章程。

第十条 董事会条款应当明确董事会定战略、作决策、防风险的职责定位和董事会组织结构、议事规则；载明出资人机构或股东会对董事会授予的权利事项；明确董事的权利义务、董事长职责；明确总经理、副总经理、财务负责人、总法律顾问、董事会秘书由董事会聘任；明确董事会向出资人机构（股东会）报告、审计部门向董事会负责、重大决策合法合规性审查、董事会决议跟踪落实以及后评估、违规经营投资责任追究等机制。

国有独资公司、国有全资公司应当明确由出资人机构或相关股东推荐派出的外部董事人数超过董事会全体成员的半数，董事会成员中的职工代表依照法定程序选举产生。

第十一条 经理层条款应当明确经理层谋经营、抓落实、强管理的职责定位；明确设置总经理、副总经理、财务负责人的有关要求，如设置董事会秘书、总法律顾问，应当明确为高级管理人员；载明总经理职责；明确总经理对董事会负责，依法行使管理生产经营、组织实施董事会决议等职权，向董事会报告工作。

第十二条 设立监事会的国有企业，应当在监事会条款中明确监事会组成、职责和议事规则。不设监事会仅设监事的国有企业，应当明确监事人数和职责。

第十三条 财务、会计制度相关条款应当符合国家通用的企业财务制度和国家统一的会计制度。

第十四条 公司章程的主要内容应当确保出资人机构或股东会、党委（党组）、董事会、经理层等治理主体的权责边界清晰，重大事项的议事规则科学规范，决策程序衔接顺畅。

第十五条 公司章程可以根据企业实际增加其他内容。有关内容必须符合法律、行政法规的规定。

第三章 国有独资公司章程的制定程序

第十六条 国有独资公司章程由出资人机构负责制定，或者由董事会制订报出资人机构批准。出资人机构可以授权新设、重组、改制企业的筹备机构等其他决策机构制订公司章程草案，报出资人机构批准。

第十七条 发生下列情形之一时，应当依法制定国有独资公司章程：

（一）新设国有独资公司的；

（二）通过合并、分立等重组方式新产生国有独资公司的；

（三）国有独资企业改制为国有独资公司的；

（四）发生应当制定公司章程的其他情形。

第十八条 出资人机构负责修改国有独资公司章程。国有独资公司董事会可以根据企业实际情况，按照法律、行政法规制订公司章程修正案，报出资人机构批准。

第十九条 发生下列情形之一时，应当及时修改国有独资公司章程：

（一）公司章程规定的事项与现行的法律、行政法规、规章及规范性文件相抵触的；

（二）企业的实际情况发生变化，与公司章程记载不一致的；

（三）出资人机构决定修改公司章程的；

（四）发生应当修改公司章程的其他情形。

第二十条 国有独资公司章程草案或修正案由公司筹备机构或董事会制订的，应当在审议通过后的5个工作日内报出资人机构批准，并提交下列书面文件：

（一）国有独资公司关于制订或修改公司章程的请示；

（二）国有独资公司筹备机构关于章程草案的决议，或董事会关于章程修正案的决议；

（三）章程草案，或章程修正案、修改对照说明；

（四）产权登记证（表）复印件、营业执照副本复印件（新设公司除外）；

（五）公司总法律顾问签署的对章程草案或修正案出具的法律意见书，未设立总法律顾问的，由律师事务所出具法律意见书或公司法务部门出具审查意见书；

（六）出资人机构要求的其他有关材料。

第二十一条 出资人机构收到请示材料后，需对材料进行形式审查。提交材料不齐全的，应当在5个工作日内一次性告知补正。

第二十二条 出资人机构对公司章程草案或修正案进行审核，并于15个工作日内将审核意见告知报送单位，经沟通确认达成一致后，出资人机构应当于15个工作日内完成审批程序。

第二十三条 出资人机构需要征求其他业务相关单位意见、或需报请本级人民政府批准的，应当根据实际工作情况调整相应期限，并将有关情况提前告知报送单位。

第二十四条 国有独资公司章程经批准，由出资人机构按规定程序负责审签。

第二十五条 国有独资公司在收到公司章程批准文件后，应当在法律、行政法规规定的时间内办理工商登记手续。

第四章　国有全资、控股公司章程的制定程序

第二十六条 国有全资公司、国有控股公司设立时，股东共同制定公司章程。

第二十七条 国有全资公司、国有控股公司的股东会负责修改公司章程。国有全资公司、国有控股公司的董事会应当按照法律、行政法规及公司实际情况及时制订章程的修正案，经与出资人机构沟通后，报股东会审议。

第二十八条 发生下列情形之一时，应当及时修改国有全资公司、国有控股公司章程：

（一）公司章程规定的事项与现行法律、行政法规、规章及规范性文件相抵触的；

（二）企业的实际情况发生变化，与公司章程记载不一致的；

（三）股东会决定修改公司章程的；

（四）发生应当修改公司章程的其他情形。

第二十九条 出资人机构委派股东代表参加股东会会议。股东代表应当按照出资人机构对公司章程的意见，通过法定程序发表意见、进行表决、签署相关文件。

第三十条 出资人机构要按照《公司法》规定在股东会审议通过后的国有全资公司、国有控股公司章程上签字、盖章。

第三十一条 国有全资公司、国有控股公司章程的草案及修正案，经股东会表决通过后，公司应当在法律、行政法规规定的时间内办理工商登记手续。

第六条　公司名称

公司应当有自己的名称。公司名称应当符合国家有关规定。

公司的名称权受法律保护。

第七条　公司名称中的组织形式

依照本法设立的有限责任公司，应当在公司名称中标明有限责任公司或者有限公司字样。

依照本法设立的股份有限公司，应当在公司名称中标明股份有限公司或者股份公司字样。

✦ 要点提示

公司名称是公司区别于其他公司和市场主体的标志，公司必须有名称。公司营业执照上载明的公司名称，是公司的法定名称，是确认公司权利义务归属的依据。

公司类型变更，公司名称应做相应变更登记。未进行登记的，不得对抗第三人。

关联规定

1.《市场主体登记管理条例》（2021年7月27日）

第十条　市场主体只能登记一个名称，经登记的市场主体名称受法律保护。

市场主体名称由申请人依法自主申报。

2.《企业名称登记管理规定》（2020年12月28日）

第十三条　企业分支机构名称应当冠以其所从属企业的名称，并缀以"分公司"、"分厂"、"分店"等字词。境外企业分支机构还应当在名称中标明该企业的国籍及责任形式。

3.《企业名称登记管理规定实施办法》（2023年8月29日）

第十二条　企业应当依法在名称中标明与组织结构或者责任形式一致的组织形式用语，不得使用可能使公众误以为是其他组织形式的字样。

（一）公司应当在名称中标明"有限责任公司"、"有限公司"或者"股份有限公司"、"股份公司"字样；

（二）合伙企业应当在名称中标明"（普通合伙）"、"（特殊普通合伙）"、"（有限合伙）"字样；

（三）个人独资企业应当在名称中标明"（个人独资）"字样。

第八条　**公司住所**

公司以其主要办事机构所在地为住所。

❖ 关联规定

1.《民法典》（2020 年 5 月 28 日）

第六十三条　法人以其主要办事机构所在地为住所。依法需要办理法人登记的，应当将主要办事机构所在地登记为住所。

2.《民事诉讼法》（2023 年 9 月 1 日）

第二十二条　对公民提起的民事诉讼，由被告住所地人民法院管辖；被告住所地与经常居住地不一致的，由经常居住地人民法院管辖。

对法人或者其他组织提起的民事诉讼，由被告住所地人民法院管辖。

同一诉讼的几个被告住所地、经常居住地在两个以上人民法院辖区的，各该人民法院都有管辖权。

第二十七条　因公司设立、确认股东资格、分配利润、解散等纠纷提起的诉讼，由公司住所地人民法院管辖。

第三十五条　合同或者其他财产权益纠纷的当事人可以书面协议选择被告住所地、合同履行地、合同签订地、原告住所地、标的物所在地等与争议有实际联系的地点的人民法院管辖，但不得违反本法对级别管辖和专属管辖的规定。

第八十九条　受送达人或者他的同住成年家属拒绝接收诉讼文书的，送达人可以邀请有关基层组织或者所在单位的代表到场，说明情况，在送达回证上记明拒收事由和日期，由送达人、见证人签名或者盖章，把诉讼文书留在受送达人的住所；也可以把诉讼文书留在受送达人的住所，并采用拍照、录像等方式记录送达过程，即视为送达。

3.《市场主体登记管理条例》（2021 年 7 月 27 日）

第十一条　市场主体只能登记一个住所或者主要经营场所。

电子商务平台内的自然人经营者可以根据国家有关规定，将电子商务平台提供的网络经营场所作为经营场所。

省、自治区、直辖市人民政府可以根据有关法律、行政法规的规定和本地区实际情况，自行或者授权下级人民政府对住所或者主要经营场所作出更加便利市场主体从事经营活动的具体规定。

第二十七条 市场主体变更住所或者主要经营场所跨登记机关辖区的，应当在迁入新的住所或者主要经营场所前，向迁入地登记机关申请变更登记。迁出地登记机关无正当理由不得拒绝移交市场主体档案等相关材料。

4.《最高人民法院关于适用〈中华人民共和国民事诉讼法〉的解释》（2022年4月1日）

第三条 公民的住所地是指公民的户籍所在地，法人或者其他组织的住所地是指法人或者其他组织的主要办事机构所在地。

法人或者其他组织的主要办事机构所在地不能确定的，法人或者其他组织的注册地或者登记地为住所地。

第九条 公司经营范围

> 公司的经营范围由公司章程规定。公司可以修改公司章程，变更经营范围。
>
> 公司的经营范围中属于法律、行政法规规定须经批准的项目，应当依法经过批准。

❖ 要点提示

公司的经营范围，是指国家允许企业法人生产和经营的商品类别、品种及服务项目，反映企业法人业务活动的内容和生产经营方向，是企业法人业务活动范围的法律界限，体现企业法人民事权利能力和行为能力的核心内容。

❖ 关联规定

1.《市场主体登记管理条例》（2021年7月27日）

　　第十四条　市场主体的经营范围包括一般经营项目和许可经营项目。经营范围中属于在登记前依法须经批准的许可经营项目，市场主体应当在申请登记时提交有关批准文件。

　　市场主体应当按照登记机关公布的经营项目分类标准办理经营范围登记。

2.《市场主体登记管理条例实施细则》（2022年3月1日）

　　第十二条　申请人应当按照国家市场监督管理总局发布的经营范围规范目录，根据市场主体主要行业或者经营特征自主选择一般经营项目和许可经营项目，申请办理经营范围登记。

第十条　公司法定代表人的担任及辞任

　　公司的法定代表人按照公司章程的规定，由代表公司执行公司事务的董事或者经理担任。

　　担任法定代表人的董事或者经理辞任的，视为同时辞去法定代表人。

　　法定代表人辞任的，公司应当在法定代表人辞任之日起三十日内确定新的法定代表人。

❖ 关联规定

1.《民法典》（2020年5月28日）

　　第六十一条　依照法律或者法人章程的规定，代表法人从事民事活动的负责人，为法人的法定代表人。

　　法定代表人以法人名义从事的民事活动，其法律后果由法人承受。

　　法人章程或者法人权力机构对法定代表人代表权的限制，不得对抗善意相对人。

  第六十二条 法定代表人因执行职务造成他人损害的，由法人承担民事责任。

  法人承担民事责任后，依照法律或者法人章程的规定，可以向有过错的法定代表人追偿。

2.《市场主体登记管理条例》（2021年7月27日）

  第十二条 有下列情形之一的，不得担任公司、非公司企业法人的法定代表人：

  （一）无民事行为能力或者限制民事行为能力；

  （二）因贪污、贿赂、侵占财产、挪用财产或者破坏社会主义市场经济秩序被判处刑罚，执行期满未逾5年，或者因犯罪被剥夺政治权利，执行期满未逾5年；

  （三）担任破产清算的公司、非公司企业法人的法定代表人、董事或者厂长、经理，对破产负有个人责任的，自破产清算完结之日起未逾3年；

  （四）担任因违法被吊销营业执照、责令关闭的公司、非公司企业法人的法定代表人，并负有个人责任的，自被吊销营业执照之日起未逾3年；

  （五）个人所负数额较大的债务到期未清偿；

  （六）法律、行政法规规定的其他情形。

第十一条　法定代表人代表行为的法律后果

  法定代表人以公司名义从事的民事活动，其法律后果由公司承受。

  公司章程或者股东会对法定代表人职权的限制，不得对抗善意相对人。

  法定代表人因执行职务造成他人损害的，由公司承担民事责任。公司承担民事责任后，依照法律或者公司章程的规定，可以向有过错的法定代表人追偿。

第十二条 公司形式变更

有限责任公司变更为股份有限公司，应当符合本法规定的股份有限公司的条件。股份有限公司变更为有限责任公司，应当符合本法规定的有限责任公司的条件。

有限责任公司变更为股份有限公司的，或者股份有限公司变更为有限责任公司的，公司变更前的债权、债务由变更后的公司承继。

❖ 关联规定

1.《市场主体登记管理条例》（2021年7月27日）

第二十四条　市场主体变更登记事项，应当自作出变更决议、决定或者法定变更事项发生之日起30日内向登记机关申请变更登记。

市场主体变更登记事项属于依法须经批准的，申请人应当在批准文件有效期内向登记机关申请变更登记。

2.《最高人民法院关于审理与企业改制相关的民事纠纷案件若干问题的规定》（2020年12月29日）

第四条　国有企业依公司法整体改造为国有独资有限责任公司的，原企业的债务，由改造后的有限责任公司承担。

第五条　企业通过增资扩股或者转让部分产权，实现他人对企业的参股，将企业整体改造为有限责任公司或者股份有限公司的，原企业债务由改造后的新设公司承担。

第六条　企业以其部分财产和相应债务与他人组建新公司，对所转移的债务债权人认可的，由新组建的公司承担民事责任；对所转移的债务未通知债权人或者虽通知债权人，而债权人不予认可的，由原企业承担民事责任。原企业无力偿还债务，债权人就此向新设公司主张债权的，新设公司在所接收的财产范围内与原企业承担连带民事责任。

第七条　企业以其优质财产与他人组建新公司，而将债务留在原企业，债权人以新设公司和原企业作为共同被告提起诉讼主张债权的，新设公司应当在所接收的财产范围内与原企业共同承担连带责任。

3. 最高人民法院对《商务部关于请确认〈关于审理与企业改制相关的民事纠纷案件若干问题的规定〉是否适用于外商投资的函》的复函（2003年10月20日）

中国企业与外国企业合资、合作的行为，以及外资企业在中国的投资行为，虽然涉及到企业主体、企业资产及股东的变化，但他们不属于国有企业改制范畴，且有专门的法律、法规调整，因此，外商投资行为不受上述司法解释的调整。

4.《市场主体登记管理条例实施细则》（2022年3月1日）

第三十七条　公司变更类型，应当按照拟变更公司类型的设立条件，在规定的期限内申请变更登记，并提交有关材料。

非公司企业法人申请改制为公司，应当按照拟变更的公司类型设立条件，在规定期限内申请变更登记，并提交有关材料。

个体工商户申请转变为企业组织形式，应当按照拟变更的企业类型设立条件申请登记。

第十三条　子公司与分公司

> 公司可以设立子公司。子公司具有法人资格，依法独立承担民事责任。
>
> 公司可以设立分公司。分公司不具有法人资格，其民事责任由公司承担。

要点提示

分公司是相对于总公司而言的，是指被总公司所管辖的公司分支机构，其以总公司的名义进行经营活动，在法律上不具有独立的法人资格，民事责任由具有法人资格的总公司承担。

子公司是相对于母公司而言的，是指全部股份或达到控股程度的股份被另一个公司所控制或依据协议受另一个公司实际控制的公司。

关联规定

1.《市场主体登记管理条例》（2021年7月27日）

第二十三条　市场主体设立分支机构，应当向分支机构所在地的登记机关申请登记。

2.《市场主体登记管理条例实施细则》（2022年3月1日）

第六条　市场主体应当按照类型依法登记下列事项：

（一）公司：名称、类型、经营范围、住所、注册资本、法定代表人姓名、有限责任公司股东或者股份有限公司发起人姓名或者名称。

（二）非公司企业法人：名称、类型、经营范围、住所、出资额、法定代表人姓名、出资人（主管部门）名称。

（三）个人独资企业：名称、类型、经营范围、住所、出资额、投资人姓名及居所。

（四）合伙企业：名称、类型、经营范围、主要经营场所、出资额、执行事务合伙人名称或者姓名，合伙人名称或者姓名、住所、承担责任方式。执行事务合伙人是法人或者其他组织的，登记事项还应当包括其委派的代表姓名。

（五）农民专业合作社（联合社）：名称、类型、经营范围、住所、出资额、法定代表人姓名。

（六）分支机构：名称、类型、经营范围、经营场所、负责人姓名。

（七）个体工商户：组成形式、经营范围、经营场所、经营者姓名、住所。个体工商户使用名称的，登记事项还应当包括名称。

（八）法律、行政法规规定的其他事项。

第十四条 转投资

公司可以向其他企业投资。

法律规定公司不得成为对所投资企业的债务承担连带责任的出资人的，从其规定。

◆ 要点提示

公司转投资，是指公司作为投资主体，以公司法人财产作为对另一企业的出资，从而使本公司成为另一企业成员的行为。

◆ 关联规定

《合伙企业法》（2006年8月27日）

第三条 国有独资公司、国有企业、上市公司以及公益性的事业单位、社会团体不得成为普通合伙人。

第十五条 公司投资或者提供担保的限制

公司向其他企业投资或者为他人提供担保，按照公司章程的规定，由董事会或者股东会决议；公司章程对投资或者担保的总额及单项投资或者担保的数额有限额规定的，不得超过规定的限额。

公司为公司股东或者实际控制人提供担保的，应当经股东会决议。

前款规定的股东或者受前款规定的实际控制人支配的股东，不得参加前款规定事项的表决。该项表决由出席会议的其他股东所持表决权的过半数通过。

🔹 要点提示

实际控制人,是指虽不是公司的股东,但通过投资关系、协议或者其他安排,能够实际支配公司行为的人。

🔹 关联规定

1.《最高人民法院关于执行担保若干问题的规定》(2020 年 12 月 29 日)

第五条 公司为被执行人提供执行担保的,应当提交符合公司法第十六条规定的公司章程、董事会或者股东会、股东大会决议。

2.《上市公司监管指引第 8 号——上市公司资金往来、对外担保的监管要求》(2022 年 1 月 28 日)

第九条 应由股东大会审批的对外担保,必须经董事会审议通过后,方可提交股东大会审批。须经股东大会审批的对外担保,包括但不限于下列情形:

(一)上市公司及其控股子公司的对外担保总额,超过最近一期经审计净资产百分之五十以后提供的任何担保;

(二)为资产负债率超过百分之七十的担保对象提供的担保;

(三)单笔担保额超过最近一期经审计净资产百分之十的担保;

(四)对股东、实际控制人及其关联方提供的担保。

股东大会在审议为股东、实际控制人及其关联方提供的担保议案时,该股东或者受该实际控制人支配的股东,不得参与该项表决,该项表决由出席股东大会的其他股东所持表决权的半数以上通过。

第十一条 上市公司为控股股东、实际控制人及其关联方提供担保的,控股股东、实际控制人及其关联方应当提供反担保。

第十六条　职工权益保护与职业教育

公司应当保护职工的合法权益，依法与职工签订劳动合同，参加社会保险，加强劳动保护，实现安全生产。

公司应当采用多种形式，加强公司职工的职业教育和岗位培训，提高职工素质。

第十七条　工会和公司民主管理

公司职工依照《中华人民共和国工会法》组织工会，开展工会活动，维护职工合法权益。公司应当为本公司工会提供必要的活动条件。公司工会代表职工就职工的劳动报酬、工作时间、休息休假、劳动安全卫生和保险福利等事项依法与公司签订集体合同。

公司依照宪法和有关法律的规定，建立健全以职工代表大会为基本形式的民主管理制度，通过职工代表大会或者其他形式，实行民主管理。

公司研究决定改制、解散、申请破产以及经营方面的重大问题、制定重要的规章制度时，应当听取公司工会的意见，并通过职工代表大会或者其他形式听取职工的意见和建议。

❖ 要点提示

工会是职工民主管理的重要渠道，公司应当为本公司工会提供必要的活动条件。在适用的过程中需注意：关于工会的具体操作适用《工会法》的规定；关于集体合同的具体问题还需适用《劳动法》及其相关的配套规定。

❖ 关联规定

1.《工会法》（2021年12月24日）

第二十条　企业、事业单位、社会组织违反职工代表大会制度和其他民主管理制度，工会有权要求纠正，保障职工依法行使民主管理的权利。

法律、法规规定应当提交职工大会或者职工代表大会审议、通过、决定的事项，企业、事业单位、社会组织应当依法办理。

第二十三条 企业、事业单位、社会组织违反劳动法律法规规定，有下列侵犯职工劳动权益情形，工会应当代表职工与企业、事业单位、社会组织交涉，要求企业、事业单位、社会组织采取措施予以改正；企业、事业单位、社会组织应当予以研究处理，并向工会作出答复；企业、事业单位、社会组织拒不改正的，工会可以提请当地人民政府依法作出处理：

（一）克扣、拖欠职工工资的；

（二）不提供劳动安全卫生条件的；

（三）随意延长劳动时间的；

（四）侵犯女职工和未成年工特殊权益的；

（五）其他严重侵犯职工劳动权益的。

2.《劳动法》（2018年12月29日）

第三十三条 企业职工一方与企业可以就劳动报酬、工作时间、休息休假、劳动安全卫生、保险福利等事项，签订集体合同。集体合同草案应当提交职工代表大会或者全体职工讨论通过。

集体合同由工会代表职工与企业签订；没有建立工会的企业，由职工推举的代表与企业签订。

第三十四条 集体合同签订后应当报送劳动行政部门；劳动行政部门自收到集体合同文本之日起十五日内未提出异议的，集体合同即行生效。

第三十五条 依法签订的集体合同对企业和企业全体职工具有约束力。职工个人与企业订立的劳动合同中劳动条件和劳动报酬等标准不得低于集体合同的规定。

3.《最高人民法院关于在民事审判工作中适用〈中华人民共和国工会法〉若干问题的解释》（2020年12月29日）

第一条 人民法院审理涉及工会组织的有关案件时，应当认定依照工会法建立的工会组织的社团法人资格。具有法人资格的工会组织依法独立享有民事权利，承担民事义务。建立工会的企业、事业单位、机关与所建工会以及工会投资兴办的企业，根据法律和司法解释的规定，应当分别承担各自的民事责任。

第五条 根据工会法第四十三条和民事诉讼法的有关规定，上级工会向人民法院申请支付令或者提起诉讼，要求企业、事业单位拨缴工会经费的，人民法院应当受理。基层工会要求参加诉讼的，人民法院可以准许其作为共同申请人或者共同原告参加诉讼。

第十八条　党组织

在公司中，根据中国共产党章程的规定，设立中国共产党的组织，开展党的活动。公司应当为党组织的活动提供必要条件。

第十九条　合法合规诚信经营

公司从事经营活动，应当遵守法律法规，遵守社会公德、商业道德，诚实守信，接受政府和社会公众的监督。

❋ 典型案例

某保险公司与某选煤公司财产损失保险合同纠纷案[①]

某选煤公司用于运输的货车在某保险公司投保交强险和商业险。该货车发生交通事故后，某选煤公司多次催促某保险公司对事故车辆核定损失并支付维修款，但某保险公司拖延定损且逾期支付维修款，进而导致某选煤公司产生车辆停运损失。

---

① 《2021年全国法院十大商事案件》，载最高人民法院网站，https：www.court.gov.cn zixun xiangqing 344441. html，2024年1月1日。

黑龙江省七台河市中级人民法院审理认为，被保险人系营运车辆的经营者，《保险法》对保险人理赔核定期限作了明确规定，约束保险人及时履行相应义务。保险人怠于履行法定定损、理赔的义务及延期支付维修款，造成被保险人损失，应当承担民事赔偿责任。

第二十条　承担社会责任

公司从事经营活动，应当充分考虑公司职工、消费者等利益相关者的利益以及生态环境保护等社会公共利益，承担社会责任。

国家鼓励公司参与社会公益活动，公布社会责任报告。

第二十一条　禁止滥用股东权利

公司股东应当遵守法律、行政法规和公司章程，依法行使股东权利，不得滥用股东权利损害公司或者其他股东的利益。

公司股东滥用股东权利给公司或者其他股东造成损失的，应当承担赔偿责任。

关联规定

1.《民法典》（2020年5月28日）

第八十三条　营利法人的出资人不得滥用出资人权利损害法人或者其他出资人的利益；滥用出资人权利造成法人或者其他出资人损失的，应当依法承担民事责任。

营利法人的出资人不得滥用法人独立地位和出资人有限责任损害法人债权人的利益；滥用法人独立地位和出资人有限责任，逃避债务，严重损害法人债权人的利益的，应当对法人债务承担连带责任。

2.《公司法》（2023 年 12 月 29 日）

第六十三条　一人有限责任公司的股东不能证明公司财产独立于股东自己的财产的，应当对公司债务承担连带责任。

3.《最高人民法院关于审理生态环境侵权责任纠纷案件适用法律若干问题的解释》（2023 年 8 月 14 日）

第十五条　公司污染环境、破坏生态，被侵权人请求股东承担责任，符合公司法第二十条规定情形的，人民法院应予支持。

4.《全国法院民商事审判工作会议纪要》（2019 年 11 月 8 日）

（四）关于公司人格否认

公司人格独立和股东有限责任是公司法的基本原则。否认公司独立人格，由滥用公司法人独立地位和股东有限责任的股东对公司债务承担连带责任，是股东有限责任的例外情形，旨在矫正有限责任制度在特定法律事实发生时对债权人保护的失衡现象。在审判实践中，要准确把握《公司法》第 20 条第 3 款规定的精神。一是只有在股东实施了滥用公司法人独立地位及股东有限责任的行为，且该行为严重损害了公司债权人利益的情况下，才能适用。损害债权人利益，主要是指股东滥用权利使公司财产不足以清偿公司债权人的债权。二是只有实施了滥用法人独立地位和股东有限责任行为的股东才对公司债务承担连带清偿责任，而其他股东不应承担此责任。三是公司人格否认不是全面、彻底、永久地否定公司的法人资格，而只是在具体案件中依据特定的法律事实、法律关系，突破股东对公司债务不承担责任的一般规则，例外地判令其承担连带责任。人民法院在个案中否认公司人格的判决的既判力仅仅约束该诉讼的各方当事人，不当然适用于涉及该公司的其他诉讼，不影响公司独立法人资格的存续。如果其他债权人提起公司人格否认诉讼，已生效判决认定的事实可以作为证据使用。四是《公司法》第 20 条第 3 款规定的滥用行为，实践中常见的情形有人格混同、过度支配与控制、资本显著不足等。在审理案件时，需要根据查明的案件事实进行综合判断，既审慎适用，又当用则用。实践中存在标准把握不严而滥用这一例外制度的现象，同时也存在因法律规定较为原则、抽象，适用难度大，而不善于适用、不敢于适用的现象，均应当引起高度重视。

第二十二条　不得利用关联关系损害公司利益

公司的控股股东、实际控制人、董事、监事、高级管理人员不得利用关联关系损害公司利益。

违反前款规定，给公司造成损失的，应当承担赔偿责任。

◆ 关联规定

1.《民法典》（2020 年 5 月 28 日）

第八十四条　营利法人的控股出资人、实际控制人、董事、监事、高级管理人员不得利用其关联关系损害法人的利益；利用关联关系造成法人损失的，应当承担赔偿责任。

2.《最高人民法院关于适用〈中华人民共和国公司法〉若干问题的规定（五）》（2020 年 12 月 29 日）

第一条　关联交易损害公司利益，原告公司依据民法典第八十四条、公司法第二十一条规定请求控股股东、实际控制人、董事、监事、高级管理人员赔偿所造成的损失，被告仅以该交易已经履行了信息披露、经股东会或者股东大会同意等法律、行政法规或者公司章程规定的程序为由抗辩的，人民法院不予支持。

公司没有提起诉讼的，符合公司法第一百五十一条第一款规定条件的股东，可以依据公司法第一百五十一条第二款、第三款规定向人民法院提起诉讼。

3.《上市公司监管指引第 8 号——上市公司资金往来、对外担保的监管要求》（2022 年 1 月 28 日）

第二章　资金往来

第四条　控股股东、实际控制人及其他关联方与上市公司发生的经营性资金往来中，不得占用上市公司资金。

第五条　上市公司不得以下列方式将资金直接或者间接地提供给控股股东、实际控制人及其他关联方使用：

（一）为控股股东、实际控制人及其他关联方垫支工资、福利、保险、广告等费用、承担成本和其他支出；

（二）有偿或者无偿地拆借公司的资金（含委托贷款）给控股股东、实际控制人及其他关联方使用，但上市公司参股公司的其他股东同比例提供资金的除外。前述所称"参股公司"，不包括由控股股东、实际控制人控制的公司；

（三）委托控股股东、实际控制人及其他关联方进行投资活动；

（四）为控股股东、实际控制人及其他关联方开具没有真实交易背景的商业承兑汇票，以及在没有商品和劳务对价情况下或者明显有悖商业逻辑情况下以采购款、资产转让款、预付款等方式提供资金；

（五）代控股股东、实际控制人及其他关联方偿还债务；

（六）中国证券监督管理委员会（以下简称中国证监会）认定的其他方式。

第六条　注册会计师在为上市公司年度财务会计报告进行审计工作中，应当根据本章规定，对上市公司存在控股股东、实际控制人及其他关联方占用资金的情况出具专项说明，公司应当就专项说明作出公告。

第二十三条　公司法人人格否认

公司股东滥用公司法人独立地位和股东有限责任，逃避债务，严重损害公司债权人利益的，应当对公司债务承担连带责任。

股东利用其控制的两个以上公司实施前款规定行为的，各公司应当对任一公司的债务承担连带责任。

只有一个股东的公司，股东不能证明公司财产独立于股东自己的财产的，应当对公司债务承担连带责任。

❀ 典型案例

1. 昆明闽某纸业有限责任公司等污染环境刑事附带民事公益诉讼案①

◎ **关键词**

刑事　刑事附带民事公益诉讼　环境污染　单位犯罪　环境侵权债务　公司法人人格否认　股东连带责任

◎ **裁判要点**

公司股东滥用公司法人独立地位、股东有限责任，导致公司不能履行其应当承担的生态环境损害修复、赔偿义务，国家规定的机关或者法律规定的组织请求股东对此依照《中华人民共和国公司法》第二十条的规定承担连带责任的，人民法院依法应当予以支持。

◎ **基本案情**

被告单位昆明闽某纸业有限公司（以下简称闽某公司）于2005年11月16日成立，公司注册资本100万元。黄某海持股80%，黄某芬持股10%，黄某龙持股10%。李某城系闽某公司后勤厂长。闽某公司自成立起即在长江流域金沙江支流螳螂川河道一侧埋设暗管，接至公司生产车间的排污管道，用于排放生产废水。经鉴定，闽某公司偷排废水期间，螳螂川河道内水质指标超基线水平13.0倍-239.1倍，上述行为对螳螂川地表水环境造成污染，共计减少废水污染治理设施运行支出3009662元，以虚拟治理成本法计算，造成环境污染损害数额为10815021元，并对螳螂川河道

---

① 最高人民法院指导性案例215号。

下游金沙江生态流域功能造成一定影响。

闽某公司生产经营活动造成生态环境损害的同时，其股东黄某海、黄某芬、黄某龙还存在如下行为：1. 股东个人银行卡收公司应收资金共计124642613.1元，不作财务记载。2. 将属于公司财产的9套房产（市值8920611元）记载于股东及股东配偶名下，由股东无偿占有。3. 公司账簿与股东账簿不分，公司财产与股东财产、股东自身收益与公司盈利难以区分。闽某公司自案发后已全面停产，对公账户可用余额仅为18261.05元。

云南省昆明市西山区人民检察院于2021年4月12日公告了本案相关情况，公告期内未有法律规定的机关和有关组织提起民事公益诉讼。昆明市西山区人民检察院遂就上述行为对闽某公司、黄某海、李某城等提起公诉，并对该公司及其股东黄某海、黄某芬、黄某龙等人提起刑事附带民事公益诉讼，请求否认闽某公司独立地位，由股东黄某海、黄某芬、黄某龙对闽某公司生态环境损害赔偿承担连带责任。

◎ 裁判结果

云南省昆明市西山区人民法院于2022年6月30日以（2021）云0112刑初752号刑事附带民事公益诉讼判决，认定被告单位昆明闽某纸业有限公司犯污染环境罪，判处罚金人民币2000000元；被告人黄某海犯污染环境罪，判处有期徒刑三年六个月，并处罚金人民币500000元；被告人李某城犯污染环境罪，判处有期徒刑三年六个月，并处罚金人民币500000元；被告单位昆明闽某纸业有限公司在判决生效后十日内承担生态环境损害赔偿人民币10815021元，以上费用付至昆明市环境公益诉讼救济专项资金账户用于生态环境修复；附带民事公益诉讼被告昆明闽某纸业有限公司在判决生效后十日内支付昆明市西山区人民检察院鉴定检测费用合计人民币129500元。附带民事公益诉讼被告人黄某海、黄某芬、黄某龙对被告昆明闽某纸业有限公司负担的生态环境损害赔偿和鉴定检测费用承担连带责任。

宣判后，没有上诉、抗诉，一审判决已发生法律效力。案件进入执行程序，目前可供执行财产价值已覆盖执行标的。

◎ 裁判理由

法院生效裁判认为：企业在生产经营过程中，应当承担合理利用资源、采取措施防治污染、履行保护环境的社会责任。被告单位闽某公司无视企业环境保护社会责任，违反国家法律规定，在无排污许可的前提下，未对生产废水进行有效处理并通过暗管直接排放，严重污染环境，符合《中华人民共和国刑法》第三百三十八条之规定，构成污染环境罪。被告人黄某海、李某城作为被告单位闽某公司直接负责的主管人员和直接责任人员，在单位犯罪中作用相当，亦应以污染环境罪追究其刑事责任。闽某公司擅自通过暗管将生产废水直接排入河道，造成高达10815021元的生态环境损害，并对下游金沙江生态流域功能也造成一定影响，其行为构成对环境公共利益的严重损害，不仅需要依法承担刑事责任，还应承担生态环境损害赔偿民事责任。

附带民事公益诉讼被告闽某公司在追求经济效益的同时，漠视对环境保护的义务，致使公司生产经营活动对环境公共利益造成严重损害后果，闽某公司承担的赔偿损失和鉴定检测费用属于公司环境侵权债务。

由于闽某公司自成立伊始即与股东黄某海、黄某芬、黄某龙之间存在大量、频繁的资金往来，且三人均有对公司财产的无偿占有，与闽某公司已构成人格高度混同，可以认定属《中华人民共和国公司法》第二十条第三款规定的股东滥用公司法人独立地位和股东有限责任的行为。现闽某公司所应负担的环境侵权债务合计10944521元，远高于闽某公司注册资本1000000元，且闽某公司自案发后已全面停产，对公账户可用余额仅为18261.05元。上述事实表明黄某海、黄某芬、黄某龙与闽某公司的高度人格混同已使闽某公司失去清偿其环境侵权债务的能力，闽某公司难以履行其应当承担的生态环境损害赔偿义务，符合《中华人民共和国公司法》第二十条第三款规定的股东承担连带责任之要件，黄某海、黄某芬、黄某龙应对闽某公司的环境侵权债务承担连带责任。

◎ 相关法条

1. 《中华人民共和国长江保护法》第93条
2. 《中华人民共和国民法典》第83条、第1235条
3. 《中华人民共和国公司法》第20条

2. 深圳市丙投资企业（有限合伙）被诉股东损害赔偿责任纠纷抗诉案[①]

◎ **关键词**

企业资产重整　保护股东个人合法财产　优化营商环境　抗诉监督

◎ **要旨**

公司股东应以出资额为限，对公司承担有限责任。股东未滥用公司法人独立地位逃避债务并严重损害公司债权人利益的，不应对公司债务承担连带责任。检察机关应严格适用股东有限责任等产权制度，依法保护投资者的个人财产安全，让有恒产者有恒心。

◎ **基本案情**

2007年11月，惠州甲房产开发有限公司（以下简称甲公司）登记设立，为开发广东省惠州市某房产的房地产项目公司。甲公司多次对外借款。2010年1月，因甲公司无力清偿债务，广东省惠州市中级人民法院受理债权人对甲公司提出的破产申请。在惠州乙发展有限公司（以下简称乙公司）提供5000万元破产重整保证金后，相关债权人于2011年5月撤回破产清算申请。2011年8月，深圳市丙投资企业（有限合伙）（以下简称丙企业）与甲公司、惠州市丁房产开发有限公司（以下简称丁公司）、陈某军、乙公司签订《投资合作协议》及补充协议，约定丙企业以2000万元受让丁公司持有的甲公司100%股权，并向甲公司提供1.48亿元委托贷款，甲公司以案涉国有土地使用权等为丙企业的债权投资提供担保，丁公司、陈某军、乙公司亦提供连带责任担保。

2011年8月9日，甲公司的股东变更为丙企业和陈某军，其中丙企业占股东出资额的99.9%。2011年8月10日，丙企业委托中国建设银行股份有限公司某分行将其1.48亿元款项借给甲公司，用于甲公司某项目运作和甲公司运营，甲公司和丁公司依约提供抵押担保。同日，1.48亿元委托贷款和2000万元股权转让款转入甲公司。款项到位后，2011年8月至

[①] 最高人民检察院检例第77号。

2012年4月期间，为完成破产重整程序中债务清偿及期间发生的借款、担保等相关衍生事宜，甲公司依照合同约定及乙公司、债权人陈某忠等人指令，先后向丁公司、深圳市戊公司、深圳市己公司等多家公司转账，款项共计1.605亿元。

2012年11月1日，诸某某将其持有的对甲公司债权中的800万元转让给赵某新，并通知债务人。2012年11月5日，赵某新向浙江省兰溪市人民法院起诉，要求甲公司归还欠款800万元，丙企业承担连带责任。

兰溪市人民法院一审认为，丙企业是甲公司的绝对控股股东，其滥用公司法人独立地位和股东有限责任，对甲公司进行不正当支配和控制，且未将贷款用于房地产开发，其转移资产、逃避债务的行为严重损害公司债权人利益，应当对甲公司的债务承担连带责任，遂判决甲公司归还赵某新800万元借款，丙企业承担连带责任。丙企业不服，上诉至浙江省金华市中级人民法院。二审判决驳回上诉，维持原判。丙企业申请再审，浙江省高级人民法院裁定驳回其再审申请。

◎ **检察机关监督情况**

受理及审查情况。丙企业主张，甲公司对外转款均有特定用途，并非转移资产，丙企业并不存在滥用公司法人独立地位和股东有限责任的行为，不应承担连带责任，遂于2016年2月向浙江省金华市人民检察院申请监督。该院予以受理审查。

围绕丙企业是否存在滥用公司法人独立地位和股东有限责任逃避公司债务的问题，检察机关依法调阅原审案卷；核实相关工商登记信息，并对本案关键证人进行询问，相关证据可以证实甲公司于2011年8月至2012年4月期间的对外转款均具有正当事由，而非恶意转移资产，逃避债务。

监督意见。金华市人民检察院就本案向浙江省人民检察院提请抗诉。浙江省人民检察院经审查认为，丙企业并未支配控制甲公司的资金支出，在丙企业受让股权后，甲公司仍然由原股东丁公司派人进行管理，公司管理人员未发生变化；甲公司向丁公司等公司多次转款均具有明确用途，而非恶意转移资产；丙企业与甲公司、丁公司等企业之间不存在人员、业务、财务的交叉或混同。因此，终审判决认定丙企业利用法人独立地位和股东有限责任逃避债务，属于认定事实和适用法律错误。2016年11月25日，浙江省人民检察院依法向浙江省高级人民法院提出抗诉。

监督结果。2018年1月31日，浙江省高级人民法院作出（2017）浙民再116号民事判决，认定案涉委托贷款以及股权转让款的对外支付有合理解释，现有证据不足以证明丙企业有滥用公司法人独立地位和股东有限责任逃避债务的行为，判决撤销一、二审判决有关丙企业对案涉债务承担连带责任的判项，驳回赵某新对丙企业提出的诉讼请求。

◎ 指导意义

1. 严格适用公司有限责任制度，依法保护股东的个人财产安全。公司人格独立和股东有限责任是公司法的基本原则。否认公司独立人格，由滥用公司法人独立地位和股东有限责任的股东对公司债务承担连带责任，是股东有限责任的例外。在具体案件中应依据特定的法律事实和法律关系，综合判断和审慎适用，依法区分股东与公司的各自财产与债务，维护市场主体的独立性和正常的经济秩序。

2. 检察机关在审查股东损害公司债权人利益的案件时，应当严格区分企业正当融资担保与恶意转移公司资产逃避债务损害公司债权人利益违法行为的界限。如果公司股东没有利用经营权恶意转移公司资产谋一己之私，没有损害公司债权人利益的，依法不应当对公司债务承担连带偿还责任。

3. 检察机关应积极发挥监督职责，推动法治化营商环境建设。公司有限责任是具有标志性的现代企业法律制度，旨在科学化解市场风险，鼓励投资创造财富。产权是市场经济的基础、社会文明的基石和社会向前发展的动力，投资者无法回避市场风险，但需要筑牢企业家个人和家庭与企业之间的财产风险"防火墙"，对于依法出资和合法经营的，即使企业关闭停产，也能守住股东个人和家庭的合法财产底线，真正让有恒产者有恒心，优化营商环境，保护企业家的投资创业热情，为完善市场秩序提供法治保障。

◎ 相关规定

《中华人民共和国公司法》第二十条

《中华人民共和国民事诉讼法》第二百条、第二百零八条

3. 徐工集团工程机械股份有限公司诉成都川交工贸有限责任公司等买卖合同纠纷案[①]

◎ **关键词**

民事　关联公司　人格混同　连带责任

◎ **裁判要点**

1. 关联公司的人员、业务、财务等方面交叉或混同，导致各自财产无法区分，丧失独立人格的，构成人格混同。

2. 关联公司人格混同，严重损害债权人利益的，关联公司相互之间对外部债务承担连带责任。

◎ **相关法条**

《中华人民共和国民法通则》第四条

《中华人民共和国公司法》第三条第一款、第二十条第三款

◎ **基本案情**

原告徐工集团工程机械股份有限公司（以下简称徐工机械公司）诉称：成都川交工贸有限责任公司（以下简称川交工贸公司）拖欠其货款未付，而成都川交工程机械有限责任公司（以下简称川交机械公司）、四川瑞路建设工程有限公司（以下简称瑞路公司）与川交工贸公司人格混同，三个公司实际控制人王永礼以及川交工贸公司股东等人的个人资产与公司资产混同，均应承担连带清偿责任。请求判令：川交工贸公司支付所欠货款10916405.71元及利息；川交机械公司、瑞路公司及王永礼等个人对上述债务承担连带清偿责任。

被告川交工贸公司、川交机械公司、瑞路公司辩称：三个公司虽有关联，但并不混同，川交机械公司、瑞路公司不应对川交工贸公司的债务承担清偿责任。

王永礼等人辩称：王永礼等人的个人财产与川交工贸公司的财产并不混同，不应为川交工贸公司的债务承担清偿责任。

[①] 最高人民法院指导案例15号。

法院经审理查明：川交机械公司成立于 1999 年，股东为四川省公路桥梁工程总公司二公司、王永礼、倪刚、杨洪刚等。2001 年，股东变更为王永礼、李智、倪刚。2008 年，股东再次变更为王永礼、倪刚。瑞路公司成立于 2004 年，股东为王永礼、李智、倪刚。2007 年，股东变更为王永礼、倪刚。川交工贸公司成立于 2005 年，股东为吴帆、张家蓉、凌欣、过胜利、汤维明、武竞、郭印，何万庆 2007 年入股。2008 年，股东变更为张家蓉（占 90% 股份）、吴帆（占 10% 股份），其中张家蓉系王永礼之妻。在公司人员方面，三个公司经理均为王永礼，财务负责人均为凌欣，出纳会计均为卢鑫，工商手续经办人均为张梦；三个公司的管理人员存在交叉任职的情形，如过胜利兼任川交工贸公司副总经理和川交机械公司销售部经理的职务，且免去过胜利川交工贸公司副总经理职务的决定系由川交机械公司作出；吴帆既是川交工贸公司的法定代表人，又是川交机械公司的综合部行政经理。在公司业务方面，三个公司在工商行政管理部门登记的经营范围均涉及工程机械且部分重合，其中川交工贸公司的经营范围被川交机械公司的经营范围完全覆盖；川交机械公司系徐工机械公司在四川地区（攀枝花除外）的唯一经销商，但三个公司均从事相关业务，且相互之间存在共用统一格式的《销售部业务手册》、《二级经销协议》、结算账户的情形；三个公司在对外宣传中区分不明，2008 年 12 月 4 日重庆市公证处出具的《公证书》记载：通过因特网查询，川交工贸公司、瑞路公司在相关网站上共同招聘员工，所留电话号码、传真号码等联系方式相同；川交工贸公司、瑞路公司的招聘信息，包括大量关于川交机械公司的发展历程、主营业务、企业精神的宣传内容；部分川交工贸公司的招聘信息中，公司简介全部为对瑞路公司的介绍。在公司财务方面，三个公司共用结算账户，凌欣、卢鑫、汤维明、过胜利的银行卡中曾发生高达亿元的往来，资金的来源包括三个公司的款项，对外支付的依据仅为王永礼的签字；在川交工贸公司向其客户开具的收据中，有的加盖其财务专用章，有的则加盖瑞路公司财务专用章；在与徐工机械公司均签订合同、均有业务往来的情况下，三个公司于 2005 年 8 月共同向徐工机械公司出具《说明》，称因川交机械公司业务扩张而注册了另两个公司，要求所有债权债务、销售量均计算在川交工贸公司名下，并表示今后尽量以川交工贸公司名义进行业务往来；2006年12月，川交工贸公司、瑞路公司共同向徐工机械公司出具《申请》，以统一核算为由要求将2006年度的业绩、账务均计算至川交工贸公司名下。

另查明，2009年5月26日，卢鑫在徐州市公安局经侦支队对其进行询问时陈述：川交工贸公司目前已经垮了，但未注销。又查明徐工机械公司未得到清偿的货款实为10511710.71元。

◎ 裁判结果

江苏省徐州市中级人民法院于2011年4月10日作出（2009）徐民二初字第0065号民事判决：一、川交工贸公司于判决生效后10日内向徐工机械公司支付货款10511710.71元及逾期付款利息；二、川交机械公司、瑞路公司对川交工贸公司的上述债务承担连带清偿责任；三、驳回徐工机械公司对王永礼、吴帆、张家蓉、凌欣、过胜利、汤维明、郭印、何万庆、卢鑫的诉讼请求。宣判后，川交机械公司、瑞路公司提起上诉，认为一审判决认定三个公司人格混同，属认定事实不清；认定川交机械公司、瑞路公司对川交工贸公司的债务承担连带责任，缺乏法律依据。徐工机械公司答辩请求维持一审判决。江苏省高级人民法院于2011年10月19日作出（2011）苏商终字第0107号民事判决：驳回上诉，维持原判。

◎ 裁判理由

法院生效裁判认为：针对上诉范围，二审争议焦点为川交机械公司、瑞路公司与川交工贸公司是否人格混同，应否对川交工贸公司的债务承担连带清偿责任。

川交工贸公司与川交机械公司、瑞路公司人格混同。一是三个公司人员混同。三个公司的经理、财务负责人、出纳会计、工商手续经办人均相同，其他管理人员亦存在交叉任职的情形，川交工贸公司的人事任免存在由川交机械公司决定的情形。二是三个公司业务混同。三个公司实际经营中均涉及工程机械相关业务，经销过程中存在共用销售手册、经销协议的情形；对外进行宣传时信息混同。三是三个公司财务混同。三个公司使用共同账户，以王永礼的签字作为具体用款依据，对其中的资金及支配无法证明已作区分；三个公司与徐工机械公司之间的债权债务、业绩、账务及返利均计算在川交工贸公司名下。因此，三个公司之间表征人格的因素（人员、业务、财务等）高度混同，导致各自财产无法区分，已丧失独立人格，构成人格混同。

川交机械公司、瑞路公司应当对川交工贸公司的债务承担连带清偿责任。公司人格独立是其作为法人独立承担责任的前提。《中华人民共和国公司法》（以下简称《公司法》）第三条第一款规定："公司是企业法人，有独立的法人财产，享有法人财产权。公司以其全部财产对公司的债务承担责任。"公司的独立财产是公司独立承担责任的物质保证，公司的独立人格也突出地表现在财产的独立上。当关联公司的财产无法区分，丧失独立人格时，就丧失了独立承担责任的基础。《公司法》第二十条第三款规定："公司股东滥用公司法人独立地位和股东有限责任，逃避债务，严重损害公司债权人利益的，应当对公司债务承担连带责任。"本案中，三个公司虽在工商登记部门登记为彼此独立的企业法人，但实际上相互之间界线模糊、人格混同，其中川交工贸公司承担所有关联公司的债务却无力清偿，又使其他关联公司逃避巨额债务，严重损害了债权人的利益。上述行为违背了法人制度设立的宗旨，违背了诚实信用原则，其行为本质和危害结果与《公司法》第二十条第三款规定的情形相当，故参照《公司法》第二十条第三款的规定，川交机械公司、瑞路公司对川交工贸公司的债务应当承担连带清偿责任。

第二十四条　电子通信方式开会

公司股东会、董事会、监事会召开会议和表决可以采用电子通信方式，公司章程另有规定的除外。

第二十五条　股东会、董事会决议的无效

公司股东会、董事会的决议内容违反法律、行政法规的无效。

关联规定

《民法典》（2020 年 5 月 28 日）

　　第八十五条　营利法人的权力机构、执行机构作出决议的会议召集程序、表决方式违反法律、行政法规、法人章程，或者决议内容违反法人章程的，营利法人的出资人可以请求人民法院撤销该决议。但是，营利法人依据该决议与善意相对人形成的民事法律关系不受影响。

第二十六条　股东会、董事会决议的撤销

　　公司股东会、董事会的会议召集程序、表决方式违反法律、行政法规或者公司章程，或者决议内容违反公司章程的，股东自决议作出之日起六十日内，可以请求人民法院撤销。但是，股东会、董事会的会议召集程序或者表决方式仅有轻微瑕疵，对决议未产生实质影响的除外。

　　未被通知参加股东会会议的股东自知道或者应当知道股东会决议作出之日起六十日内，可以请求人民法院撤销；自决议作出之日起一年内没有行使撤销权的，撤销权消灭。

关联规定

1.《最高人民法院关于适用〈中华人民共和国公司法〉若干问题的规定（一）》（2014 年 2 月 20 日）

　　第三条　原告以公司法第二十二条第二款、第七十四条第二款规定事由，向人民法院提起诉讼时，超过公司法规定期限的，人民法院不予受理。

2.《最高人民法院关于适用〈中华人民共和国公司法〉若干问题的规定（四）》（2020 年 12 月 29 日）

　　第一条　公司股东、董事、监事等请求确认股东会或者股东大会、董

事会决议无效或者不成立的，人民法院应当依法予以受理。

第二条 依据民法典第八十五条、公司法第二十二条第二款请求撤销股东会或者股东大会、董事会决议的原告，应当在起诉时具有公司股东资格。

第三条 原告请求确认股东会或者股东大会、董事会决议不成立、无效或者撤销决议的案件，应当列公司为被告。对决议涉及的其他利害关系人，可以依法列为第三人。

一审法庭辩论终结前，其他有原告资格的人以相同的诉讼请求申请参加前款规定诉讼的，可以列为共同原告。

第四条 股东请求撤销股东会或者股东大会、董事会决议，符合民法典第八十五条、公司法第二十二条第二款规定的，人民法院应当予以支持，但会议召集程序或者表决方式仅有轻微瑕疵，且对决议未产生实质影响的，人民法院不予支持。

第五条 股东会或者股东大会、董事会决议存在下列情形之一，当事人主张决议不成立的，人民法院应当予以支持：

（一）公司未召开会议的，但依据公司法第三十七条第二款或者公司章程规定可以不召开股东会或者股东大会而直接作出决定，并由全体股东在决定文件上签名、盖章的除外；

（二）会议未对决议事项进行表决的；

（三）出席会议的人数或者股东所持表决权不符合公司法或者公司章程规定的；

（四）会议的表决结果未达到公司法或者公司章程规定的通过比例的；

（五）导致决议不成立的其他情形。

第六条 股东会或者股东大会、董事会决议被人民法院判决确认无效或者撤销的，公司依据该决议与善意相对人形成的民事法律关系不受影响。

3.《最高人民法院关于适用〈中华人民共和国公司法〉若干问题的规定(五)》(2020 年 12 月 29 日)

第四条 分配利润的股东会或者股东大会决议作出后,公司应当在决议载明的时间内完成利润分配。决议没有载明时间的,以公司章程规定的为准。决议、章程中均未规定时间或者时间超过一年的,公司应当自决议作出之日起一年内完成利润分配。

决议中载明的利润分配完成时间超过公司章程规定时间的,股东可以依据民法典第八十五条、公司法第二十二条第二款规定请求人民法院撤销决议中关于该时间的规定。

❖ 典型案例

李建军诉上海佳动力环保科技有限公司公司决议撤销纠纷案①

◎ **关键词**

民事 公司决议撤销 司法审查范围

◎ **裁判要点**

人民法院在审理公司决议撤销纠纷案件中应当审查:会议召集程序、表决方式是否违反法律、行政法规或者公司章程,以及决议内容是否违反公司章程。在未违反上述规定的前提下,解聘总经理职务的决议所依据的事实是否属实,理由是否成立,不属于司法审查范围。

◎ **相关法条**

《中华人民共和国公司法》第二十二条第二款

◎ **基本案情**

原告李建军诉称:被告上海佳动力环保科技有限公司(简称佳动力公司)免除其总经理职务的决议所依据的事实和理由不成立,且董事会的召集程序、表决方式及决议内容均违反了公司法的规定,请求法院依法撤销该董事会决议。

被告佳动力公司辩称:董事会的召集程序、表决方式及决议内容均符

---

① 最高人民法院指导案例 10 号。

合法律和章程的规定，故董事会决议有效。

法院经审理查明：原告李建军系被告佳动力公司的股东，并担任总经理。佳动力公司股权结构为：葛永乐持股40%，李建军持股46%，王泰胜持股14%。三位股东共同组成董事会，由葛永乐担任董事长，另两人为董事。公司章程规定：董事会行使包括聘任或者解聘公司经理等职权；董事会须由三分之二以上的董事出席方才有效；董事会对所议事项作出的决定应由占全体股东三分之二以上的董事表决通过方才有效。2009年7月18日，佳动力公司董事长葛永乐召集并主持董事会，三位董事均出席，会议形成了"鉴于总经理李建军不经董事会同意私自动用公司资金在二级市场炒股，造成巨大损失，现免去其总经理职务，即日生效"等内容的决议。该决议由葛永乐、王泰胜及监事签名，李建军未在该决议上签名。

◎ 裁判结果

上海市黄浦区人民法院于2010年2月5日作出（2009）黄民二（商）初字第4569号民事判决：撤销被告佳动力公司于2009年7月18日形成的董事会决议。宣判后，佳动力公司提出上诉。上海市第二中级人民法院于2010年6月4日作出（2010）沪二中民四（商）终字第436号民事判决：一、撤销上海市黄浦区人民法院（2009）黄民二（商）初字第4569号民事判决；二、驳回李建军的诉讼请求。

◎ 裁判理由

法院生效裁判认为：根据《中华人民共和国公司法》第二十二条第二款的规定，董事会决议可撤销的事由包括：一、召集程序违反法律、行政法规或公司章程；二、表决方式违反法律、行政法规或公司章程；三、决议内容违反公司章程。从召集程序看，佳动力公司于2009年7月18日召开的董事会由董事长葛永乐召集，三位董事均出席董事会，该次董事会的召集程序未违反法律、行政法规或公司章程的规定。从表决方式看，根据佳动力公司章程规定，对所议事项作出的决定应由占全体股东三分之二以上的董事表决通过方才有效，上述董事会决议由三位股东（兼董事）中的两名表决通过，故在表决方式上未违反法律、行政法规或公司章程的规定。从决议内容看，佳动力公司章程规定董事会有权解聘公司经理，董事会决议内容中"总经理李建军不经董事会同意私自动用公司资金在二级市场炒股,造成巨大损失"的陈述,仅是董事会解聘李建军总经理职务的原因,而解聘李建军总经理职务的决议内容本身并不违反公司章程。

董事会决议解聘李建军总经理职务的原因如果不存在,并不导致董事会决议撤销。首先,公司法尊重公司自治,公司内部法律关系原则上由公司自治机制调整,司法机关原则上不介入公司内部事务;其次,佳动力公司的章程中未对董事会解聘公司经理的职权作出限制,并未规定董事会解聘公司经理必须要有一定原因,该章程内容未违反公司法的强制性规定,应认定有效,因此佳动力公司董事会可以行使公司章程赋予的权力作出解聘公司经理的决定。故法院应当尊重公司自治,无需审查佳动力公司董事会解聘公司经理的原因是否存在,即无需审查决议所依据的事实是否属实,理由是否成立。综上,原告李建军请求撤销董事会决议的诉讼请求不成立,依法予以驳回。

第二十七条 股东会、董事会决议不成立

有下列情形之一的,公司股东会、董事会的决议不成立:
(一)未召开股东会、董事会会议作出决议;
(二)股东会、董事会会议未对决议事项进行表决;
(三)出席会议的人数或者所持表决权数未达到本法或者公司章程规定的人数或者所持表决权数;
(四)同意决议事项的人数或者所持表决权数未达到本法或者公司章程规定的人数或者所持表决权数。

第二十八条 决议被宣告无效、被撤销、被确认不成立的后果

公司股东会、董事会决议被人民法院宣告无效、撤销或者确认不成立的,公司应当向公司登记机关申请撤销根据该决议已办理的登记。

股东会、董事会决议被人民法院宣告无效、撤销或者确认不成立的，公司根据该决议与善意相对人形成的民事法律关系不受影响。

第二章 公 司 登 记

第二十九条 公司设立登记

设立公司，应当依法向公司登记机关申请设立登记。

法律、行政法规规定设立公司必须报经批准的，应当在公司登记前依法办理批准手续。

❋ **要点提示**

该条规定对于公司设立采取的是以准则主义为原则，以核准主义为例外的立法方式。

❋ **关联规定**

《市场主体登记管理条例》（2021年7月27日）

第三条 市场主体应当依照本条例办理登记。未经登记，不得以市场主体名义从事经营活动。法律、行政法规规定无需办理登记的除外。

市场主体登记包括设立登记、变更登记和注销登记。

第三十条 设立公司申请材料

申请设立公司，应当提交设立登记申请书、公司章程等文件，提交的相关材料应当真实、合法和有效。

申请材料不齐全或者不符合法定形式的，公司登记机关应当一次性告知需要补正的材料。

关联规定

《市场主体登记管理条例》（2021年7月27日）

第十六条　申请办理市场主体登记，应当提交下列材料：

（一）申请书；

（二）申请人资格文件、自然人身份证明；

（三）住所或者主要经营场所相关文件；

（四）公司、非公司企业法人、农民专业合作社（联合社）章程或者合伙企业合伙协议；

（五）法律、行政法规和国务院市场监督管理部门规定提交的其他材料。

国务院市场监督管理部门应当根据市场主体类型分别制定登记材料清单和文书格式样本，通过政府网站、登记机关服务窗口等向社会公开。

登记机关能够通过政务信息共享平台获取的市场主体登记相关信息，不得要求申请人重复提供。

第二十一条　申请人申请市场主体设立登记，登记机关依法予以登记的，签发营业执照。营业执照签发日期为市场主体的成立日期。

法律、行政法规或者国务院决定规定设立市场主体须经批准的，应当在批准文件有效期内向登记机关申请登记。

第三十一条　公司设立登记

申请设立公司，符合本法规定的设立条件的，由公司登记机关分别登记为有限责任公司或者股份有限公司；不符合本法规定的设立条件的，不得登记为有限责任公司或者股份有限公司。

第三十二条　公司登记事项及公示

公司登记事项包括：

（一）名称；

（二）住所；

（三）注册资本；

（四）经营范围；

（五）法定代表人的姓名；

（六）有限责任公司股东、股份有限公司发起人的姓名或者名称。

公司登记机关应当将前款规定的公司登记事项通过国家企业信用信息公示系统向社会公示。

第三十三条　公司营业执照

依法设立的公司，由公司登记机关发给公司营业执照。公司营业执照签发日期为公司成立日期。

公司营业执照应当载明公司的名称、住所、注册资本、经营范围、法定代表人姓名等事项。

公司登记机关可以发给电子营业执照。电子营业执照与纸质营业执照具有同等法律效力。

❋ 关联规定

1.《市场主体登记管理条例》（2021 年 7 月 27 日）

第二十一条　申请人申请市场主体设立登记，登记机关依法予以登记的，签发营业执照。营业执照签发日期为市场主体的成立日期。

法律、行政法规或者国务院决定规定设立市场主体须经批准的，应当在批准文件有效期内向登记机关申请登记。

第二十二条 营业执照分为正本和副本，具有同等法律效力。

电子营业执照与纸质营业执照具有同等法律效力。

营业执照样式、电子营业执照标准由国务院市场监督管理部门统一制定。

第三十六条 市场主体应当将营业执照置于住所或者主要经营场所的醒目位置。从事电子商务经营的市场主体应当在其首页显著位置持续公示营业执照信息或者相关链接标识。

第三十七条 任何单位和个人不得伪造、涂改、出租、出借、转让营业执照。

营业执照遗失或者毁坏的，市场主体应当通过国家企业信用信息公示系统声明作废，申请补领。

登记机关依法作出变更登记、注销登记和撤销登记决定的，市场主体应当缴回营业执照。拒不缴回或者无法缴回营业执照的，由登记机关通过国家企业信用信息公示系统公告营业执照作废。

2. 《市场主体登记管理条例实施细则》（2022年3月1日）

第二十三条 市场主体营业执照应当载明名称、法定代表人（执行事务合伙人、个人独资企业投资人、经营者或者负责人）姓名、类型（组成形式）、注册资本（出资额）、住所（主要经营场所、经营场所）、经营范围、登记机关、成立日期、统一社会信用代码。

电子营业执照与纸质营业执照具有同等法律效力，市场主体可以凭电子营业执照开展经营活动。

市场主体在办理涉及营业执照记载事项变更登记或者申请注销登记时，需要在提交申请时一并缴回纸质营业执照正、副本。对于市场主体营业执照拒不缴回或者无法缴回的，登记机关在完成变更登记或者注销登记后，通过国家企业信用信息公示系统公告营业执照作废。

第三十四条　公司变更登记

公司登记事项发生变更的，应当依法办理变更登记。

公司登记事项未经登记或者未经变更登记，不得对抗善意相对人。

第三十五条　公司变更登记所需材料

公司申请变更登记，应当向公司登记机关提交公司法定代表人签署的变更登记申请书、依法作出的变更决议或者决定等文件。

公司变更登记事项涉及修改公司章程的，应当提交修改后的公司章程。

公司变更法定代表人的，变更登记申请书由变更后的法定代表人签署。

第三十六条　变更登记换发营业执照

公司营业执照记载的事项发生变更的，公司办理变更登记后，由公司登记机关换发营业执照。

第三十七条　公司注销登记

公司因解散、被宣告破产或者其他法定事由需要终止的，应当依法向公司登记机关申请注销登记，由公司登记机关公告公司终止。

第三十八条　设立分公司登记

公司设立分公司，应当向公司登记机关申请登记，领取营业执照。

第三十九条　应当撤销公司登记的情形

虚报注册资本、提交虚假材料或者采取其他欺诈手段隐瞒重要事实取得公司设立登记的，公司登记机关应当依照法律、行政法规的规定予以撤销。

❖ 关联规定

1.《刑法》（2023年12月29日）

第一百五十八条　【虚报注册资本罪】申请公司登记使用虚假证明文件或者采取其他欺诈手段虚报注册资本，欺骗公司登记主管部门，取得公司登记，虚报注册资本数额巨大、后果严重或者有其他严重情节的，处三年以下有期徒刑或者拘役，并处或者单处虚报注册资本金额百分之一以上百分之五以下罚金。

单位犯前款罪的，对单位判处罚金，并对其直接负责的主管人员和其他直接责任人员，处三年以下有期徒刑或者拘役。

2.《市场主体登记管理条例》（2021年7月27日）

第四十五条　实行注册资本实缴登记制的市场主体虚报注册资本取得市场主体登记的，由登记机关责令改正，处虚报注册资本金额5%以上15%以下的罚款；情节严重的，吊销营业执照。

实行注册资本实缴登记制的市场主体的发起人、股东虚假出资，未交付或者未按期交付作为出资的货币或者非货币财产的，或者在市场主体成立后抽逃出资的，由登记机关责令改正，处虚假出资金额5%以上15%以下的罚款。

第四十条　企业信息公示系统公示事项

公司应当按照规定通过国家企业信用信息公示系统公示下列事项：

（一）有限责任公司股东认缴和实缴的出资额、出资方式和出资日期，股份有限公司发起人认购的股份数；

（二）有限责任公司股东、股份有限公司发起人的股权、股份变更信息；

（三）行政许可取得、变更、注销等信息；

（四）法律、行政法规规定的其他信息。

公司应当确保前款公示信息真实、准确、完整。

第四十一条　优化公司登记服务

公司登记机关应当优化公司登记办理流程，提高公司登记效率，加强信息化建设，推行网上办理等便捷方式，提升公司登记便利化水平。

国务院市场监督管理部门根据本法和有关法律、行政法规的规定，制定公司登记注册的具体办法。

第三章　有限责任公司的设立和组织机构

第一节　设　立

第四十二条　有限责任公司的股东人数

有限责任公司由一个以上五十个以下股东出资设立。

✿ 要点提示

本条要求设立有限责任公司的股东数量在五十个以下；要求股东出资设立；并不限定股东类型，但不同类型的股东都受此数量限制。

如果设立有限责任公司的股东是自然人，应该具有民事行为能力，但如果自然人股东并非公司的设立人，仅是公司设立后、存续期间成为股东，不要求具有民事行为能力。

第四十三条　有限责任公司的设立协议

有限责任公司设立时的股东可以签订设立协议，明确各自在公司设立过程中的权利和义务。

第四十四条　有限责任公司设立时的股东责任

有限责任公司设立时的股东为设立公司从事的民事活动，其法律后果由公司承受。

公司未成立的，其法律后果由公司设立时的股东承受；设立时的股东为二人以上的，享有连带债权，承担连带债务。

设立时的股东为设立公司以自己的名义从事民事活动产生的民事责任，第三人有权选择请求公司或者公司设立时的股东承担。

设立时的股东因履行公司设立职责造成他人损害的，公司或者无过错的股东承担赔偿责任后，可以向有过错的股东追偿。

第四十五条　公司章程制定

设立有限责任公司，应当由股东共同制定公司章程。

第四十六条　公司章程内容

有限责任公司章程应当载明下列事项：

（一）公司名称和住所；

（二）公司经营范围；

（三）公司注册资本；

（四）股东的姓名或者名称；

（五）股东的出资额、出资方式和出资日期；

（六）公司的机构及其产生办法、职权、议事规则；

（七）公司法定代表人的产生、变更办法；

（八）股东会认为需要规定的其他事项。

股东应当在公司章程上签名或者盖章。

要点提示

公司章程所记载的事项可以分为必备事项和任意事项。必备事项是法律规定在公司章程中必须记载的事项，或称绝对必要事项，包括本条前七项规定等。任意事项是由公司自行决定是否记载的事项，包括公司有自主决定权的一些事项。

股东应当在公司章程上签名、盖章，一般情况下应由股东本人亲自签名、盖章，但股东也可以委托他人代为签名、盖章。

第四十七条　注册资本

有限责任公司的注册资本为在公司登记机关登记的全体股东认缴的出资额。全体股东认缴的出资额由股东按照公司章程的规定自公司成立之日起五年内缴足。

法律、行政法规以及国务院决定对有限责任公司注册资本实缴、注册资本最低限额、股东出资期限另有规定的，从其规定。

关联规定

1.《证券法》(2019 年 12 月 28 日)

第一百二十条 经国务院证券监督管理机构核准,取得经营证券业务许可证,证券公司可以经营下列部分或者全部证券业务:

(一)证券经纪;

(二)证券投资咨询;

(三)与证券交易、证券投资活动有关的财务顾问;

(四)证券承销与保荐;

(五)证券融资融券;

(六)证券做市交易;

(七)证券自营;

(八)其他证券业务。

国务院证券监督管理机构应当自受理前款规定事项申请之日起三个月内,依照法定条件和程序进行审查,作出核准或者不予核准的决定,并通知申请人;不予核准的,应当说明理由。

证券公司经营证券资产管理业务的,应当符合《中华人民共和国证券投资基金法》等法律、行政法规的规定。

除证券公司外,任何单位和个人不得从事证券承销、证券保荐、证券经纪和证券融资融券业务。

证券公司从事证券融资融券业务,应当采取措施,严格防范和控制风险,不得违反规定向客户出借资金或者证券。

第一百二十一条 证券公司经营本法第一百二十条第一款第(一)项至第(三)项业务的,注册资本最低限额为人民币五千万元;经营第(四)项至第(八)项业务之一的,注册资本最低限额为人民币一亿元;经营第(四)项至第(八)项业务中两项以上的,注册资本最低限额为人民币五亿元。证券公司的注册资本应当是实缴资本。

国务院证券监督管理机构根据审慎监管原则和各项业务的风险程度,可以调整注册资本最低限额,但不得少于前款规定的限额。

2. 《拍卖法》（2015 年 4 月 24 日）

第十二条　企业申请取得从事拍卖业务的许可，应当具备下列条件：

（一）有一百万元人民币以上的注册资本；

（二）有自己的名称、组织机构、住所和章程；

（三）有与从事拍卖业务相适应的拍卖师和其他工作人员；

（四）有符合本法和其他有关法律规定的拍卖业务规则；

（五）符合国务院有关拍卖业发展的规定；

（六）法律、行政法规规定的其他条件。

第十三条　拍卖企业经营文物拍卖的，应当有一千万元人民币以上的注册资本，有具有文物拍卖专业知识的人员。

3. 《保险法》（2015 年 4 月 24 日）

第六十九条　设立保险公司，其注册资本的最低限额为人民币二亿元。

国务院保险监督管理机构根据保险公司的业务范围、经营规模，可以调整其注册资本的最低限额，但不得低于本条第一款规定的限额。

保险公司的注册资本必须为实缴货币资本。

第一百二十条　以公司形式设立保险专业代理机构、保险经纪人，其注册资本最低限额适用《中华人民共和国公司法》的规定。

国务院保险监督管理机构根据保险专业代理机构、保险经纪人的业务范围和经营规模，可以调整其注册资本的最低限额，但不得低于《中华人民共和国公司法》规定的限额。

保险专业代理机构、保险经纪人的注册资本或者出资额必须为实缴货币资本。

4. 《证券投资基金法》（2015 年 4 月 24 日）

第十三条　设立管理公开募集基金的基金管理公司，应当具备下列条件，并经国务院证券监督管理机构批准：

（一）有符合本法和《中华人民共和国公司法》规定的章程；

（二）注册资本不低于一亿元人民币，且必须为实缴货币资本；

（三）主要股东应当具有经营金融业务或者管理金融机构的良好业绩、良好的财务状况和社会信誉，资产规模达到国务院规定的标准，最近三年没有违法记录；

（四）取得基金从业资格的人员达到法定人数；

（五）董事、监事、高级管理人员具备相应的任职条件；

（六）有符合要求的营业场所、安全防范设施和与基金管理业务有关的其他设施；

（七）有良好的内部治理结构、完善的内部稽核监控制度、风险控制制度；

（八）法律、行政法规规定的和经国务院批准的国务院证券监督管理机构规定的其他条件。

5.《商业银行法》（2015年8月29日）

第十三条 设立全国性商业银行的注册资本最低限额为十亿元人民币。设立城市商业银行的注册资本最低限额为一亿元人民币，设立农村商业银行的注册资本最低限额为五千万元人民币。注册资本应当是实缴资本。

国务院银行业监督管理机构根据审慎监管的要求可以调整注册资本最低限额，但不得少于前款规定的限额。

6.《国务院关于印发注册资本登记制度改革方案的通知》（2014年2月7日）

二、放松市场主体准入管制，切实优化营商环境

（一）实行注册资本认缴登记制。公司股东认缴的出资总额或者发起人认购的股本总额（即公司注册资本）应当在工商行政管理机关登记。公司股东（发起人）应当对其认缴出资额、出资方式、出资期限等自主约定，并记载于公司章程。有限责任公司的股东以其认缴的出资额为限对公司承担责任，股份有限公司的股东以其认购的股份为限对公司承担责任。公司应当将股东认缴出资额或者发起人认购股份、出资方式、出资期限、

缴纳情况通过市场主体信用信息公示系统向社会公示。公司股东（发起人）对缴纳出资情况的真实性、合法性负责。

放宽注册资本登记条件。除法律、行政法规以及国务院决定对特定行业注册资本最低限额另有规定的外，取消有限责任公司最低注册资本3万元、一人有限责任公司最低注册资本10万元、股份有限公司最低注册资本500万元的限制。不再限制公司设立时全体股东（发起人）的首次出资比例，不再限制公司全体股东（发起人）的货币出资金额占注册资本的比例，不再规定公司股东（发起人）缴足出资的期限。

公司实收资本不再作为工商登记事项。公司登记时，无需提交验资报告。

现行法律、行政法规以及国务院决定明确规定实行注册资本实缴登记制的银行业金融机构、证券公司、期货公司、基金管理公司、保险公司、保险专业代理机构和保险经纪人、直销企业、对外劳务合作企业、融资性担保公司、募集设立的股份有限公司，以及劳务派遣企业、典当行、保险资产管理公司、小额贷款公司实行注册资本认缴登记制问题，另行研究决定。在法律、行政法规以及国务院决定未修改前，暂按现行规定执行。

已经实行申报（认缴）出资登记的个人独资企业、合伙企业、农民专业合作社仍按现行规定执行。

鼓励、引导、支持国有企业、集体企业等非公司制企业法人实施规范的公司制改革，实行注册资本认缴登记制。

积极研究探索新型市场主体的工商登记。

7.《市场主体登记管理条例》（2021年7月27日）

第十三条 除法律、行政法规或者国务院决定另有规定外，市场主体的注册资本或者出资额实行认缴登记制，以人民币表示。

出资方式应当符合法律、行政法规的规定。公司股东、非公司企业法人出资人、农民专业合作社（联合社）成员不得以劳务、信用、自然人姓名、商誉、特许经营权或者设定担保的财产等作价出资。

第四十五条 实行注册资本实缴登记制的市场主体虚报注册资本取得

市场主体登记的,由登记机关责令改正,处虚报注册资本金额5%以上15%以下的罚款;情节严重的,吊销营业执照。

实行注册资本实缴登记制的市场主体的发起人、股东虚假出资,未交付或者未按期交付作为出资的货币或者非货币财产的,或者在市场主体成立后抽逃出资的,由登记机关责令改正,处虚假出资金额5%以上15%以下的罚款。

8.《外资银行管理条例》(2019年9月30日)

第八条 外商独资银行、中外合资银行的注册资本最低限额为10亿元人民币或者等值的自由兑换货币。注册资本应当是实缴资本。

外商独资银行、中外合资银行在中华人民共和国境内设立的分行,应当由其总行无偿拨给人民币或者自由兑换货币的营运资金。外商独资银行、中外合资银行拨给各分支机构营运资金的总和,不得超过总行资本金总额的60%。

外国银行分行应当由其总行无偿拨给不少于2亿元人民币或者等值的自由兑换货币的营运资金。

国务院银行业监督管理机构根据外资银行营业性机构的业务范围和审慎监管的需要,可以提高注册资本或者营运资金的最低限额,并规定其中的人民币份额。

9.《外资保险公司管理条例》(2019年9月30日)

第七条 合资保险公司、独资保险公司的注册资本最低限额为2亿元人民币或者等值的自由兑换货币;其注册资本最低限额必须为实缴货币资本。

外国保险公司分公司应当由其总公司无偿拨给不少于2亿元人民币或者等值的自由兑换货币的营运资金。

国务院保险监督管理机构根据外资保险公司业务范围、经营规模,可以提高前两款规定的外资保险公司注册资本或者营运资金的最低限额。

10. 《直销管理条例》（2017 年 3 月 1 日）

第七条 申请成为直销企业，应当具备下列条件：

（一）投资者具有良好的商业信誉，在提出申请前连续 5 年没有重大违法经营记录；外国投资者还应当有 3 年以上在中国境外从事直销活动的经验；

（二）实缴注册资本不低于人民币 8000 万元；

（三）依照本条例规定在指定银行足额缴纳了保证金；

（四）依照规定建立了信息报备和披露制度。

11. 《期货交易管理条例》（2017 年 3 月 1 日）

第十六条 申请设立期货公司，应当符合《中华人民共和国公司法》的规定，并具备下列条件：

（一）注册资本最低限额为人民币 3000 万元；

（二）董事、监事、高级管理人员具备任职条件，从业人员具有期货从业资格；

（三）有符合法律、行政法规规定的公司章程；

（四）主要股东以及实际控制人具有持续盈利能力，信誉良好，最近 3 年无重大违法违规记录；

（五）有合格的经营场所和业务设施；

（六）有健全的风险管理和内部控制制度；

（七）国务院期货监督管理机构规定的其他条件。

国务院期货监督管理机构根据审慎监管原则和各项业务的风险程度，可以提高注册资本最低限额。注册资本应当是实缴资本。股东应当以货币或者期货公司经营必需的非货币财产出资，货币出资比例不得低于 85%。

国务院期货监督管理机构应当在受理期货公司设立申请之日起 6 个月内，根据审慎监管原则进行审查，作出批准或者不批准的决定。

未经国务院期货监督管理机构批准，任何单位和个人不得委托或者接受他人委托持有或者管理期货公司的股权。

12.《最高人民检察院 公安部关于公安机关管辖的刑事案件立案追诉标准的规定（二）》（2022 年 4 月 6 日）

第三条 〔虚报注册资本案（刑法第一百五十八条）〕申请公司登记使用虚假证明文件或者采取其他欺诈手段虚报注册资本，欺骗公司登记主管部门，取得公司登记，涉嫌下列情形之一的，应予立案追诉：

（一）法定注册资本最低限额在六百万元以下，虚报数额占其应缴出资数额百分之六十以上的；

（二）法定注册资本最低限额超过六百万元，虚报数额占其应缴出资数额百分之三十以上的；

（三）造成投资者或者其他债权人直接经济损失累计数额在五十万元以上的；

（四）虽未达到上述数额标准，但具有下列情形之一的：

1. 二年内因虚报注册资本受过二次以上行政处罚，又虚报注册资本的；

2. 向公司登记主管人员行贿的；

3. 为进行违法活动而注册的。

（五）其他后果严重或者有其他严重情节的情形。

本条只适用于依法实行注册资本实缴登记制的公司。

13.《市场主体登记管理条例实施细则》（2022 年 3 月 1 日）

第十三条 申请人申请登记的市场主体注册资本（出资额）应当符合章程或者协议约定。

市场主体注册资本（出资额）以人民币表示。外商投资企业的注册资本（出资额）可以用可自由兑换的货币表示。

依法以境内公司股权或者债权出资的，应当权属清楚、权能完整，依法可以评估、转让，符合公司章程规定。

第三十六条 市场主体变更注册资本或者出资额的，应当办理变更登记。

公司增加注册资本，有限责任公司股东认缴新增资本的出资和股份有限公司的股东认购新股的，应当按照设立时缴纳出资和缴纳股款的规定执行。股份有限公司以公开发行新股方式或者上市公司以非公开发行新股方式增加注册资本，还应当提交国务院证券监督管理机构的核准或者注册文件。

公司减少注册资本，可以通过国家企业信用信息公示系统公告，公告期45日，应当于公告期届满后申请变更登记。法律、行政法规或者国务院决定对公司注册资本有最低限额规定的，减少后的注册资本应当不少于最低限额。

外商投资企业注册资本（出资额）币种发生变更，应当向登记机关申请变更登记。

14.《典当管理办法》（2019年2月18日）

第八条 典当行注册资本最低限额为300万元；从事房地产抵押典当业务的，注册资本最低限额为500万元；从事财产权利质押典当业务的，注册资本最低限额为1000万元。

典当行的注册资本最低限额应当为股东实缴的货币资本，不包括以实物、工业产权、非专利技术、土地使用权作价出资的资本。

15.《信托公司管理办法》（2007年1月23日）

第十条 信托公司注册资本最低限额为3亿元人民币或等值的可自由兑换货币，注册资本为实缴货币资本。

申请经营企业年金基金、证券承销、资产证券化等业务，应当符合相关法律法规规定的最低注册资本要求。

中国银行业监督管理委员会根据信托公司行业发展的需要，可以调整信托公司注册资本最低限额。

16.《汽车金融公司管理办法》（2023年7月11日）

第九条 汽车金融公司注册资本的最低限额为10亿元人民币或等值的可自由兑换货币。注册资本为一次性实缴货币资本。

国家金融监督管理总局可以根据汽车金融业务发展情况及审慎监管需要，调高注册资本的最低限额。

17.《融资性担保公司管理暂行办法》(2010 年 3 月 8 日)

第九条 设立融资性担保公司，应当具备下列条件：

（一）有符合《中华人民共和国公司法》规定的章程。

（二）有具备持续出资能力的股东。

（三）有符合本办法规定的注册资本。

（四）有符合任职资格的董事、监事、高级管理人员和合格的从业人员。

（五）有健全的组织机构、内部控制和风险管理制度。

（六）有符合要求的营业场所。

（七）监管部门规定的其他审慎性条件。

董事、监事、高级管理人员和从业人员的资格管理办法由融资性担保业务监管部际联席会议另行制定。

第十条 监管部门根据当地实际情况规定融资性担保公司注册资本的最低限额，但不得低于人民币 500 万元。

注册资本为实缴货币资本。

18.《金融租赁公司管理办法》(2014 年 3 月 13 日)

第七条 申请设立金融租赁公司，应当具备以下条件：

（一）有符合《中华人民共和国公司法》和银监会规定的公司章程；

（二）有符合规定条件的发起人；

（三）注册资本为一次性实缴货币资本，最低限额为 1 亿元人民币或等值的可自由兑换货币；

（四）有符合任职资格条件的董事、高级管理人员，并且从业人员中具有金融或融资租赁工作经历 3 年以上的人员应当不低于总人数的 50%；

（五）建立了有效的公司治理、内部控制和风险管理体系；

（六）建立了与业务经营和监管要求相适应的信息科技架构，具有支撑业务经营的必要、安全且合规的信息系统，具备保障业务持续运营的技术与措施；

（七）有与业务经营相适应的营业场所、安全防范措施和其他设施；

（八）银监会规定的其他审慎性条件。

第四十八条　股东出资方式

股东可以用货币出资，也可以用实物、知识产权、土地使用权、股权、债权等可以用货币估价并可以依法转让的非货币财产作价出资；但是，法律、行政法规规定不得作为出资的财产除外。

对作为出资的非货币财产应当评估作价，核实财产，不得高估或者低估作价。法律、行政法规对评估作价有规定的，从其规定。

✦ 要点提示

1. 货币出资。股东用货币出资，除人民币外，还可以用外币出资。如中外合资经营企业为有限责任公司，合营企业各方用现金（货币）出资时，中方合营者的货币一般为人民币，外国合营者一般为外币，外币可以按照规定折算成人民币或者套算成约定的外币。2013年《公司法》修改，取消了对货币出资额的限制。

2. 实物、知识产权、土地使用权等非货币财产出资。实物是指房屋、机器设备、工具、原材料、零部件等有形财产。知识产权包括专利权、商标权、著作权等。土地使用权是指国有土地和农民集体所有的土地，依法明确给单位或者给个人使用的权利。以上述财产出资的，必须评估作价，并依法办理转让手续。

3. 其他可以用货币估价并可以依法转让的非货币财产，如股权、债权、探矿权、采矿权等，可以用于出资。

4. 法律、行政法规规定不得作为出资的财产。如股东不得以劳务、信用、自然人姓名、商誉、特许经营权或者设定担保的财产等作价出资。

❀ 关联规定

1.《市场主体登记管理条例》（2021年7月27日）

第十三条　除法律、行政法规或者国务院决定另有规定外，市场主体的注册资本或者出资额实行认缴登记制，以人民币表示。

出资方式应当符合法律、行政法规的规定。公司股东、非公司企业法人出资人、农民专业合作社（联合社）成员不得以劳务、信用、自然人姓名、商誉、特许经营权或者设定担保的财产等作价出资。

2.《最高人民法院关于适用〈中华人民共和国公司法〉若干问题的规定（三）》（2020年12月29日）

第七条　出资人以不享有处分权的财产出资，当事人之间对于出资行为效力产生争议的，人民法院可以参照民法典第三百一十一条的规定予以认定。

以贪污、受贿、侵占、挪用等违法犯罪所得的货币出资后取得股权的，对违法犯罪行为予以追究、处罚时，应当采取拍卖或者变卖的方式处置其股权。

第八条　出资人以划拨土地使用权出资，或者以设定权利负担的土地使用权出资，公司、其他股东或者公司债权人主张认定出资人未履行出资义务的，人民法院应当责令当事人在指定的合理期间内办理土地变更手续或者解除权利负担；逾期未办理或者未解除的，人民法院应当认定出资人未依法全面履行出资义务。

第九条　出资人以非货币财产出资，未依法评估作价，公司、其他股东或者公司债权人请求认定出资人未履行出资义务的，人民法院应当委托具有合法资格的评估机构对该财产评估作价。评估确定的价额显著低于公司章程所定价额的，人民法院应当认定出资人未依法全面履行出资义务。

第十条　出资人以房屋、土地使用权或者需要办理权属登记的知识产权等财产出资，已经交付公司使用但未办理权属变更手续，公司、其他股东或者公司债权人主张认定出资人未履行出资义务的，人民法院应当责令当事人在指定的合理期间内办理权属变更手续；在前述期间内办理了权属变更手续的，人民法院应当认定其已经履行了出资义务；出资人主张自其实际交付财产给公司使用时享有相应股东权利的，人民法院应予支持。

出资人以前款规定的财产出资，已经办理权属变更手续但未交付给公司使用，公司或者其他股东主张其向公司交付、并在实际交付之前不享有相应股东权利的，人民法院应予支持。

第十一条　出资人以其他公司股权出资，符合下列条件的，人民法院应当认定出资人已履行出资义务：

（一）出资的股权由出资人合法持有并依法可以转让；

（二）出资的股权无权利瑕疵或者权利负担；

（三）出资人已履行关于股权转让的法定手续；

（四）出资的股权已依法进行了价值评估。

股权出资不符合前款第（一）、（二）、（三）项的规定，公司、其他股东或者公司债权人请求认定出资人未履行出资义务的，人民法院应当责令该出资人在指定的合理期间内采取补正措施，以符合上述条件；逾期未补正的，人民法院应当认定其未依法全面履行出资义务。

股权出资不符合本条第一款第（四）项的规定，公司、其他股东或者公司债权人请求认定出资人未履行出资义务的，人民法院应当按照本规定第九条的规定处理。

3. 《市场主体登记管理条例实施细则》（2022 年 3 月 1 日）

第十三条　申请人申请登记的市场主体注册资本（出资额）应当符合章程或者协议约定。

市场主体注册资本（出资额）以人民币表示。外商投资企业的注册资本（出资额）可以用可自由兑换的货币表示。

依法以境内公司股权或者债权出资的，应当权属清楚、权能完整，依法可以评估、转让，符合公司章程规定。

第四十九条　股东出资义务

股东应当按期足额缴纳公司章程规定的各自所认缴的出资额。

股东以货币出资的，应当将货币出资足额存入有限责任公司在银行开设的账户；以非货币财产出资的，应当依法办理其财产权的转移手续。

股东未按期足额缴纳出资的，除应当向公司足额缴纳外，还应当对给公司造成的损失承担赔偿责任。

要点提示

按期足额缴纳出资，是股东的一项重要法定义务，必须严格履行。如果股东没有按期足额缴纳公司章程中规定的自己所认缴的出资额，则需依法承担相应的法律责任：

（1）继续履行出资义务。在人民法院受理公司破产申请后，债务人的出资人尚未完全履行出资义务的，破产管理人仍应该要求该出资人缴纳所认缴的出资，而不受出资期限的限制。

（2）向其他股东承担违约责任。股东未按照公司章程规定的时间、金额缴纳出资，就是违反了公司章程规定的出资义务，构成了对其他已经履行缴纳出资义务的股东的违约，应当依法向其他股东承担违约责任，如支付已经支出的公司开办费用以及占用资金的利息损失等。

关联规定

1.《企业破产法》（2006年8月27日）

第三十五条　人民法院受理破产申请后，债务人的出资人尚未完全履行出资义务的，管理人应当要求该出资人缴纳所认缴的出资，而不受出资期限的限制。

2.《市场主体登记管理条例》（2021年7月27日）

第四十五条 实行注册资本实缴登记制的市场主体虚报注册资本取得市场主体登记的，由登记机关责令改正，处虚报注册资本金额5%以上15%以下的罚款；情节严重的，吊销营业执照。

实行注册资本实缴登记制的市场主体的发起人、股东虚假出资，未交付或者未按期交付作为出资的货币或者非货币财产的，或者在市场主体成立后抽逃出资的，由登记机关责令改正，处虚假出资金额5%以上15%以下的罚款。

3.《最高人民法院关于适用〈中华人民共和国公司法〉若干问题的规定（三）》（2020年12月29日）

第十六条 股东未履行或者未全面履行出资义务或者抽逃出资，公司根据公司章程或者股东会决议对其利润分配请求权、新股优先认购权、剩余财产分配请求权等股东权利作出相应的合理限制，该股东请求认定该限制无效的，人民法院不予支持。

第十七条 有限责任公司的股东未履行出资义务或者抽逃全部出资，经公司催告缴纳或者返还，其在合理期间内仍未缴纳或者返还出资，公司以股东会决议解除该股东的股东资格，该股东请求确认该解除行为无效的，人民法院不予支持。

在前款规定的情形下，人民法院在判决时应当释明，公司应当及时办理法定减资程序或者由其他股东或者第三人缴纳相应的出资。在办理法定减资程序或者其他股东或者第三人缴纳相应的出资之前，公司债权人依照本规定第十三条或者第十四条请求相关当事人承担相应责任的，人民法院应予支持。

第十八条 有限责任公司的股东未履行或者未全面履行出资义务即转让股权，受让人对此知道或者应当知道，公司请求该股东履行出资义务、受让人对此承担连带责任的，人民法院应予支持；公司债权人依照本规定第十三条第二款向该股东提起诉讼，同时请求前述受让人对此承担连带责任的，人民法院应予支持。

受让人根据前款规定承担责任后，向该未履行或者未全面履行出资义务的股东追偿的，人民法院应予支持。但是，当事人另有约定的除外。

第十九条 公司股东未履行或者未全面履行出资义务或者抽逃出资，公司或者其他股东请求其向公司全面履行出资义务或者返还出资，被告股东以诉讼时效为由进行抗辩的，人民法院不予支持。

公司债权人的债权未过诉讼时效期间，其依照本规定第十三条第二款、第十四条第二款的规定请求未履行或者未全面履行出资义务或者抽逃出资的股东承担赔偿责任，被告股东以出资义务或者返还出资义务超过诉讼时效期间为由进行抗辩的，人民法院不予支持。

第二十条 当事人之间对是否已履行出资义务发生争议，原告提供对股东履行出资义务产生合理怀疑证据的，被告股东应当就其已履行出资义务承担举证责任。

第五十条 股东虚假出资或不足额出资的责任

> 有限责任公司设立时，股东未按照公司章程规定实际缴纳出资，或者实际出资的非货币财产的实际价额显著低于所认缴的出资额的，设立时的其他股东与该股东在出资不足的范围内承担连带责任。

❉ 关联规定

《最高人民法院关于适用〈中华人民共和国公司法〉若干问题的规定（三）》（2020年12月29日）

第十五条 出资人以符合法定条件的非货币财产出资后，因市场变化或者其他客观因素导致出资财产贬值，公司、其他股东或者公司债权人请求该出资人承担补足出资责任的，人民法院不予支持。但是，当事人另有约定的除外。

第五十一条 董事会催缴义务及其赔偿责任

有限责任公司成立后,董事会应当对股东的出资情况进行核查,发现股东未按期足额缴纳公司章程规定的出资的,应当由公司向该股东发出书面催缴书,催缴出资。

未及时履行前款规定的义务,给公司造成损失的,负有责任的董事应当承担赔偿责任。

第五十二条 股东催缴失权制度

股东未按照公司章程规定的出资日期缴纳出资,公司依照前条第一款规定发出书面催缴书催缴出资的,可以载明缴纳出资的宽限期;宽限期自公司发出催缴书之日起,不得少于六十日。宽限期届满,股东仍未履行出资义务的,公司经董事会决议可以向该股东发出失权通知,通知应当以书面形式发出。自通知发出之日起,该股东丧失其未缴纳出资的股权。

依照前款规定丧失的股权应当依法转让,或者相应减少注册资本并注销该股权;六个月内未转让或者注销的,由公司其他股东按照其出资比例足额缴纳相应出资。

股东对失权有异议的,应当自接到失权通知之日起三十日内,向人民法院提起诉讼。

第五十三条 股东抽逃出资的法律责任

公司成立后,股东不得抽逃出资。

违反前款规定的,股东应当返还抽逃的出资;给公司造成损失的,负有责任的董事、监事、高级管理人员应当与该股东承担连带赔偿责任。

关联规定

1. 《市场主体登记管理条例》（2021年7月27日）

第四十五条 实行注册资本实缴登记制的市场主体虚报注册资本取得市场主体登记的，由登记机关责令改正，处虚报注册资本金额5%以上15%以下的罚款；情节严重的，吊销营业执照。

实行注册资本实缴登记制的市场主体的发起人、股东虚假出资，未交付或者未按期交付作为出资的货币或者非货币财产的，或者在市场主体成立后抽逃出资的，由登记机关责令改正，处虚假出资金额5%以上15%以下的罚款。

2. 《最高人民法院关于适用〈中华人民共和国公司法〉若干问题的规定（三）》（2020年12月29日）

第十二条 公司成立后，公司、股东或者公司债权人以相关股东的行为符合下列情形之一且损害公司权益为由，请求认定该股东抽逃出资的，人民法院应予支持：

（一）制作虚假财务会计报表虚增利润进行分配；

（二）通过虚构债权债务关系将其出资转出；

（三）利用关联交易将出资转出；

（四）其他未经法定程序将出资抽回的行为。

第十四条 股东抽逃出资，公司或者其他股东请求其向公司返还出资本息、协助抽逃出资的其他股东、董事、高级管理人员或者实际控制人对此承担连带责任的，人民法院应予支持。

公司债权人请求抽逃出资的股东在抽逃出资本息范围内对公司债务不能清偿的部分承担补充赔偿责任、协助抽逃出资的其他股东、董事、高级管理人员或者实际控制人对此承担连带责任的，人民法院应予支持；抽逃出资的股东已经承担上述责任，其他债权人提出相同请求的，人民法院不予支持。

第十六条 股东未履行或者未全面履行出资义务或者抽逃出资，公司根据公司章程或者股东会决议对其利润分配请求权、新股优先认购权、剩余财产分配请求权等股东权利作出相应的合理限制,该股东请求认定该限制无效的,人民法院不予支持。

第十七条 有限责任公司的股东未履行出资义务或者抽逃全部出资,经公司催告缴纳或者返还,其在合理期间内仍未缴纳或者返还出资,公司以股东会决议解除该股东的股东资格,该股东请求确认该解除行为无效的,人民法院不予支持。

在前款规定的情形下,人民法院在判决时应当释明,公司应当及时办理法定减资程序或者由其他股东或者第三人缴纳相应的出资。在办理法定减资程序或者其他股东或者第三人缴纳相应的出资之前,公司债权人依照本规定第十三条或者第十四条请求相关当事人承担相应责任的,人民法院应予支持。

第十九条 公司股东未履行或者未全面履行出资义务或者抽逃出资,公司或者其他股东请求其向公司全面履行出资义务或者返还出资,被告股东以诉讼时效为由进行抗辩的,人民法院不予支持。

公司债权人的债权未过诉讼时效期间,其依照本规定第十三条第二款、第十四条第二款的规定请求未履行或者未全面履行出资义务或者抽逃出资的股东承担赔偿责任,被告股东以出资义务或者返还出资义务超过诉讼时效期间为由进行抗辩的,人民法院不予支持。

第五十四条 股东出资加速到期

公司不能清偿到期债务的,公司或者已到期债权的债权人有权要求已认缴出资但未届出资期限的股东提前缴纳出资。

第五十五条 出资证明书

有限责任公司成立后,应当向股东签发出资证明书,记载下列事项:

(一)公司名称;

（二）公司成立日期；

（三）公司注册资本；

（四）股东的姓名或者名称、认缴和实缴的出资额、出资方式和出资日期；

（五）出资证明书的编号和核发日期。

出资证明书由法定代表人签名，并由公司盖章。

❈ 要点提示

出资证明书，又称股单，是有限责任公司成立后，由公司向股东签发的证明股东已经履行出资义务的法律文件，是投资人成为有限责任公司股东，并依法享有股东权利和承担股东义务的法律凭证。

❈ 关联规定

《最高人民法院关于适用〈中华人民共和国公司法〉若干问题的规定（三）》
（2020年12月29日）

第二十三条　当事人依法履行出资义务或者依法继受取得股权后，公司未根据公司法第三十一条、第三十二条的规定签发出资证明书、记载于股东名册并办理公司登记机关登记，当事人请求公司履行上述义务的，人民法院应予支持。

第二十四条　有限责任公司的实际出资人与名义出资人订立合同，约定由实际出资人出资并享有投资权益，以名义出资人为名义股东，实际出资人与名义股东对该合同效力发生争议的，如无法律规定的无效情形，人民法院应当认定该合同有效。

前款规定的实际出资人与名义股东因投资权益的归属发生争议，实际出资人以其实际履行了出资义务为由向名义股东主张权利的，人民法院应予支持。名义股东以公司股东名册记载、公司登记机关登记为由否认实际出资人权利的，人民法院不予支持。

实际出资人未经公司其他股东半数以上同意，请求公司变更股东、签发出资证明书、记载于股东名册、记载于公司章程并办理公司登记机关登记的，人民法院不予支持。

第五十六条　股东名册

有限责任公司应当置备股东名册，记载下列事项：
（一）股东的姓名或者名称及住所；
（二）股东认缴和实缴的出资额、出资方式和出资日期；
（三）出资证明书编号；
（四）取得和丧失股东资格的日期。
记载于股东名册的股东，可以依股东名册主张行使股东权利。

❋ 要点提示

所谓股东名册，是指有限责任公司依照法律规定对本公司进行投资的股东及其出资情况登记的簿册。股东名册有推定效力。在股东名册上记载为股东的，推定其为公司股东。

❋ 关联规定

1.《市场主体登记管理条例》（2021年7月27日）

第二十四条　市场主体变更登记事项，应当自作出变更决议、决定或者法定变更事项发生之日起30日内向登记机关申请变更登记。

市场主体变更登记事项属于依法须经批准的，申请人应当在批准文件有效期内向登记机关申请变更登记。

2.《最高人民法院关于适用〈中华人民共和国公司法〉若干问题的规定（三）》（2020年12月29日）

第二十三条　当事人依法履行出资义务或者依法继受取得股权后，公司未根据公司法第三十一条、第三十二条的规定签发出资证明书、记载于股东名册并办理公司登记机关登记，当事人请求公司履行上述义务的，人民法院应予支持。

第二十四条 有限责任公司的实际出资人与名义出资人订立合同，约定由实际出资人出资并享有投资权益，以名义出资人为名义股东，实际出资人与名义股东对该合同效力发生争议的，如无法律规定的无效情形，人民法院应当认定该合同有效。

前款规定的实际出资人与名义股东因投资权益的归属发生争议，实际出资人以其实际履行了出资义务为由向名义股东主张权利的，人民法院应予支持。名义股东以公司股东名册记载、公司登记机关登记为由否认实际出资人权利的，人民法院不予支持。

实际出资人未经公司其他股东半数以上同意，请求公司变更股东、签发出资证明书、记载于股东名册、记载于公司章程并办理公司登记机关登记的，人民法院不予支持。

第五十七条　股东查阅复制权

股东有权查阅、复制公司章程、股东名册、股东会会议记录、董事会会议决议、监事会会议决议和财务会计报告。

股东可以要求查阅公司会计账簿、会计凭证。股东要求查阅公司会计账簿、会计凭证的，应当向公司提出书面请求，说明目的。公司有合理根据认为股东查阅会计账簿、会计凭证有不正当目的，可能损害公司合法利益的，可以拒绝提供查阅，并应当自股东提出书面请求之日起十五日内书面答复股东并说明理由。公司拒绝提供查阅的，股东可以向人民法院提起诉讼。

股东查阅前款规定的材料，可以委托会计师事务所、律师事务所等中介机构进行。

股东及其委托的会计师事务所、律师事务所等中介机构查阅、复制有关材料，应当遵守有关保护国家秘密、商业秘密、个人隐私、个人信息等法律、行政法规的规定。

股东要求查阅、复制公司全资子公司相关材料的，适用前四款的规定。

关联规定

《最高人民法院关于适用〈中华人民共和国公司法〉若干问题的规定（四）》
（2020年12月29日）

第七条 股东依据公司法第三十三条、第九十七条或者公司章程的规定，起诉请求查阅或者复制公司特定文件材料的，人民法院应当依法予以受理。

公司有证据证明前款规定的原告在起诉时不具有公司股东资格的，人民法院应当驳回起诉，但原告有初步证据证明在持股期间其合法权益受到损害，请求依法查阅或者复制其持股期间的公司特定文件材料的除外。

第八条 有限责任公司有证据证明股东存在下列情形之一的，人民法院应当认定股东有公司法第三十三条第二款规定的"不正当目的"：

（一）股东自营或者为他人经营与公司主营业务有实质性竞争关系业务的，但公司章程另有规定或者全体股东另有约定的除外；

（二）股东为了向他人通报有关信息查阅公司会计账簿，可能损害公司合法利益的；

（三）股东在向公司提出查阅请求之日前的三年内，曾通过查阅公司会计账簿，向他人通报有关信息损害公司合法利益的；

（四）股东有不正当目的的其他情形。

第九条 公司章程、股东之间的协议等实质性剥夺股东依据公司法第三十三条、第九十七条规定查阅或者复制公司文件材料的权利，公司以此为由拒绝股东查阅或者复制的，人民法院不予支持。

第十条 人民法院审理股东请求查阅或者复制公司特定文件材料的案件，对原告诉讼请求予以支持的，应当在判决中明确查阅或者复制公司特定文件材料的时间、地点和特定文件材料的名录。

股东依据人民法院生效判决查阅公司文件材料的，在该股东在场的情况下，可以由会计师、律师等依法或者依据执业行为规范负有保密义务的中介机构执业人员辅助进行。

第十一条 股东行使知情权后泄露公司商业秘密导致公司合法利益受到损害，公司请求该股东赔偿相关损失的，人民法院应当予以支持。

根据本规定第十条辅助股东查阅公司文件材料的会计师、律师等泄露公司商业秘密导致公司合法利益受到损害，公司请求其赔偿相关损失的，人民法院应当予以支持。

第十二条 公司董事、高级管理人员等未依法履行职责，导致公司未依法制作或者保存公司法第三十三条、第九十七条规定的公司文件材料，给股东造成损失，股东依法请求负有相应责任的公司董事、高级管理人员承担民事赔偿责任的，人民法院应当予以支持。

第二节　组织机构

第五十八条　股东会的组成及地位

有限责任公司股东会由全体股东组成。股东会是公司的权力机构，依照本法行使职权。

第五十九条　股东会的职权与书面议事方式

股东会行使下列职权：

（一）选举和更换董事、监事，决定有关董事、监事的报酬事项；

（二）审议批准董事会的报告；

（三）审议批准监事会的报告；

（四）审议批准公司的利润分配方案和弥补亏损方案；

（五）对公司增加或者减少注册资本作出决议；

（六）对发行公司债券作出决议；

（七）对公司合并、分立、解散、清算或者变更公司形式作出决议；

（八）修改公司章程；

（九）公司章程规定的其他职权。

股东会可以授权董事会对发行公司债券作出决议。

对本条第一款所列事项股东以书面形式一致表示同意的，可以不召开股东会会议，直接作出决定，并由全体股东在决定文件上签名或者盖章。

关联规定

《最高人民法院关于适用〈中华人民共和国公司法〉若干问题的规定（四）》
（2020年12月29日）

第五条 股东会或者股东大会、董事会决议存在下列情形之一，当事人主张决议不成立的，人民法院应当予以支持：

（一）公司未召开会议的，但依据公司法第三十七条第二款或者公司章程规定可以不召开股东会或者股东大会而直接作出决定，并由全体股东在决定文件上签名、盖章的除外；

（二）会议未对决议事项进行表决的；

（三）出席会议的人数或者股东所持表决权不符合公司法或者公司章程规定的；

（四）会议的表决结果未达到公司法或者公司章程规定的通过比例的；

（五）导致决议不成立的其他情形。

第六十条　一人公司的股东决定

只有一个股东的有限责任公司不设股东会。股东作出前条第一款所列事项的决定时，应当采用书面形式，并由股东签名或者盖章后置备于公司。

第六十一条　首次股东会会议

首次股东会会议由出资最多的股东召集和主持，依照本法规定行使职权。

要点提示

首次股东会会议，是指有限责任公司第一次召开的由全体股东参加的会议。出资最多，是指向公司实际缴付的出资最多，只认缴而没有实际缴纳的出资，不应当计算在内。

第六十二条　定期会议和临时会议

股东会会议分为定期会议和临时会议。

定期会议应当按照公司章程的规定按时召开。代表十分之一以上表决权的股东、三分之一以上的董事或者监事会提议召开临时会议的，应当召开临时会议。

要点提示

股东会的定期会议，是指按照公司章程的规定在一定时期内必须召开的会议。定期会议应当依照公司章程的规定，按时召开。这就要求公司章程对定期会议作出具体规定。

股东会的临时会议，是指公司章程中没有明确规定什么时间召开的一种不定期会议。临时会议是在正常召开的定期会议之外，由于法定事项的出现而临时召开的会议。临时会议是一种因法定人员的提议而召开的会议。

第六十三条　股东会会议的召集和主持

股东会会议由董事会召集，董事长主持；董事长不能履行职务或者不履行职务的，由副董事长主持；副董事长不能履行职务或者不履行职务的，由过半数的董事共同推举一名董事主持。

董事会不能履行或者不履行召集股东会会议职责的，由监事会召集和主持；监事会不召集和主持的，代表十分之一以上表决权的股东可以自行召集和主持。

第六十四条　股东会会议的通知和记录

召开股东会会议，应当于会议召开十五日前通知全体股东；但是，公司章程另有规定或者全体股东另有约定的除外。

股东会应当对所议事项的决定作成会议记录，出席会议的股东应当在会议记录上签名或者盖章。

❋ 要点提示

会议记录是法律明确规定的要求，公司不得违反。股东会会议的召集人、主持人，应当对会议记录作出具体安排，指定专人进行记录。会议记录的内容，是所议事项的决议，即会议讨论的议题及其结论性意见。出席股东会会议的股东，需要在会议记录上签名。会议记录是股东为决议后果承担法律责任的依据。

第六十五条　股东表决权

股东会会议由股东按照出资比例行使表决权；但是，公司章程另有规定的除外。

🔹 要点提示

股东表决权，是指股东基于投资人的法律地位，依照《公司法》或者公司章程的规定，在股东会会议上对公司重大经营决策事项实施影响，而表示自己同意、不同意或放弃发表意见的权利。公司章程可以对股东会会议表决权的行使方式作出变通性规定。

第六十六条　股东会的议事方式和表决程序

股东会的议事方式和表决程序，除本法有规定的外，由公司章程规定。

股东会作出决议，应当经代表过半数表决权的股东通过。

股东会作出修改公司章程、增加或者减少注册资本的决议，以及公司合并、分立、解散或者变更公司形式的决议，应当经代表三分之二以上表决权的股东通过。

🔹 要点提示

议事方式，是指公司股东会以什么方式就公司的重大问题进行讨论并作出决议。表决程序，是指公司股东会决定事项如何进行表决和表决时需要多少股东赞成，才能通过某一特定的决议。本条第二款对特定事项的表决程序作了规定，这是法定事项表决的特别规定，必须经代表 2/3 以上表决权的股东通过。公司章程不得对此作出相反的规定。

第六十七条　董事会的职权

有限责任公司设董事会，本法第七十五条另有规定的除外。

董事会行使下列职权：

（一）召集股东会会议，并向股东会报告工作；

（二）执行股东会的决议；

（三）决定公司的经营计划和投资方案；

（四）制订公司的利润分配方案和弥补亏损方案；

（五）制订公司增加或者减少注册资本以及发行公司债券的方案；

（六）制订公司合并、分立、解散或者变更公司形式的方案；

（七）决定公司内部管理机构的设置；

（八）决定聘任或者解聘公司经理及其报酬事项，并根据经理的提名决定聘任或者解聘公司副经理、财务负责人及其报酬事项；

（九）制定公司的基本管理制度；

（十）公司章程规定或者股东会授予的其他职权。

公司章程对董事会职权的限制不得对抗善意相对人。

第六十八条　董事会的组成

有限责任公司董事会成员为三人以上，其成员中可以有公司职工代表。职工人数三百人以上的有限责任公司，除依法设监事会并有公司职工代表的外，其董事会成员中应当有公司职工代表。董事会中的职工代表由公司职工通过职工代表大会、职工大会或者其他形式民主选举产生。

董事会设董事长一人，可以设副董事长。董事长、副董事长的产生办法由公司章程规定。

第六十九条　审计委员会

有限责任公司可以按照公司章程的规定在董事会中设置由董事组成的审计委员会，行使本法规定的监事会的职权，不设监事会或者监事。公司董事会成员中的职工代表可以成为审计委员会成员。

第七十条　董事任期、选任和辞任

董事任期由公司章程规定，但每届任期不得超过三年。董事任期届满，连选可以连任。

董事任期届满未及时改选，或者董事在任期内辞任导致董事会成员低于法定人数的，在改选出的董事就任前，原董事仍应当依照法律、行政法规和公司章程的规定，履行董事职务。

董事辞任的，应当以书面形式通知公司，公司收到通知之日辞任生效，但存在前款规定情形的，董事应当继续履行职务。

第七十一条　董事的解任和赔偿

股东会可以决议解任董事，决议作出之日解任生效。

无正当理由，在任期届满前解任董事的，该董事可以要求公司予以赔偿。

第七十二条　董事会会议的召集和主持

董事会会议由董事长召集和主持；董事长不能履行职务或者不履行职务的，由副董事长召集和主持；副董事长不能履行职务或者不履行职务的，由过半数的董事共同推举一名董事召集和主持。

第七十三条　董事会的议事方式、表决程序和会议记录

董事会的议事方式和表决程序，除本法有规定的外，由公司章程规定。

董事会会议应当有过半数的董事出席方可举行。董事会作出决议，应当经全体董事的过半数通过。

董事会决议的表决，应当一人一票。

董事会应当对所议事项的决定作成会议记录，出席会议的董事应当在会议记录上签名。

要点提示

董事会决议实行一人一票制，明确了董事会是一个集体行使职权的公司内部机构，而不是一个由董事长或者副董事长个人负责的机构，每个董事可以各负其责，但由董事会整体对股东会负责。

第七十四条　经理的任免和职权

有限责任公司可以设经理，由董事会决定聘任或者解聘。

经理对董事会负责，根据公司章程的规定或者董事会的授权行使职权。经理列席董事会会议。

第七十五条　设董事不设董事会的情形

规模较小或者股东人数较少的有限责任公司，可以不设董事会，设一名董事，行使本法规定的董事会的职权。该董事可以兼任公司经理。

第七十六条　监事会的设置、组成和监事会会议

有限责任公司设监事会，本法第六十九条、第八十三条另有规定的除外。

监事会成员为三人以上。监事会成员应当包括股东代表和适当比例的公司职工代表，其中职工代表的比例不得低于三分之一，具体比例由公司章程规定。监事会中的职工代表由公司职工通过职工代表大会、职工大会或者其他形式民主选举产生。

监事会设主席一人，由全体监事过半数选举产生。监事会主席召集和主持监事会会议；监事会主席不能履行职务或者不履行职务的，由过半数的监事共同推举一名监事召集和主持监事会会议。

董事、高级管理人员不得兼任监事。

第七十七条　监事的任期、选任和辞任

监事的任期每届为三年。监事任期届满，连选可以连任。

监事任期届满未及时改选，或者监事在任期内辞任导致监事会成员低于法定人数的，在改选出的监事就任前，原监事仍应当依照法律、行政法规和公司章程的规定，履行监事职务。

第七十八条　监事会的一般职权

监事会行使下列职权：

（一）检查公司财务；

（二）对董事、高级管理人员执行职务的行为进行监督，对违反法律、行政法规、公司章程或者股东会决议的董事、高级管理人员提出解任的建议；

（三）当董事、高级管理人员的行为损害公司的利益时，要求董事、高级管理人员予以纠正；

（四）提议召开临时股东会会议，在董事会不履行本法规定的召集和主持股东会会议职责时召集和主持股东会会议；

（五）向股东会会议提出提案；

（六）依照本法第一百八十九条的规定，对董事、高级管理人员提起诉讼；

（七）公司章程规定的其他职权。

第七十九条　监事的质询权、建议权和监事会的调查权

监事可以列席董事会会议，并对董事会决议事项提出质询或者建议。

监事会发现公司经营情况异常，可以进行调查；必要时，可以聘请会计师事务所等协助其工作，费用由公司承担。

第八十条　监事会有权要求董事、高级管理人员提交执行职务报告

监事会可以要求董事、高级管理人员提交执行职务的报告。

董事、高级管理人员应当如实向监事会提供有关情况和资料，不得妨碍监事会或者监事行使职权。

第八十一条　监事会会议

监事会每年度至少召开一次会议，监事可以提议召开临时监事会会议。

监事会的议事方式和表决程序，除本法有规定的外，由公司章程规定。

监事会决议应当经全体监事的过半数通过。

监事会决议的表决，应当一人一票。

监事会应当对所议事项的决定作成会议记录，出席会议的监事应当在会议记录上签名。

第八十二条　监事会履职费用的承担

监事会行使职权所必需的费用，由公司承担。

第八十三条　不设监事会、监事的情形

规模较小或者股东人数较少的有限责任公司，可以不设监事会，设一名监事，行使本法规定的监事会的职权；经全体股东一致同意，也可以不设监事。

第四章　有限责任公司的股权转让

第八十四条　股权转让规则及优先购买权

有限责任公司的股东之间可以相互转让其全部或者部分股权。

股东向股东以外的人转让股权的，应当将股权转让的数量、价格、支付方式和期限等事项书面通知其他股东，其他股东在同等条件下有优先购买权。股东自接到书面通知之日起三十日内未答复的，视为放弃优先购买权。两个以上股东行使优先购买权的，协商确定各自的购买比例；协商不成的，按照转让时各自的出资比例行使优先购买权。

公司章程对股权转让另有规定的，从其规定。

❉ 关联规定

1.《最高人民法院关于适用〈中华人民共和国公司法〉若干问题的规定（三）》（2020年12月29日）

第十八条 有限责任公司的股东未履行或者未全面履行出资义务即转让股权，受让人对此知道或者应当知道，公司请求该股东履行出资义务、受让人对此承担连带责任的，人民法院应予支持；公司债权人依照本规定第十三条第二款向该股东提起诉讼，同时请求前述受让人对此承担连带责任的，人民法院应予支持。

受让人根据前款规定承担责任后，向该未履行或者未全面履行出资义务的股东追偿的，人民法院应予支持。但是，当事人另有约定的除外。

第二十五条 名义股东将登记于其名下的股权转让、质押或者以其他方式处分，实际出资人以其对于股权享有实际权利为由，请求认定处分股权行为无效的，人民法院可以参照民法典第三百一十一条的规定处理。

名义股东处分股权造成实际出资人损失，实际出资人请求名义股东承担赔偿责任的，人民法院应予支持。

2.《最高人民法院关于适用〈中华人民共和国公司法〉若干问题的规定（四）》（2020年12月29日）

第十六条 有限责任公司的自然人股东因继承发生变化时，其他股东主张依据公司法第七十一条第三款规定行使优先购买权的，人民法院不予支持，但公司章程另有规定或者全体股东另有约定的除外。

第十七条 有限责任公司的股东向股东以外的人转让股权，应就其股权转让事项以书面或者其他能够确认收悉的合理方式通知其他股东征求同意。其他股东半数以上不同意转让，不同意的股东不购买的，人民法院应当认定视为同意转让。

经股东同意转让的股权，其他股东主张转让股东应当向其以书面或者其他能够确认收悉的合理方式通知转让股权的同等条件的，人民法院应当予以支持。

经股东同意转让的股权，在同等条件下，转让股东以外的其他股东主张优先购买的，人民法院应当予以支持，但转让股东依据本规定第二十条放弃转让的除外。

第十八条 人民法院在判断是否符合公司法第七十一条第三款及本规定所称的"同等条件"时，应当考虑转让股权的数量、价格、支付方式及期限等因素。

第十九条 有限责任公司的股东主张优先购买转让股权的，应当在收到通知后，在公司章程规定的行使期间内提出购买请求。公司章程没有规定行使期间或者规定不明确的，以通知确定的期间为准，通知确定的期间短于三十日或者未明确行使期间的，行使期间为三十日。

第二十条 有限责任公司的转让股东，在其他股东主张优先购买后又不同意转让股权的，对其他股东优先购买的主张，人民法院不予支持，但公司章程另有规定或者全体股东另有约定的除外。其他股东主张转让股东赔偿其损失合理的，人民法院应当予以支持。

第二十一条 有限责任公司的股东向股东以外的人转让股权，未就其股权转让事项征求其他股东意见，或者以欺诈、恶意串通等手段，损害其他股东优先购买权，其他股东主张按照同等条件购买该转让股权的，人民法院应当予以支持，但其他股东自知道或者应当知道行使优先购买权的同等条件之日起三十日内没有主张，或者自股权变更登记之日起超过一年的除外。

前款规定的其他股东仅提出确认股权转让合同及股权变动效力等请求，未同时主张按照同等条件购买转让股权的，人民法院不予支持，但其他股东非因自身原因导致无法行使优先购买权，请求损害赔偿的除外。

股东以外的股权受让人，因股东行使优先购买权而不能实现合同目的的，可以依法请求转让股东承担相应民事责任。

第二十二条 通过拍卖向股东以外的人转让有限责任公司股权的，适用公司法第七十一条第二款、第三款或者第七十二条规定的"书面通知""通知""同等条件"时，根据相关法律、司法解释确定。

在依法设立的产权交易场所转让有限责任公司国有股权的，适用公司法第七十一条第二款、第三款或者第七十二条规定的"书面通知""通知""同等条件"时，可以参照产权交易场所的交易规则。

3.《最高人民法院关于人民法院执行工作若干问题的规定（试行）》
（2020年12月29日）

38. 对被执行人在有限责任公司、其他法人企业中的投资权益或股权，人民法院可以采取冻结措施。

冻结投资权益或股权的，应当通知有关企业不得办理被冻结投资权益或股权的转移手续，不得向被执行人支付股息或红利。被冻结的投资权益或股权，被执行人不得自行转让。

39. 被执行人在其独资开办的法人企业中拥有的投资权益被冻结后，人民法院可以直接裁定予以转让，以转让所得清偿其对申请执行人的债务。

对被执行人在有限责任公司中被冻结的投资权益或股权，人民法院可以依据《中华人民共和国公司法》第七十一条、第七十二条、第七十三条的规定，征得全体股东过半数同意后，予以拍卖、变卖或以其他方式转让。不同意转让的股东，应当购买该转让的投资权益或股权，不购买的，视为同意转让，不影响执行。

人民法院也可允许并监督被执行人自行转让其投资权益或股权，将转让所得收益用于清偿对申请执行人的债务。

第八十五条　强制执行程序中的优先购买权

人民法院依照法律规定的强制执行程序转让股东的股权时，应当通知公司及全体股东，其他股东在同等条件下有优先购买权。其他股东自人民法院通知之日起满二十日不行使优先购买权的，视为放弃优先购买权。

要点提示

人民法院依照法律规定的强制执行程序转让股东的股权，是指人民法院依照《民事诉讼法》等法律规定的执行程序，强制执行生效的法律文书时，以拍卖、变卖或其他方式转让有限责任公司股东的股权。在运用本条的过程中需要注意的是：（1）本条中权利行使的期限和上一条中权利行使的期限是不一样的，目的是尽快结束司法程序，防止法院程序的拖延。（2）我国目前的法律体系中没有对何种情况下可以执行有限责任公司股东的股权这一问题加以明确。原因在于有限责任公司股权的流动性较差，随意地强制执行股权会给有限责任公司带来很大的不稳定因素。

关联规定

1.《最高人民法院关于人民法院民事执行中拍卖、变卖财产的规定》（2020年12月29日）

第十一条 人民法院应当在拍卖五日前以书面或者其他能够确认收悉的适当方式，通知当事人和已知的担保物权人、优先购买权人或者其他优先权人于拍卖日到场。

优先购买权人经通知未到场的，视为放弃优先购买权。

第十三条 拍卖过程中，有最高应价时，优先购买权人可以表示以该最高价买受，如无更高应价，则拍归优先购买权人；如有更高应价，而优先购买权人不作表示的，则拍归该应价最高的竞买人。

顺序相同的多个优先购买权人同时表示买受的，以抽签方式决定买受人。

2.《最高人民法院关于适用〈中华人民共和国公司法〉若干问题的规定（四）》（2020年12月29日）

第二十二条 通过拍卖向股东以外的人转让有限责任公司股权的，适用公司法第七十一条第二款、第三款或者第七十二条规定的"书面通知""通知""同等条件"时，根据相关法律、司法解释确定。

在依法设立的产权交易场所转让有限责任公司国有股权的，适用公司法第七十一条第二款、第三款或者第七十二条规定的"书面通知""通知""同等条件"时，可以参照产权交易场所的交易规则。

第八十六条　股东名册变更

股东转让股权的，应当书面通知公司，请求变更股东名册；需要办理变更登记的，并请求公司向公司登记机关办理变更登记。公司拒绝或者在合理期限内不予答复的，转让人、受让人可以依法向人民法院提起诉讼。

股权转让的，受让人自记载于股东名册时起可以向公司主张行使股东权利。

❀ 关联规定

《最高人民法院关于适用〈中华人民共和国公司法〉若干问题的规定（三）》
（2020年12月29日）

第二十二条　当事人之间对股权归属发生争议，一方请求人民法院确认其享有股权的，应当证明以下事实之一：

（一）已经依法向公司出资或者认缴出资，且不违反法律法规强制性规定；

（二）已经受让或者以其他形式继受公司股权，且不违反法律法规强制性规定。

第八十七条　转让股权后的变更记载

依照本法转让股权后，公司应当及时注销原股东的出资证明书，向新股东签发出资证明书，并相应修改公司章程和股东名册中有关股东及其出资额的记载。对公司章程的该项修改不需再由股东会表决。

❖ 关联规定

1.《民法典》（2020年5月28日）

第三百一十一条　无处分权人将不动产或者动产转让给受让人的，所有权人有权追回；除法律另有规定外，符合下列情形的，受让人取得该不动产或者动产的所有权：

（一）受让人受让该不动产或者动产时是善意；

（二）以合理的价格转让；

（三）转让的不动产或者动产依照法律规定应当登记的已经登记，不需要登记的已经交付给受让人。

受让人依据前款规定取得不动产或者动产的所有权的，原所有权人有权向无处分权人请求损害赔偿。

当事人善意取得其他物权的，参照适用前两款规定。

2.《市场主体登记管理条例》（2021年7月27日）

第二十四条　市场主体变更登记事项，应当自作出变更决议、决定或者法定变更事项发生之日起30日内向登记机关申请变更登记。

市场主体变更登记事项属于依法须经批准的，申请人应当在批准文件有效期内向登记机关申请变更登记。

3.《最高人民法院关于适用〈中华人民共和国公司法〉若干问题的规定（三）》（2020年12月29日）

第二十七条　股权转让后尚未向公司登记机关办理变更登记，原股东将仍登记于其名下的股权转让、质押或者以其他方式处分，受让股东以其对于股权享有实际权利为由，请求认定处分股权行为无效的，人民法院可以参照民法典第三百一十一条的规定处理。

原股东处分股权造成受让股东损失，受让股东请求原股东承担赔偿责任、对于未及时办理变更登记有过错的董事、高级管理人员或者实际控制人承担相应责任的，人民法院应予支持；受让股东对于未及时办理变更登记也有过错的，可以适当减轻上述董事、高级管理人员或者实际控制人的责任。

第八十八条 瑕疵出资股权转让的责任承担

股东转让已认缴出资但未届出资期限的股权的，由受让人承担缴纳该出资的义务；受让人未按期足额缴纳出资的，转让人对受让人未按期缴纳的出资承担补充责任。

未按照公司章程规定的出资日期缴纳出资或者作为出资的非货币财产的实际价额显著低于所认缴的出资额的股东转让股权的，转让人与受让人在出资不足的范围内承担连带责任；受让人不知道且不应当知道存在上述情形的，由转让人承担责任。

第八十九条 公司股权回购的情形

有下列情形之一的，对股东会该项决议投反对票的股东可以请求公司按照合理的价格收购其股权：

（一）公司连续五年不向股东分配利润，而公司该五年连续盈利，并且符合本法规定的分配利润条件；

（二）公司合并、分立、转让主要财产；

（三）公司章程规定的营业期限届满或者章程规定的其他解散事由出现，股东会通过决议修改章程使公司存续。

自股东会决议作出之日起六十日内，股东与公司不能达成股权收购协议的，股东可以自股东会决议作出之日起九十日内向人民法院提起诉讼。

公司的控股股东滥用股东权利，严重损害公司或者其他股东利益的，其他股东有权请求公司按照合理的价格收购其股权。

> 公司因本条第一款、第三款规定的情形收购的本公司股权，应当在六个月内依法转让或者注销。

✦ 关联规定

1.《市场主体登记管理条例实施细则》（2022年3月1日）

第三十六条　市场主体变更注册资本或者出资额的，应当办理变更登记。

公司增加注册资本，有限责任公司股东认缴新增资本的出资和股份有限公司的股东认购新股的，应当按照设立时缴纳出资和缴纳股款的规定执行。股份有限公司以公开发行新股方式或者上市公司以非公开发行新股方式增加注册资本，还应当提交国务院证券监督管理机构的核准或者注册文件。

公司减少注册资本，可以通过国家企业信用信息公示系统公告，公告期45日，应当于公告期届满后申请变更登记。法律、行政法规或者国务院决定对公司注册资本有最低限额规定的，减少后的注册资本应当不少于最低限额。

外商投资企业注册资本（出资额）币种发生变更，应当向登记机关申请变更登记。

2.《最高人民法院关于适用〈中华人民共和国公司法〉若干问题的规定（一）》（2014年2月20日）

第三条　原告以公司法第二十二条第二款、第七十四条第二款规定事由，向人民法院提起诉讼时，超过公司法规定期限的，人民法院不予受理。

典型案例

宋文军诉西安市大华餐饮有限公司股东资格确认纠纷案[①]

西安市大华餐饮有限责任公司（以下简称大华公司）成立于1990年4月5日。2004年5月，大华公司由国有企业改制为有限责任公司，宋文军系大华公司员工，出资2万元成为大华公司的自然人股东。大华公司章程第三章"注册资本和股份"第十四条规定"公司股权不向公司以外的任何团体和个人出售、转让。公司改制一年后，经董事会批准后可在公司内部赠予、转让和继承。持股人死亡或退休经董事会批准后方可继承、转让或由企业收购，持股人若辞职、调离或被辞退、解除劳动合同的，人走股留，所持股份由企业收购……"，第十三章"股东认为需要规定的其他事项"下第六十六条规定"本章程由全体股东共同认可，自公司设立之日起生效"。该公司章程经大华公司全体股东签名通过。2006年6月3日，宋文军向公司提出解除劳动合同，并申请退出其所持有的公司的2万元股份。2006年8月28日，经大华公司法定代表人赵来锁同意，宋文军领到退出股金款2万元整。2007年1月8日，大华公司召开2006年度股东大会，大会应到股东107人，实到股东104人，代表股权占公司股份总数的93%，会议审议通过了宋文军、王培青、杭春国三位股东退股的申请并决议"其股金暂由公司收购保管，不得参与红利分配"。后宋文军以大华公司的回购行为违反法律规定，未履行法定程序且公司法规定股东不得抽逃出资等，请求依法确认其具有大华公司的股东资格。

西安市碑林区人民法院于2014年6月10日作出（2014）碑民初字第01339号民事判决，判令：驳回原告宋文军要求确认其具有被告西安市大华餐饮有限责任公司股东资格之诉讼请求。一审宣判后，宋文军提出上诉。西安市中级人民法院于2014年10月10日作出了（2014）西中民四终字第00277号民事判决书，驳回上诉，维持原判。终审宣判后，宋文军仍不服，向陕西省高级人民法院申请再审。陕西省高级人民法院于2015

[①] 最高人民法院指导案例96号。

年3月25日作出（2014）陕民二申字第00215号民事裁定，驳回宋文军的再审申请。

法院生效裁判认为：通过听取再审申请人宋文军的再审申请理由及被申请人大华公司的答辩意见，本案的焦点问题如下：1. 大华公司的公司章程中关于"人走股留"的规定，是否违反了《中华人民共和国公司法》（以下简称《公司法》）的禁止性规定，该章程是否有效；2. 大华公司回购宋文军股权是否违反《公司法》的相关规定，大华公司是否构成抽逃出资。

针对第一个焦点问题，首先，大华公司章程第十四条规定，"公司股权不向公司以外的任何团体和个人出售、转让。公司改制一年后，经董事会批准后可以公司内部赠与、转让和继承。持股人死亡或退休经董事会批准后方可继承、转让或由企业收购，持股人若辞职、调离或被辞退、解除劳动合同的，人走股留，所持股份由企业收购。"依照《公司法》第二十五条第二款"股东应当在公司章程上签名、盖章"的规定，有限公司章程系公司设立时全体股东一致同意并对公司及全体股东产生约束力的规则性文件，宋文军在公司章程上签名的行为，应视为其对前述规定的认可和同意，该章程对大华公司及宋文军均产生约束力。其次，基于有限责任公司封闭性和人合性的特点，由公司章程对公司股东转让股权作出某些限制性规定，系公司自治的体现。在本案中，大华公司进行企业改制时，宋文军之所以成为大华公司的股东，其原因在于宋文军与大华公司具有劳动合同关系，如果宋文军与大华公司没有建立劳动关系，宋文军则没有成为大华公司股东的可能性。同理，大华公司章程将是否与公司具有劳动合同关系作为取得股东身份的依据继而作出"人走股留"的规定，符合有限责任公司封闭性和人合性的特点，亦系公司自治原则的体现，不违反公司法的禁止性规定。第三，大华公司章程第十四条关于股权转让的规定，属于对股东转让股权的限制性规定而非禁止性规定，宋文军依法转让股权的权利没有被公司章程所禁止，大华公司章程不存在侵害宋文军股权转让权利的情形。综上，本案一、二审法院均认定大华公司章程不违反《公司法》的禁止性规定，应为有效的结论正确，宋文军的这一再审申请理由不能成立。

针对第二个焦点问题，《公司法》第七十四条所规定的异议股东回购请求权具有法定的行使条件，即只有在"公司连续五年不向股东分配利润，而公司该五年连续盈利，并且符合本法规定的分配利润条件的；公司合并、分立、转让主要财产的；公司章程规定的营业期限届满或者章程规定的其他解散事由出现，股东会会议通过决议修改章程使公司存续的"三种情形下，异议股东有权要求公司回购其股权，对应的是公司是否应当履行回购异议股东股权的法定义务。而本案属于大华公司是否有权基于公司章程的约定及与宋文军的合意而回购宋文军股权，对应的是大华公司是否具有回购宋文军股权的权利，二者性质不同，《公司法》第七十四条不能适用于本案。在本案中，宋文军于2006年6月3日向大华公司提出解除劳动合同申请并于同日手书《退股申请》，提出"本人要求全额退股，年终盈利与亏损与我无关"，该《退股申请》应视为其真实意思表示。大华公司于2006年8月28日退还其全额股金款2万元，并于2007年1月8日召开股东大会审议通过了宋文军等三位股东的退股申请，大华公司基于宋文军的退股申请，依照公司章程的规定回购宋文军的股权，程序并无不当。另外，《公司法》所规定的抽逃出资专指公司股东抽逃其对于公司出资的行为，公司不能构成抽逃出资的主体，宋文军的这一再审申请理由不能成立。综上，裁定驳回再审申请人宋文军的再审申请。

第九十条　股东资格的继承

自然人股东死亡后，其合法继承人可以继承股东资格；但是，公司章程另有规定的除外。

❖ 关联规定

《民法典》（2020年5月28日）

第一千一百二十二条　遗产是自然人死亡时遗留的个人合法财产。
依照法律规定或者根据其性质不得继承的遗产，不得继承。

第五章 股份有限公司的设立和组织机构

第一节 设　　立

第九十一条　设立方式

设立股份有限公司，可以采取发起设立或者募集设立的方式。

发起设立，是指由发起人认购设立公司时应发行的全部股份而设立公司。

募集设立，是指由发起人认购设立公司时应发行股份的一部分，其余股份向特定对象募集或者向社会公开募集而设立公司。

要点提示

以发起设立方式设立股份有限公司的，在设立时其股份全部由该公司的发起人认购，而不向发起人之外的任何社会公众发行股份，公司的全部股东都是设立公司的发起人。

以募集设立方式设立股份有限公司的，在公司设立时，认购公司应发行股份的人不仅有发起人，还有发起人以外的人。

关联规定

《证券法》（2019年12月28日）

第十一条　设立股份有限公司公开发行股票，应当符合《中华人民共和国公司法》规定的条件和经国务院批准的国务院证券监督管理机构规定的其他条件，向国务院证券监督管理机构报送募股申请和下列文件：

（一）公司章程；

（二）发起人协议；

（三）发起人姓名或者名称，发起人认购的股份数、出资种类及验资证明；

（四）招股说明书；

（五）代收股款银行的名称及地址；

（六）承销机构名称及有关的协议。

依照本法规定聘请保荐人的，还应当报送保荐人出具的发行保荐书。

法律、行政法规规定设立公司必须报经批准的，还应当提交相应的批准文件。

第九十二条　发起人的限制

设立股份有限公司，应当有一人以上二百人以下为发起人，其中应当有半数以上的发起人在中华人民共和国境内有住所。

❖ 要点提示

发起人在中国境内有住所，就中国公民而言，是指公民户籍所在地或者其经常居住地在中国境内；就外国公民而言，是指其经常居住在中国境内；就法人而言，是指其主要办事机构所在地在中国境内。

❖ 关联规定

《最高人民法院关于适用〈中华人民共和国公司法〉若干问题的规定（三）》（2020年12月29日）

第一条　为设立公司而签署公司章程、向公司认购出资或者股份并履行公司设立职责的人，应当认定为公司的发起人，包括有限责任公司设立时的股东。

第九十三条　发起人的义务

股份有限公司发起人承担公司筹办事务。

发起人应当签订发起人协议，明确各自在公司设立过程中的权利和义务。

要点提示

本条是强制性规范。首先，明确规定了发起人承担公司筹办事务的义务。公司的筹办是公司设立完成的重要前提。公司的筹办事务包括材料的准备，申请文件的提交，召集、主持、召开创立大会等程序性事务。其次，发起人签订发起人协议的规定突出了发起人协议在公司设立过程中的重要地位，此协议的内容除符合本法的相关规定外，还同时受到《民法典》等相关法律的规范。

第九十四条　公司章程制定

设立股份有限公司，应当由发起人共同制订公司章程。

第九十五条　公司章程内容

股份有限公司章程应当载明下列事项：

（一）公司名称和住所；

（二）公司经营范围；

（三）公司设立方式；

（四）公司注册资本、已发行的股份数和设立时发行的股份数，面额股的每股金额；

（五）发行类别股的，每一类别股的股份数及其权利和义务；

（六）发起人的姓名或者名称、认购的股份数、出资方式；

（七）董事会的组成、职权和议事规则；

（八）公司法定代表人的产生、变更办法；

（九）监事会的组成、职权和议事规则；

（十）公司利润分配办法；

（十一）公司的解散事由与清算办法；

（十二）公司的通知和公告办法；

（十三）股东会认为需要规定的其他事项。

第九十六条　注册资本

股份有限公司的注册资本为在公司登记机关登记的已发行股份的股本总额。在发起人认购的股份缴足前，不得向他人募集股份。

法律、行政法规以及国务院决定对股份有限公司注册资本最低限额另有规定的，从其规定。

第九十七条　发起人认购股份

以发起设立方式设立股份有限公司的，发起人应当认足公司章程规定的公司设立时应发行的股份。

以募集设立方式设立股份有限公司的，发起人认购的股份不得少于公司章程规定的公司设立时应发行股份总数的百分之三十五；但是，法律、行政法规另有规定的，从其规定。

要点提示

以发起设立方式设立股份有限公司的程序为：（1）发起人书面认足公司章程规定其认购的股份；（2）缴纳出资；（3）选举董事会和监事会；（4）申请设立登记。

关联规定

1.《公司法》（2023年12月29日）

第四十八条 股东可以用货币出资，也可以用实物、知识产权、土地使用权、股权、债权等可以用货币估价并可以依法转让的非货币财产作价出资；但是，法律、行政法规规定不得作为出资的财产除外。

对作为出资的非货币财产应当评估作价，核实财产，不得高估或者低估作价。法律、行政法规对评估作价有规定的，从其规定。

2.《市场主体登记管理条例》（2021年7月27日）

第十三条 除法律、行政法规或者国务院决定另有规定外，市场主体的注册资本或者出资额实行认缴登记制，以人民币表示。

出资方式应当符合法律、行政法规的规定。公司股东、非公司企业法人出资人、农民专业合作社（联合社）成员不得以劳务、信用、自然人姓名、商誉、特许经营权或者设定担保的财产等作价出资。

3.《最高人民法院关于适用〈中华人民共和国公司法〉若干问题的规定（三）》（2020年12月29日 法释〔2020〕18号）

第四条 公司因故未成立，债权人请求全体或者部分发起人对设立公司行为所产生的费用和债务承担连带清偿责任的，人民法院应予支持。

部分发起人依照前款规定承担责任后，请求其他发起人分担的，人民法院应当判令其他发起人按照约定的责任承担比例分担责任；没有约定责任承担比例的，按照约定的出资比例分担责任；没有约定出资比例的，按照均等份额分担责任。

因部分发起人的过错导致公司未成立，其他发起人主张其承担设立行为所产生的费用和债务的，人民法院应当根据过错情况，确定过错一方的责任范围。

第五条 发起人因履行公司设立职责造成他人损害，公司成立后受害人请求公司承担侵权赔偿责任的，人民法院应予支持；公司未成立，受害人请求全体发起人承担连带赔偿责任的,人民法院应予支持。

公司或者无过错的发起人承担赔偿责任后,可以向有过错的发起人追偿。

第六条 股份有限公司的认股人未按期缴纳所认股份的股款,经公司发起人催缴后在合理期间内仍未缴纳,公司发起人对该股份另行募集的,人民法院应当认定该募集行为有效。认股人延期缴纳股款给公司造成损失,公司请求该认股人承担赔偿责任的,人民法院应予支持。

第九十八条　足额缴纳股款与出资方式

发起人应当在公司成立前按照其认购的股份全额缴纳股款。

发起人的出资,适用本法第四十八条、第四十九条第二款关于有限责任公司股东出资的规定。

第九十九条　发起人的连带责任

发起人不按照其认购的股份缴纳股款,或者作为出资的非货币财产的实际价额显著低于所认购的股份的,其他发起人与该发起人在出资不足的范围内承担连带责任。

要点提示

发起人并不能因自己已履行了出资义务就免于承担其他发起人没能缴足出资时的连带缴纳责任。发起人在履行了连带缴纳责任之后,有权向违反出资义务的发起人追偿代缴的股款或要求其他人分担。

关联规定

《最高人民法院关于适用〈中华人民共和国公司法〉若干问题的规定(三)》
(2020年12月29日)

第六条 股份有限公司的认股人未按期缴纳所认股份的股款,经公司发起人催缴后在合理期间内仍未缴纳，公司发起人对该股份另行募集的，人民法院应当认定该募集行为有效。认股人延期缴纳股款给公司造成损失，公司请求该认股人承担赔偿责任的，人民法院应予支持。

第七条 出资人以不享有处分权的财产出资，当事人之间对于出资行为效力产生争议的，人民法院可以参照民法典第三百一十一条的规定予以认定。

以贪污、受贿、侵占、挪用等违法犯罪所得的货币出资后取得股权的，对违法犯罪行为予以追究、处罚时，应当采取拍卖或者变卖的方式处置其股权。

第八条 出资人以划拨土地使用权出资，或者以设定权利负担的土地使用权出资，公司、其他股东或者公司债权人主张认定出资人未履行出资义务的，人民法院应当责令当事人在指定的合理期间内办理土地变更手续或者解除权利负担；逾期未办理或者未解除的，人民法院应当认定出资人未依法全面履行出资义务。

第九条 出资人以非货币财产出资，未依法评估作价，公司、其他股东或者公司债权人请求认定出资人未履行出资义务的，人民法院应当委托具有合法资格的评估机构对该财产评估作价。评估确定的价额显著低于公司章程所定价额的，人民法院应当认定出资人未依法全面履行出资义务。

第十条 出资人以房屋、土地使用权或者需要办理权属登记的知识产权等财产出资，已经交付公司使用但未办理权属变更手续，公司、其他股东或者公司债权人主张认定出资人未履行出资义务的，人民法院应当责令当事人在指定的合理期间内办理权属变更手续；在前述期间内办理了权属变更手续的，人民法院应当认定其已经履行了出资义务；出资人主张自其实际交付财产给公司使用时享有相应股东权利的，人民法院应予支持。

出资人以前款规定的财产出资，已经办理权属变更手续但未交付给公司使用，公司或者其他股东主张其向公司交付、并在实际交付之前不享有相应股东权利的，人民法院应予支持。

第一百条　募集股份的公告和认股书

发起人向社会公开募集股份，应当公告招股说明书，并制作认股书。认股书应当载明本法第一百五十四条第二款、第三款所列事项，由认股人填写认购的股份数、金额、住所，并签名或者盖章。认股人应当按照所认购股份足额缴纳股款。

❋ 要点提示

认股书是发起人向社会公众发出的要约，认股人填写认股书是一种承诺的行为。因此，认股书经认股人填写并签名、盖章后，就成为一项合同，作为当事人的发起人和认股人都应当履行。这就意味着发起人有义务使认股人能够购买其所认购的股份，认股人有义务按照所认购股数缴纳股款。如果认股人没有按照所认购股数足额缴纳股款，就应当依法承担相应的违约责任。

第一百零一条　验资

向社会公开募集股份的股款缴足后，应当经依法设立的验资机构验资并出具证明。

第一百零二条　股东名册

股份有限公司应当制作股东名册并置备于公司。股东名册应当记载下列事项：

（一）股东的姓名或者名称及住所；
（二）各股东所认购的股份种类及股份数；
（三）发行纸面形式的股票的，股票的编号；
（四）各股东取得股份的日期。

要点提示

记名股票转让过户时,必须到公司更改持有人的姓名,并将受让人的姓名等事项记载于股东名册上。

发行无记名股票的公司不需要置备股东名册,只需要记载其股票数量、编号及发行日期,便于公司了解和掌握公司股票的发行情况。

第一百零三条 公司成立大会的召开

募集设立股份有限公司的发起人应当自公司设立时应发行股份的股款缴足之日起三十日内召开公司成立大会。发起人应当在成立大会召开十五日前将会议日期通知各认股人或者予以公告。成立大会应当有持有表决权过半数的认股人出席,方可举行。

以发起设立方式设立股份有限公司成立大会的召开和表决程序由公司章程或者发起人协议规定。

第一百零四条 公司成立大会的职权和表决程序

公司成立大会行使下列职权:

(一)审议发起人关于公司筹办情况的报告;

(二)通过公司章程;

(三)选举董事、监事;

(四)对公司的设立费用进行审核;

(五)对发起人非货币财产出资的作价进行审核;

(六)发生不可抗力或者经营条件发生重大变化直接影响公司设立的,可以作出不设立公司的决议。

成立大会对前款所列事项作出决议,应当经出席会议的认股人所持表决权过半数通过。

第一百零五条　返还股款、不得任意抽回股本

公司设立时应发行的股份未募足,或者发行股份的股款缴足后,发起人在三十日内未召开成立大会的,认股人可以按照所缴股款并加算银行同期存款利息,要求发起人返还。

发起人、认股人缴纳股款或者交付非货币财产出资后,除未按期募足股份、发起人未按期召开成立大会或者成立大会决议不设立公司的情形外,不得抽回其股本。

❋ 要点提示

资本确定、资本维持及资本不变是公司资本制度的三项基本原则。资本是公司运营的基础,也是公司承担法律责任的基础,因而发起人、认股人应确保公司的资本维持,在缴纳股款或交付抵作股款的出资后,不得随意抽回股本。

需要注意的是,法律并不是一律禁止发起人、认股人抽回股本的行为。对于本法规定的几种例外情形,法律赋予发起人、认股人可以抽回其股本。

发起人、认股人在出资过程中应严格遵守《公司法》的规定,不得随意抽回股本。若出现违法抽回股本的情形,要承担相应的法律责任。

第一百零六条　申请设立登记

董事会应当授权代表,于公司成立大会结束后三十日内向公司登记机关申请设立登记。

❋ 关联规定

《市场主体登记管理条例》(2021年7月27日)

第二十一条　申请人申请市场主体设立登记,登记机关依法予以登记的,签发营业执照。营业执照签发日期为市场主体的成立日期。

法律、行政法规或者国务院决定规定设立市场主体须经批准的，应当在批准文件有效期内向登记机关申请登记。

第一百零七条　有限责任公司中适用于股份有限公司的规定

本法第四十四条、第四十九条第三款、第五十一条、第五十二条、第五十三条的规定，适用于股份有限公司。

第一百零八条　有限责任公司变更为股份有限公司

有限责任公司变更为股份有限公司时，折合的实收股本总额不得高于公司净资产额。有限责任公司变更为股份有限公司，为增加注册资本公开发行股份时，应当依法办理。

✦ 要点提示

有限责任公司变更为股份有限公司以后，其资产就成为股份有限公司的资产，有限责任公司的原股东也因此持有由有限责任公司的资产折合成的股份。由于有限责任公司在其运营过程中，既会有资产，也会有负债，所以，有限责任公司的资产，在计入股份有限公司实际收到的股本总额时，不应高于其净资产额。

✦ 关联规定

《市场主体登记管理条例实施细则》（2022年3月1日）

第三十七条　公司变更类型，应当按照拟变更公司类型的设立条件，在规定的期限内申请变更登记，并提交有关材料。

非公司企业法人申请改制为公司，应当按照拟变更的公司类型设立条件，在规定期限内申请变更登记，并提交有关材料。

个体工商户申请转变为企业组织形式，应当按照拟变更的企业类型设立条件申请登记。

第一百零九条　重要资料的置备

股份有限公司应当将公司章程、股东名册、股东会会议记录、董事会会议记录、监事会会议记录、财务会计报告、债券持有人名册置备于本公司。

第一百一十条　股东的查阅、复制、建议、质询及知情权

股东有权查阅、复制公司章程、股东名册、股东会会议记录、董事会会议决议、监事会会议决议、财务会计报告，对公司的经营提出建议或者质询。

连续一百八十日以上单独或者合计持有公司百分之三以上股份的股东要求查阅公司的会计账簿、会计凭证的，适用本法第五十七条第二款、第三款、第四款的规定。公司章程对持股比例有较低规定的，从其规定。

股东要求查阅、复制公司全资子公司相关材料的，适用前两款的规定。

上市公司股东查阅、复制相关材料的，应当遵守《中华人民共和国证券法》等法律、行政法规的规定。

❖ 关联规定

《最高人民法院关于适用〈中华人民共和国公司法〉若干问题的规定（四）》
（2020 年 12 月 29 日）

第七条　股东依据公司法第三十三条、第九十七条或者公司章程的规定，起诉请求查阅或者复制公司特定文件材料的，人民法院应当依法予以受理。

公司有证据证明前款规定的原告在起诉时不具有公司股东资格的，人民法院应当驳回起诉，但原告有初步证据证明在持股期间其合法权益受到损害，请求依法查阅或者复制其持股期间的公司特定文件材料的除外。

第九条 公司章程、股东之间的协议等实质性剥夺股东依据公司法第三十三条、第九十七条规定查阅或者复制公司文件材料的权利，公司以此为由拒绝股东查阅或者复制的，人民法院不予支持。

第十二条 公司董事、高级管理人员等未依法履行职责，导致公司未依法制作或者保存公司法第三十三条、第九十七条规定的公司文件材料，给股东造成损失，股东依法请求负有相应责任的公司董事、高级管理人员承担民事赔偿责任的，人民法院应当予以支持。

第二节 股 东 会

第一百一十一条 股东会的组成与地位

股份有限公司股东会由全体股东组成。股东会是公司的权力机构，依照本法行使职权。

第一百一十二条 股东会的职权

本法第五十九条第一款、第二款关于有限责任公司股东会职权的规定，适用于股份有限公司股东会。

本法第六十条关于只有一个股东的有限责任公司不设股东会的规定，适用于只有一个股东的股份有限公司。

✦ 关联规定

《公司法》（2023年12月29日）

第五十九条 股东会行使下列职权：

（一）选举和更换董事、监事，决定有关董事、监事的报酬事项；

（二）审议批准董事会的报告；

（三）审议批准监事会的报告；

（四）审议批准公司的利润分配方案和弥补亏损方案；

（五）对公司增加或者减少注册资本作出决议；

（六）对发行公司债券作出决议；

（七）对公司合并、分立、解散、清算或者变更公司形式作出决议；

（八）修改公司章程；

（九）公司章程规定的其他职权。

股东会可以授权董事会对发行公司债券作出决议。

对本条第一款所列事项股东以书面形式一致表示同意的，可以不召开股东会会议，直接作出决定，并由全体股东在决定文件上签名或者盖章。

第六十条 只有一个股东的有限责任公司不设股东会。股东作出前条第一款所列事项的决定时，应当采用书面形式，并由股东签名或者盖章后置备于公司。

第一百一十三条 股东会和临时股东会的召开

股东会应当每年召开一次年会。有下列情形之一的，应当在两个月内召开临时股东会会议：

（一）董事人数不足本法规定人数或者公司章程所定人数的三分之二时；

（二）公司未弥补的亏损达股本总额三分之一时；

（三）单独或者合计持有公司百分之十以上股份的股东请求时；

（四）董事会认为必要时；

（五）监事会提议召开时；

（六）公司章程规定的其他情形。

要点提示

股东年会是指依照法律和公司章程的规定每年按时召开的股东会。

临时股东会会议是指根据法定的事由在两次股东年会之间临时召开的不定期的股东会。

❖ 关联规定

《上市公司股东大会规则》（2022年1月5日）

第四条 股东大会分为年度股东大会和临时股东大会。年度股东大会每年召开一次，应当于上一会计年度结束后的六个月内举行。临时股东大会不定期召开，出现《公司法》第一百条规定的应当召开临时股东大会的情形时，临时股东大会应当在二个月内召开。

公司在上述期限内不能召开股东大会的，应当报告公司所在地中国证券监督管理委员会（以下简称中国证监会）派出机构和公司股票挂牌交易的证券交易所（以下简称证券交易所），说明原因并公告。

第一百一十四条 股东会会议的召集与主持

股东会会议由董事会召集，董事长主持；董事长不能履行职务或者不履行职务的，由副董事长主持；副董事长不能履行职务或者不履行职务的，由过半数的董事共同推举一名董事主持。

董事会不能履行或者不履行召集股东会会议职责的，监事会应当及时召集和主持；监事会不召集和主持的，连续九十日以上单独或者合计持有公司百分之十以上股份的股东可以自行召集和主持。

单独或者合计持有公司百分之十以上股份的股东请求召开临时股东会会议的，董事会、监事会应当在收到请求之日起十日内作出是否召开临时股东会会议的决定，并书面答复股东。

关联规定

《上市公司股东大会规则》（2022年1月5日）

第七条 独立董事有权向董事会提议召开临时股东大会。对独立董事要求召开临时股东大会的提议，董事会应当根据法律、行政法规和公司章程的规定，在收到提议后十日内提出同意或不同意召开临时股东大会的书面反馈意见。

董事会同意召开临时股东大会的，应当在作出董事会决议后的五日内发出召开股东大会的通知；董事会不同意召开临时股东大会的，应当说明理由并公告。

第八条 监事会有权向董事会提议召开临时股东大会，并应当以书面形式向董事会提出。董事会应当根据法律、行政法规和公司章程的规定，在收到提议后十日内提出同意或不同意召开临时股东大会的书面反馈意见。

董事会同意召开临时股东大会的，应当在作出董事会决议后的五日内发出召开股东大会的通知，通知中对原提议的变更，应当征得监事会的同意。

董事会不同意召开临时股东大会，或者在收到提议后十日内未作出书面反馈的，视为董事会不能履行或者不履行召集股东大会会议职责，监事会可以自行召集和主持。

第九条 单独或者合计持有公司百分之十以上股份的普通股股东（含表决权恢复的优先股股东）有权向董事会请求召开临时股东大会，并应当以书面形式向董事会提出。董事会应当根据法律、行政法规和公司章程的规定，在收到请求后十日内提出同意或不同意召开临时股东大会的书面反馈意见。

董事会同意召开临时股东大会的，应当在作出董事会决议后的五日内发出召开股东大会的通知，通知中对原请求的变更，应当征得相关股东的同意。

董事会不同意召开临时股东大会，或者在收到请求后十日内未作出反馈的，单独或者合计持有公司百分之十以上股份的普通股股东（含表决权恢复的优先股股东）有权向监事会提议召开临时股东大会，并应当以书面形式向监事会提出请求。

监事会同意召开临时股东大会的，应在收到请求五日内发出召开股东大会的通知，通知中对原请求的变更，应当征得相关股东的同意。

监事会未在规定期限内发出股东大会通知的，视为监事会不召集和主持股东大会，连续九十日以上单独或者合计持有公司百分之十以上股份的普通股股东（含表决权恢复的优先股股东）可以自行召集和主持。

第十条 监事会或股东决定自行召集股东大会的，应当书面通知董事会，同时向证券交易所备案。

在股东大会决议公告前，召集普通股股东（含表决权恢复的优先股股东）持股比例不得低于百分之十。

监事会和召集股东应在发出股东大会通知及发布股东大会决议公告时，向证券交易所提交有关证明材料。

第十一条 对于监事会或股东自行召集的股东大会，董事会和董事会秘书应予配合。董事会应当提供股权登记日的股东名册。董事会未提供股东名册的，召集人可以持召集股东大会通知的相关公告，向证券登记结算机构申请获取。召集人所获取的股东名册不得用于除召开股东大会以外的其他用途。

第一百一十五条　股东会的通知期限、临时议案

召开股东会会议，应当将会议召开的时间、地点和审议的事项于会议召开二十日前通知各股东；临时股东会会议应当于会议召开十五日前通知各股东。

单独或者合计持有公司百分之一以上股份的股东，可以在股东会会议召开十日前提出临时提案并书面提交董事会。临时提案应当有明确议题和具体决议事项。董事会应当在收到提案后二日

内通知其他股东，并将该临时提案提交股东会审议；但临时提案违反法律、行政法规或者公司章程的规定，或者不属于股东会职权范围的除外。公司不得提高提出临时提案股东的持股比例。

公开发行股份的公司，应当以公告方式作出前两款规定的通知。

股东会不得对通知中未列明的事项作出决议。

❋ 关联规定

《上市公司独立董事规则》（2022年1月5日）

第十三条 独立董事的提名人在提名前应当征得被提名人的同意。提名人应当充分了解被提名人职业、学历、职称、详细的工作经历、全部兼职等情况，并对其担任独立董事的资格和独立性发表意见，被提名人应当就其本人与上市公司之间不存在任何影响其独立客观判断的关系发表公开声明。

第十四条 在选举独立董事的股东大会召开前，上市公司董事会应当按照本规则第十三条的规定公布相关内容，并将所有被提名人的有关材料报送证券交易所。上市公司董事会对被提名人的有关情况有异议的，应同时报送董事会的书面意见。

第十五条 独立董事每届任期与该上市公司其他董事任期相同，任期届满，连选可以连任，但是连任时间不得超过六年。

第十六条 独立董事连续三次未亲自出席董事会会议的，由董事会提请股东大会予以撤换。

第十七条 独立董事任期届满前，上市公司可以经法定程序解除其职务。提前解除职务的，上市公司应将其作为特别披露事项予以披露。

第十八条 独立董事在任期届满前可以提出辞职。独立董事辞职应向董事会提交书面辞职报告，对任何与其辞职有关或其认为有必要引起公司股东和债权人注意的情况进行说明。

第十九条 如因独立董事辞职导致公司董事会中独立董事所占的比例低于本规则规定的最低要求时，该独立董事的辞职报告应当在下任独立董事填补其缺额后生效。

第二十条 独立董事出现不符合独立性条件或其他不适宜履行独立董事职责的情形，由此造成上市公司独立董事达不到本规则要求的人数时，上市公司应按规定补足独立董事人数。

第一百一十六条　股东表决权和决议比例

> 股东出席股东会会议，所持每一股份有一表决权，类别股股东除外。公司持有的本公司股份没有表决权。
>
> 股东会作出决议，应当经出席会议的股东所持表决权过半数通过。
>
> 股东会作出修改公司章程、增加或者减少注册资本的决议，以及公司合并、分立、解散或者变更公司形式的决议，应当经出席会议的股东所持表决权的三分之二以上通过。

❖ 要点提示

股东会会议上实行资本多数决，此为强行性规定，不允许公司章程作出例外规定。此不同于有限公司。

在修改公司章程时，如果涉及需要公示事项的修改，应该将修改后的章程事项对外公布并报送登记主管机关备案。如果是上市公司，还应该向所有的社会公众股东公示其修改事项。

❖ 关联规定

《上市公司股东大会规则》（2022年1月5日）

第二十三条 股权登记日登记在册的所有普通股股东（含表决权恢复的优先股股东）或其代理人，均有权出席股东大会，公司和召集人不得以任何理由拒绝。

优先股股东不出席股东大会会议，所持股份没有表决权，但出现以下情况之一的，公司召开股东大会会议应当通知优先股股东，并遵循《公司法》及公司章程通知普通股股东的规定程序。优先股股东出席股东大会会议时，有权与普通股股东分类表决，其所持每一优先股有一表决权，但公司持有的本公司优先股没有表决权：

（一）修改公司章程中与优先股相关的内容；
（二）一次或累计减少公司注册资本超过百分之十；
（三）公司合并、分立、解散或变更公司形式；
（四）发行优先股；
（五）公司章程规定的其他情形。

上述事项的决议，除须经出席会议的普通股股东（含表决权恢复的优先股股东）所持表决权的三分之二以上通过之外，还须经出席会议的优先股股东（不含表决权恢复的优先股股东）所持表决权的三分之二以上通过。

第二十四条　股东应当持股票账户卡、身份证或其他能够表明其身份的有效证件或证明出席股东大会。代理人还应当提交股东授权委托书和个人有效身份证件。

第二十五条　召集人和律师应当依据证券登记结算机构提供的股东名册共同对股东资格的合法性进行验证，并登记股东姓名或名称及其所持有表决权的股份数。在会议主持人宣布现场出席会议的股东和代理人人数及所持有表决权的股份总数之前，会议登记应当终止。

第二十八条　在年度股东大会上，董事会、监事会应当就其过去一年的工作向股东大会作出报告，每名独立董事也应作出述职报告。

第二十九条　董事、监事、高级管理人员在股东大会上应就股东的质询作出解释和说明。

第三十条　会议主持人应当在表决前宣布现场出席会议的股东和代理人人数及所持有表决权的股份总数，现场出席会议的股东和代理人人数及所持有表决权的股份总数以会议登记为准。

第三十一条 股东与股东大会拟审议事项有关联关系时，应当回避表决，其所持有表决权的股份不计入出席股东大会有表决权的股份总数。

股东大会审议影响中小投资者利益的重大事项时，对中小投资者的表决应当单独计票。单独计票结果应当及时公开披露。

公司持有自己的股份没有表决权，且该部分股份不计入出席股东大会有表决权的股份总数。

股东买入公司有表决权的股份违反《证券法》第六十三条第一款、第二款规定的，该超过规定比例部分的股份在买入后的三十六个月内不得行使表决权，且不计入出席股东大会有表决权的股份总数。

公司董事会、独立董事、持有百分之一以上有表决权股份的股东或者依照法律、行政法规或者中国证监会的规定设立的投资者保护机构可以公开征集股东投票权。征集股东投票权应当向被征集人充分披露具体投票意向等信息。禁止以有偿或者变相有偿的方式征集股东投票权。除法定条件外，公司不得对征集投票权提出最低持股比例限制。

第一百一十七条　累积投票制

> 股东会选举董事、监事，可以按照公司章程的规定或者股东会的决议，实行累积投票制。
>
> 本法所称累积投票制，是指股东会选举董事或者监事时，每一股份拥有与应选董事或者监事人数相同的表决权，股东拥有的表决权可以集中使用。

✿ 要点提示

累积投票制，是一种与直接投票制相对应的公司董事、监事选举制度。在累积投票制下，每一有表决权的股份享有与拟选出的董事、监事人数相同的表决权，股东可以自由地在各候选人间分配其表决权，既可分散投于多人，也可集中投于一人，然后根据各候选人得票多少的顺序决定董事、监事人选。累积投票制在一定程度上为中小股东的代言人进入董事会、监事会提供了保障。本条中的累积投票制不是强制要求。

❀ 关联规定

《上市公司股东大会规则》（2022 年 1 月 5 日）

第三十二条 股东大会就选举董事、监事进行表决时，根据公司章程的规定或者股东大会的决议，可以实行累积投票制。单一股东及其一致行动人拥有权益的股份比例在百分之三十及以上的上市公司，应当采用累积投票制。

前款所称累积投票制是指股东大会选举董事或者监事时，每一普通股（含表决权恢复的优先股）股份拥有与应选董事或者监事人数相同的表决权，股东拥有的表决权可以集中使用。

第一百一十八条　出席股东会会议的代理

股东委托代理人出席股东会会议的，应当明确代理人代理的事项、权限和期限；代理人应当向公司提交股东授权委托书，并在授权范围内行使表决权。

❀ 要点提示

股东在委托代理人时，应当开具书面的授权委托书，在授权委托书上载明委托何人以自己的名义，参加哪一次股东会议，可以就哪些事项进行表决，并由股东在授权委托书上签名盖章。公司经审查，认为代理人提交的授权委托书有效时，代理人才能出席股东会。无民事行为能力的股东或者法人股东的法定代表人，基于法定代理权而行使表决权时，不需出具委托书。

第一百一十九条 股东会会议记录

股东会应当对所议事项的决定作成会议记录，主持人、出席会议的董事应当在会议记录上签名。会议记录应当与出席股东的签名册及代理出席的委托书一并保存。

关联规定

《上市公司股东大会规则》（2022年1月5日）

第四十一条 股东大会会议记录由董事会秘书负责，会议记录应记载以下内容：

（一）会议时间、地点、议程和召集人姓名或名称；

（二）会议主持人以及出席或列席会议的董事、监事、董事会秘书、经理和其他高级管理人员姓名；

（三）出席会议的股东和代理人人数、所持有表决权的股份总数及占公司股份总数的比例；

（四）对每一提案的审议经过、发言要点和表决结果；

（五）股东的质询意见或建议以及相应的答复或说明；

（六）律师及计票人、监票人姓名；

（七）公司章程规定应当载入会议记录的其他内容。

出席会议的董事、监事、董事会秘书、召集人或其代表、会议主持人应当在会议记录上签名，并保证会议记录内容真实、准确和完整。会议记录应当与现场出席股东的签名册及代理出席的委托书、网络及其他方式表决情况的有效资料一并保存，保存期限不少于十年。

第三节　董事会、经理

第一百二十条　董事会的组成、任期及职权

股份有限公司设董事会，本法第一百二十八条另有规定的除外。

本法第六十七条、第六十八条第一款、第七十条、第七十一条的规定，适用于股份有限公司。

关联规定

《公司法》（2023年12月29日）

第六十七条　有限责任公司设董事会，本法第七十五条另有规定的除外。

董事会行使下列职权：

（一）召集股东会会议，并向股东会报告工作；

（二）执行股东会的决议；

（三）决定公司的经营计划和投资方案；

（四）制订公司的利润分配方案和弥补亏损方案；

（五）制订公司增加或者减少注册资本以及发行公司债券的方案；

（六）制订公司合并、分立、解散或者变更公司形式的方案；

（七）决定公司内部管理机构的设置；

（八）决定聘任或者解聘公司经理及其报酬事项，并根据经理的提名决定聘任或者解聘公司副经理、财务负责人及其报酬事项；

（九）制定公司的基本管理制度；

（十）公司章程规定或者股东会授予的其他职权。

公司章程对董事会职权的限制不得对抗善意相对人。

第六十八条　有限责任公司董事会成员为三人以上，其成员中可以有公司职工代表。职工人数三百人以上的有限责任公司，除依法设监事会并

有公司职工代表的外，其董事会成员中应当有公司职工代表。董事会中的职工代表由公司职工通过职工代表大会、职工大会或者其他形式民主选举产生。

董事会设董事长一人，可以设副董事长。董事长、副董事长的产生办法由公司章程规定。

第七十条 董事任期由公司章程规定，但每届任期不得超过三年。董事任期届满，连选可以连任。

董事任期届满未及时改选，或者董事在任期内辞任导致董事会成员低于法定人数的，在改选出的董事就任前，原董事仍应当依照法律、行政法规和公司章程的规定，履行董事职务。

董事辞任的，应当以书面形式通知公司，公司收到通知之日辞任生效，但存在前款规定情形的，董事应当继续履行职务。

第七十一条 股东会可以决议解任董事，决议作出之日解任生效。

无正当理由，在任期届满前解任董事的，该董事可以要求公司予以赔偿。

第一百二十八条 规模较小或者股东人数较少的股份有限公司，可以不设董事会，设一名董事，行使本法规定的董事会的职权。该董事可以兼任公司经理。

第一百二十一条 审计委员会

股份有限公司可以按照公司章程的规定在董事会中设置由董事组成的审计委员会，行使本法规定的监事会的职权，不设监事会或者监事。

审计委员会成员为三名以上，过半数成员不得在公司担任除董事以外的其他职务，且不得与公司存在任何可能影响其独立客观判断的关系。公司董事会成员中的职工代表可以成为审计委员会成员。

> 审计委员会作出决议，应当经审计委员会成员的过半数通过。
>
> 审计委员会决议的表决，应当一人一票。
>
> 审计委员会的议事方式和表决程序，除本法有规定的外，由公司章程规定。
>
> 公司可以按照公司章程的规定在董事会中设置其他委员会。

第一百二十二条　董事长的产生及职权

> 董事会设董事长一人，可以设副董事长。董事长和副董事长由董事会以全体董事的过半数选举产生。
>
> 董事长召集和主持董事会会议，检查董事会决议的实施情况。副董事长协助董事长工作，董事长不能履行职务或者不履行职务的，由副董事长履行职务；副董事长不能履行职务或者不履行职务的，由过半数的董事共同推举一名董事履行职务。

关联规定

《上市公司治理准则》（2018年9月30日）

　　第三十三条　董事会授权董事长在董事会闭会期间行使董事会部分职权的，上市公司应当在公司章程中明确规定授权的原则和具体内容。上市公司重大事项应当由董事会集体决策，不得将法定由董事会行使的职权授予董事长、总经理等行使。

第一百二十三条　董事会会议的召集

> 董事会每年度至少召开两次会议，每次会议应当于会议召开十日前通知全体董事和监事。

代表十分之一以上表决权的股东、三分之一以上董事或者监事会，可以提议召开临时董事会会议。董事长应当自接到提议后十日内，召集和主持董事会会议。

董事会召开临时会议，可以另定召集董事会的通知方式和通知时限。

第一百二十四条　董事会会议的议事规则

董事会会议应当有过半数的董事出席方可举行。董事会作出决议，应当经全体董事的过半数通过。

董事会决议的表决，应当一人一票。

董事会应当对所议事项的决定作成会议记录，出席会议的董事应当在会议记录上签名。

❉ 关联规定

《上市公司治理准则》（2018年9月30日）

第二十九条　上市公司应当制定董事会议事规则，报股东大会批准，并列入公司章程或者作为章程附件。

第一百二十五条　董事会会议的出席及责任承担

董事会会议，应当由董事本人出席；董事因故不能出席，可以书面委托其他董事代为出席，委托书应当载明授权范围。

董事应当对董事会的决议承担责任。董事会的决议违反法律、行政法规或者公司章程、股东会决议，给公司造成严重损失的，参与决议的董事对公司负赔偿责任；经证明在表决时曾表明异议并记载于会议记录的，该董事可以免除责任。

关联规定

《上市公司治理准则》（2018 年 9 月 30 日）

第二十二条　董事应当保证有足够的时间和精力履行其应尽的职责。

董事应当出席董事会会议，对所议事项发表明确意见。董事本人确实不能出席的，可以书面委托其他董事按其意愿代为投票，委托人应当独立承担法律责任。独立董事不得委托非独立董事代为投票。

第二十三条　董事应当对董事会的决议承担责任。董事会的决议违反法律法规或者公司章程、股东大会决议，致使上市公司遭受严重损失的，参与决议的董事对公司负赔偿责任。但经证明在表决时曾表明异议并记载于会议记录的，该董事可以免除责任。

第三十二条　董事会会议记录应当真实、准确、完整。出席会议的董事、董事会秘书和记录人应当在会议记录上签名。董事会会议记录应当妥善保存。

第一百二十六条　经理的任免及职权

股份有限公司设经理，由董事会决定聘任或者解聘。

经理对董事会负责，根据公司章程的规定或者董事会的授权行使职权。经理列席董事会会议。

关联规定

《公司法》（2023 年 12 月 29 日）

第七十四条　有限责任公司可以设经理，由董事会决定聘任或者解聘。

经理对董事会负责，根据公司章程的规定或者董事会的授权行使职权。经理列席董事会会议。

第一百二十七条　董事会成员兼任经理

公司董事会可以决定由董事会成员兼任经理。

★ 关联规定

《公司法》（2023年12月29日）

第七十五条　规模较小或者股东人数较少的有限责任公司，可以不设董事会，设一名董事，行使本法规定的董事会的职权。该董事可以兼任公司经理。

第一百二十八条　设董事不设董事会的情形

规模较小或者股东人数较少的股份有限公司，可以不设董事会，设一名董事，行使本法规定的董事会的职权。该董事可以兼任公司经理。

第一百二十九条　高级管理人员的报酬披露

公司应当定期向股东披露董事、监事、高级管理人员从公司获得报酬的情况。

第四节　监　事　会

第一百三十条　监事会的组成及任期

股份有限公司设监事会，本法第一百二十一条第一款、第一百三十三条另有规定的除外。

监事会成员为三人以上。监事会成员应当包括股东代表和适当比例的公司职工代表，其中职工代表的比例不得低于三分之一，具体比例由公司章程规定。监事会中的职工代表由公司职工通过职工代表大会、职工大会或者其他形式民主选举产生。

监事会设主席一人，可以设副主席。监事会主席和副主席由全体监事过半数选举产生。监事会主席召集和主持监事会会议；监事会主席不能履行职务或者不履行职务的，由监事会副主席召集和主持监事会会议；监事会副主席不能履行职务或者不履行职务的，由过半数的监事共同推举一名监事召集和主持监事会会议。

董事、高级管理人员不得兼任监事。

本法第七十七条关于有限责任公司监事任期的规定，适用于股份有限公司监事。

关联规定

《公司法》（2023 年 12 月 29 日）

第七十七条 监事的任期每届为三年。监事任期届满，连选可以连任。

监事任期届满未及时改选，或者监事在任期内辞任导致监事会成员低于法定人数的，在改选出的监事就任前，原监事仍应当依照法律、行政法规和公司章程的规定，履行监事职务。

第一百三十一条　监事会的职权及费用

本法第七十八条至第八十条的规定，适用于股份有限公司监事会。

监事会行使职权所必需的费用，由公司承担。

关联规定

《公司法》（2023年12月29日）

第七十八条　监事会行使下列职权：

（一）检查公司财务；

（二）对董事、高级管理人员执行职务的行为进行监督，对违反法律、行政法规、公司章程或者股东会决议的董事、高级管理人员提出解任的建议；

（三）当董事、高级管理人员的行为损害公司的利益时，要求董事、高级管理人员予以纠正；

（四）提议召开临时股东会会议，在董事会不履行本法规定的召集和主持股东会会议职责时召集和主持股东会会议；

（五）向股东会会议提出提案；

（六）依照本法第一百八十九条的规定，对董事、高级管理人员提起诉讼；

（七）公司章程规定的其他职权。

第七十九条　监事可以列席董事会会议，并对董事会决议事项提出质询或者建议。

监事会发现公司经营情况异常，可以进行调查；必要时，可以聘请会计师事务所等协助其工作，费用由公司承担。

第一百三十二条　监事会会议

监事会每六个月至少召开一次会议。监事可以提议召开临时监事会会议。

监事会的议事方式和表决程序，除本法有规定的外，由公司章程规定。

监事会决议应当经全体监事的过半数通过。

监事会决议的表决，应当一人一票。

监事会应当对所议事项的决定作成会议记录，出席会议的监事应当在会议记录上签名。

第一百三十三条　设监事不设监事会的情形

规模较小或者股东人数较少的股份有限公司，可以不设监事会，设一名监事，行使本法规定的监事会的职权。

第五节　上市公司组织机构的特别规定

第一百三十四条　上市公司的定义

本法所称上市公司，是指其股票在证券交易所上市交易的股份有限公司。

✿ 要点提示

上市公司具有以下两个特征：一是上市公司必须是已向社会发行股票的股份有限公司。即以募集设立方式成立的股份有限公司，可以依照法律规定的条件，申请其股票在证券交易所内进行交易，成为上市公司。以发起设立方式成立的股份有限公司，在公司成立后，经过批准向社会公开发行股份后，又达到《公司法》规定的上市条件的，也可以依法申请为上市公司。二是上市公司的股票必须在证券交易所开设的交易场所公开竞价交易。证券交易所，是国家批准设立的专为证券交易提供公开竞价交易场所的事业法人。

✿ 关联规定

《证券法》（2019年12月28日）

第四十六条　申请证券上市交易，应当向证券交易所提出申请，由证券交易所依法审核同意，并由双方签订上市协议。

证券交易所根据国务院授权的部门的决定安排政府债券上市交易。

第四十七条 申请证券上市交易，应当符合证券交易所上市规则规定的上市条件。

证券交易所上市规则规定的上市条件，应当对发行人的经营年限、财务状况、最低公开发行比例和公司治理、诚信记录等提出要求。

第四十八条 上市交易的证券，有证券交易所规定的终止上市情形的，由证券交易所按照业务规则终止其上市交易。

证券交易所决定终止证券上市交易的，应当及时公告，并报国务院证券监督管理机构备案。

第一百三十五条　特别事项的通过

上市公司在一年内购买、出售重大资产或者向他人提供担保的金额超过公司资产总额百分之三十的，应当由股东会作出决议，并经出席会议的股东所持表决权的三分之二以上通过。

❖ 关联规定

1.《上市公司章程指引》（2023年12月15日）

第七十八条　下列事项由股东大会以特别决议通过：

（一）公司增加或者减少注册资本；

（二）公司的分立、分拆、合并、解散和清算；

（三）本章程的修改；

（四）公司在一年内购买、出售重大资产或者担保金额超过公司最近一期经审计总资产百分之三十的；

（五）股权激励计划；

（六）法律、行政法规或本章程规定的，以及股东大会以普通决议认定会对公司产生重大影响的、需要以特别决议通过的其他事项。

注释：股东大会就以下事项作出特别决议，除须经出席会议的普通股股东（含表决权恢复的优先股股东，包括股东代理人）所持表决权的三分之二以上通过之外，还须经出席会议的优先股股东（不含表决权恢复的优先股股东，包括股东代理人）所持表决权的三分之二以上通过：（1）修改公司章程中与优先股相关的内容；（2）一次或累计减少公司注册资本超过百分之十；（3）公司合并、分立、解散或变更公司形式；（4）发行优先股；（5）公司章程规定的其他情形。

2.《上市公司治理准则》（2018年9月30日）

第六十五条 上市公司的重大决策应当由股东大会和董事会依法作出。控股股东、实际控制人及其关联方不得违反法律法规和公司章程干预上市公司的正常决策程序，损害上市公司及其他股东的合法权益。

3.《上市公司监管指引第8号——上市公司资金往来、对外担保的监管要求》（2022年1月28日）

第三章 对外担保

第七条 上市公司对外担保必须经董事会或者股东大会审议。

第八条 上市公司的《公司章程》应当明确股东大会、董事会审批对外担保的权限及违反审批权限、审议程序的责任追究制度。

第九条 应由股东大会审批的对外担保，必须经董事会审议通过后，方可提交股东大会审批。须经股东大会审批的对外担保，包括但不限于下列情形：

（一）上市公司及其控股子公司的对外担保总额，超过最近一期经审计净资产百分之五十以后提供的任何担保；

（二）为资产负债率超过百分之七十的担保对象提供的担保；

（三）单笔担保额超过最近一期经审计净资产百分之十的担保；

（四）对股东、实际控制人及其关联方提供的担保。

股东大会在审议为股东、实际控制人及其关联方提供的担保议案时，该股东或者受该实际控制人支配的股东，不得参与该项表决，该项表决由出席股东大会的其他股东所持表决权的半数以上通过。

第十条　应由董事会审批的对外担保，必须经出席董事会的三分之二以上董事审议同意并做出决议。

第十一条　上市公司为控股股东、实际控制人及其关联方提供担保的，控股股东、实际控制人及其关联方应当提供反担保。

第十二条　上市公司董事会或者股东大会审议批准的对外担保，必须在证券交易所的网站和符合中国证监会规定条件的媒体及时披露，披露的内容包括董事会或者股东大会决议、截止信息披露日上市公司及其控股子公司对外担保总额、上市公司对控股子公司提供担保的总额。

第十三条　上市公司在办理贷款担保业务时，应向银行业金融机构提交《公司章程》、有关该担保事项董事会决议或者股东大会决议原件、该担保事项的披露信息等材料。

第十四条　上市公司独立董事应在年度报告中，对上市公司报告期末尚未履行完毕和当期发生的对外担保情况、执行本章规定情况进行专项说明，并发表独立意见。

第十五条　上市公司控股子公司对于向上市公司合并报表范围之外的主体提供担保的，应视同上市公司提供担保，上市公司应按照本章规定执行。

第一百三十六条　独立董事

上市公司设独立董事，具体管理办法由国务院证券监督管理机构规定。

上市公司的公司章程除载明本法第九十五条规定的事项外，还应当依照法律、行政法规的规定载明董事会专门委员会的组成、职权以及董事、监事、高级管理人员薪酬考核机制等事项。

❉ 要点提示

独立董事，是指不在公司担任董事外的其他职务，并与受聘的公司及其主要股东不存在妨碍其进行独立客观判断关系的董事。独立董事的职责是按照相关法律、行政法规、公司章程，认真履行职责，维护公司整体利益，尤其要关注中小股东的合法权益不受损害。独立董事应当独立履行职责，不受公司主要股东、实际控制人或者与公司存在利害关系的单位或者个人的影响。一般说来，独立董事由具有法律、经济、财会等方面专业知识、社会信用良好的人士担任。与公司或者控股股东、实际控制人有利害关系、可能妨碍对公司事务进行独立客观判断的，不得担任独立董事。独立董事在任期内应当保证有一定的时间在公司了解情况，公司应当为独立董事开展工作提供必要条件。

❋ 关联规定

1.《上市公司独立董事管理办法》（2023 年 8 月 1 日）

　　第二条　独立董事是指不在上市公司担任除董事外的其他职务，并与其所受聘的上市公司及其主要股东、实际控制人不存在直接或者间接利害关系，或者其他可能影响其进行独立客观判断关系的董事。

　　独立董事应当独立履行职责，不受上市公司及其主要股东、实际控制人等单位或者个人的影响。

　　第三条　独立董事对上市公司及全体股东负有忠实与勤勉义务，应当按照法律、行政法规、中国证券监督管理委员会（以下简称中国证监会）规定、证券交易所业务规则和公司章程的规定，认真履行职责，在董事会中发挥参与决策、监督制衡、专业咨询作用，维护上市公司整体利益，保护中小股东合法权益。

　　第四条　上市公司应当建立独立董事制度。独立董事制度应当符合法律、行政法规、中国证监会规定和证券交易所业务规则的规定，有利于上市公司的持续规范发展，不得损害上市公司利益。上市公司应当为独立董事依法履职提供必要保障。

　　第五条　上市公司独立董事占董事会成员的比例不得低于三分之一，且至少包括一名会计专业人士。

　　上市公司应当在董事会中设置审计委员会。审计委员会成员应当为不在上市公司担任高级管理人员的董事，其中独立董事应当过半数，并由独立董事中会计专业人士担任召集人。

上市公司可以根据需要在董事会中设置提名、薪酬与考核、战略等专门委员会。提名委员会、薪酬与考核委员会中独立董事应当过半数并担任召集人。

2.《上市公司治理准则》（2018年9月30日）

第三十四条　上市公司应当依照有关规定建立独立董事制度。独立董事不得在上市公司兼任除董事会专门委员会委员外的其他职务。

第三十五条　独立董事的任职条件、选举更换程序等，应当符合有关规定。独立董事不得与其所受聘上市公司及其主要股东存在可能妨碍其进行独立客观判断的关系。

第三十六条　独立董事享有董事的一般职权，同时依照法律法规和公司章程针对相关事项享有特别职权。

独立董事应当独立履行职责，不受上市公司主要股东、实际控制人以及其他与上市公司存在利害关系的组织或者个人影响。上市公司应当保障独立董事依法履职。

第三十七条　独立董事应当依法履行董事义务，充分了解公司经营运作情况和董事会议题内容，维护上市公司和全体股东的利益，尤其关注中小股东的合法权益保护。独立董事应当按年度向股东大会报告工作。

上市公司股东间或者董事间发生冲突、对公司经营管理造成重大影响的，独立董事应当主动履行职责，维护上市公司整体利益。

第一百三十七条　上市公司审计委员会

上市公司在董事会中设置审计委员会的，董事会对下列事项作出决议前应当经审计委员会全体成员过半数通过：

（一）聘用、解聘承办公司审计业务的会计师事务所；

（二）聘任、解聘财务负责人；
（三）披露财务会计报告；
（四）国务院证券监督管理机构规定的其他事项。

第一百三十八条　董事会秘书

上市公司设董事会秘书，负责公司股东会和董事会会议的筹备、文件保管以及公司股东资料的管理，办理信息披露事务等事宜。

要点提示

董事会秘书，是指掌管董事会文书并协助董事会成员处理日常事务的人员。董事会秘书是上市公司固有的职务。董事会秘书只是董事会设置的服务席位，既不能代表董事会，也不能代表董事长。上市公司董事会秘书是公司的高级管理人员，承担法律、行政法规以及公司章程对公司高级管理人员所要求的义务，享有相应的工作职权，并获取相应的报酬。

关联规定

1.《上市公司治理准则》（2018 年 9 月 30 日）

第二十八条　上市公司设董事会秘书，负责公司股东大会和董事会会议的筹备及文件保管、公司股东资料的管理、办理信息披露事务、投资者关系工作等事宜。

董事会秘书作为上市公司高级管理人员，为履行职责有权参加相关会议，查阅有关文件，了解公司的财务和经营等情况。董事会及其他高级管理人员应当支持董事会秘书的工作。任何机构及个人不得干预董事会秘书的正常履职行为。

2.《上市公司章程指引》（2023 年 12 月 15 日）

第十一条　本章程所称其他高级管理人员是指公司的副经理、董事会秘书、财务负责人。

注释：公司可以根据实际情况，在章程中确定属于公司高级管理人员的人员。

第六十七条　股东大会召开时，本公司全体董事、监事和董事会秘书应当出席会议，经理和其他高级管理人员应当列席会议。

第七十三条第一款　股东大会应有会议记录，由董事会秘书负责。

第一百三十三条　公司设董事会秘书，负责公司股东大会和董事会会议的筹备、文件保管以及公司股东资料管理，办理信息披露事务等事宜。

董事会秘书应遵守法律、行政法规、部门规章及本章程的有关规定。

第一百三十九条　会议决议的关联关系董事不得表决

上市公司董事与董事会会议决议事项所涉及的企业或者个人有关联关系的，该董事应当及时向董事会书面报告。有关联关系的董事不得对该项决议行使表决权，也不得代理其他董事行使表决权。该董事会会议由过半数的无关联关系董事出席即可举行，董事会会议所作决议须经无关联关系董事过半数通过。出席董事会会议的无关联关系董事人数不足三人的，应当将该事项提交上市公司股东会审议。

第一百四十条　依法信息披露及禁止违法代持

上市公司应当依法披露股东、实际控制人的信息，相关信息应当真实、准确、完整。

禁止违反法律、行政法规的规定代持上市公司股票。

第一百四十一条　禁止交叉持股

上市公司控股子公司不得取得该上市公司的股份。

上市公司控股子公司因公司合并、质权行使等原因持有上市公司股份的，不得行使所持股份对应的表决权，并应当及时处分相关上市公司股份。

第六章　股份有限公司的股份发行和转让

第一节　股份发行

第一百四十二条　股份及其形式

公司的资本划分为股份。公司的全部股份，根据公司章程的规定择一采用面额股或者无面额股。采用面额股的，每一股的金额相等。

公司可以根据公司章程的规定将已发行的面额股全部转换为无面额股或者将无面额股全部转换为面额股。

采用无面额股的，应当将发行股份所得股款的二分之一以上计入注册资本。

第一百四十三条　股份发行的原则

股份的发行，实行公平、公正的原则，同类别的每一股份应当具有同等权利。

同次发行的同类别股份，每股的发行条件和价格应当相同；认购人所认购的股份，每股应当支付相同价额。

❖ 关联规定

1.《证券法》（2019 年 12 月 28 日）

第三条　证券的发行、交易活动，必须遵循公开、公平、公正的原则。

第四条　证券发行、交易活动的当事人具有平等的法律地位，应当遵守自愿、有偿、诚实信用的原则。

2.《证券发行与承销管理办法》（2023 年 2 月 17 日）

第二章　定价与配售

第五条　首次公开发行证券，可以通过询价的方式确定证券发行价格，也可以通过发行人与主承销商自主协商直接定价等其他合法可行的方式确定发行价格。发行人和主承销商应当在招股意向书（或招股说明书，下同）和发行公告中披露本次发行证券的定价方式。

首次公开发行证券通过询价方式确定发行价格的，可以初步询价后确定发行价格，也可以在初步询价确定发行价格区间后，通过累计投标询价确定发行价格。

第六条　首次公开发行证券发行数量二千万股（份）以下且无老股转让计划的，发行人和主承销商可以通过直接定价的方式确定发行价格。发行人尚未盈利的，应当通过向网下投资者询价方式确定发行价格，不得直接定价。

通过直接定价方式确定的发行价格对应市盈率不得超过同行业上市公司二级市场平均市盈率；已经或者同时境外发行的，通过直接定价方式确定的发行价格还不得超过发行人境外市场价格。

首次公开发行证券采用直接定价方式的，除本办法第二十三条第三款规定的情形外全部向网上投资者发行，不进行网下询价和配售。

第七条　首次公开发行证券采用询价方式的，应当向证券公司、基金管理公司、期货公司、信托公司、保险公司、财务公司、合格境外投资者和私募基金管理人等专业机构投资者，以及经中国证监会批准的证券交易所规则规定的其他投资者询价。上述询价对象统称网下投资者。

网下投资者应当具备丰富的投资经验、良好的定价能力和风险承受能力，向中国证券业协会注册，接受中国证券业协会的自律管理，遵守中国证券业协会的自律规则。

发行人和主承销商可以在符合中国证监会相关规定和证券交易所、中国证券业协会自律规则前提下，协商设置网下投资者的具体条件，并在发行公告中预先披露。主承销商应当对网下投资者是否符合预先披露的条件进行核查，对不符合条件的投资者，应当拒绝或剔除其报价。

第八条 首次公开发行证券采用询价方式的，主承销商应当遵守中国证券业协会关于投资价值研究报告的规定，向网下投资者提供投资价值研究报告。

第九条 首次公开发行证券采用询价方式的，符合条件的网下投资者可以自主决定是否报价。符合条件的网下投资者报价的，主承销商无正当理由不得拒绝。网下投资者应当遵循独立、客观、诚信的原则合理报价，不得协商报价或者故意压低、抬高价格。

网下投资者参与报价时，应当按照中国证券业协会的规定持有一定金额的非限售股份或存托凭证。

参与询价的网下投资者可以为其管理的不同配售对象分别报价，具体适用证券交易所规定。首次公开发行证券发行价格或价格区间确定后，提供有效报价的投资者方可参与申购。

第十条 首次公开发行证券采用询价方式的，网下投资者报价后，发行人和主承销商应当剔除拟申购总量中报价最高的部分，然后根据剩余报价及拟申购数量协商确定发行价格。剔除部分的配售对象不得参与网下申购。最高报价剔除的具体要求适用证券交易所相关规定。

公开发行证券数量在四亿股（份）以下的，有效报价投资者的数量不少于十家；公开发行证券数量超过四亿股（份）的，有效报价投资者的数量不少于二十家。剔除最高报价部分后有效报价投资者数量不足的，应当中止发行。

第十一条 首次公开发行证券时，发行人和主承销商可以自主协商确定有效报价条件、配售原则和配售方式，并按照事先确定的配售原则在有效申购的网下投资者中选择配售证券的对象。

第十二条 首次公开发行证券采用询价方式在主板上市的，公开发行后总股本在四亿股（份）以下的，网下初始发行比例不低于本次公开发行证券数量的百分之六十；公开发行后总股本超过四亿股（份）或者发行人尚未盈利的，网下初始发行比例不低于本次公开发行证券数量的百分之七十。首次公开发行证券采用询价方式在科创板、创业板上市的，公开发行后总股本在四亿股（份）以下的，网下初始发行比例不低于本次公开发行证券数量的百分之七十；公开发行后总股本超过四亿股（份）或者发行人尚未盈利的，网下初始发行比例不低于本次公开发行证券数量的百分之八十。

发行人和主承销商应当安排不低于本次网下发行证券数量的一定比例的证券优先向公募基金、社保基金、养老金、年金基金、保险资金和合格境外投资者资金等配售，网下优先配售比例下限遵守证券交易所相关规定。公募基金、社保基金、养老金、年金基金、保险资金和合格境外投资者资金有效申购不足安排数量的，发行人和主承销商可以向其他符合条件的网下投资者配售剩余部分。

对网下投资者进行分类配售的，同类投资者获得配售的比例应当相同。公募基金、社保基金、养老金、年金基金、保险资金和合格境外投资者资金的配售比例应当不低于其他投资者。

安排战略配售的，应当扣除战略配售部分后确定网下网上发行比例。

第十三条 首次公开发行证券，网下投资者应当结合行业监管要求、资产规模等合理确定申购金额，不得超资产规模申购，承销商应当认定超资产规模的申购为无效申购。

第十四条 首次公开发行证券采用询价方式的，发行人和主承销商可以安排一定比例的网下发行证券设置一定期限的限售期，具体安排适用证券交易所规定。

第十五条 首次公开发行证券采用询价方式的，网上投资者有效申购数量超过网上初始发行数量一定倍数的，应当从网下向网上回拨一定数量的证券。有效申购倍数、回拨比例及回拨后无限售期网下发行证券占本次公开发行证券数量比例由证券交易所规定。

网上投资者申购数量不足网上初始发行数量的，发行人和主承销商可以将网上发行部分向网下回拨。

网下投资者申购数量不足网下初始发行数量的，发行人和主承销商不得将网下发行部分向网上回拨，应当中止发行。

第十六条 首次公开发行证券，网上投资者应当持有一定数量非限售股份或存托凭证，并自主表达申购意向，不得概括委托证券公司进行证券申购。采用其他方式进行网上申购和配售的，应当符合中国证监会的有关规定。

第十七条 首次公开发行证券的网下发行应当和网上发行同时进行，网下和网上投资者在申购时无需缴付申购资金。

网上申购时仅公告发行价格区间、未确定发行价格的，主承销商应当安排投资者按价格区间上限申购。

投资者应当自行选择参与网下或网上发行，不得同时参与。

第十八条 首次公开发行证券，市场发生重大变化的，发行人和主承销商可以要求网下投资者缴纳保证金，保证金占拟申购金额比例上限由证券交易所规定。

第十九条 网下和网上投资者申购证券获得配售后，应当按时足额缴付认购资金。网上投资者在一定期限内多次未足额缴款的，由中国证券业协会会同证券交易所进行自律管理。

除本办法规定的中止发行情形外，发行人和主承销商还可以在符合中国证监会和证券交易所相关规定前提下约定中止发行的其他具体情形并预先披露。中止发行后，在注册文件有效期内，经向证券交易所报备，可以重新启动发行。

第二十条 首次公开发行证券，市场发生重大变化，投资者弃购数量占本次公开发行证券数量的比例较大的，发行人和主承销商可以就投资者弃购部分向网下投资者进行二次配售，具体要求适用证券交易所规定。

第二十一条 首次公开发行证券，可以实施战略配售。

参与战略配售的投资者不得参与本次公开发行证券网上发行与网下发行，但证券投资基金管理人管理的未参与战略配售的公募基金、社保基金、养老金、年金基金除外。参与战略配售的投资者应当按照最终确定的发行价格认购其承诺认购数量的证券，并承诺获得本次配售的证券持有期限不少于十二个月，持有期限自本次公开发行的证券上市之日起计算。

参与战略配售的投资者在承诺的持有期限内，可以按规定向证券金融公司借出获得配售的证券。借出期限届满后，证券金融公司应当将借入的证券返还给参与战略配售的投资者。

参与战略配售的投资者应当使用自有资金认购，不得接受他人委托或者委托他人参与配售，但依法设立并符合特定投资目的的证券投资基金等除外。

第二十二条 首次公开发行证券实施战略配售的，参与战略配售的投资者的数量应当不超过三十五名，战略配售证券数量占本次公开发行证券数量的比例应当不超过百分之五十。

发行人和主承销商应当根据本次公开发行证券数量、证券限售安排等情况，合理确定参与战略配售的投资者数量和配售比例，保障证券上市后必要的流动性。

发行人应当与参与战略配售的投资者事先签署配售协议。主承销商应当对参与战略配售的投资者的选取标准、配售资格等进行核查，要求发行人、参与战略配售的投资者就核查事项出具承诺函，并聘请律师事务所出具法律意见书。

发行人和主承销商应当在发行公告中披露参与战略配售的投资者的选择标准、向参与战略配售的投资者配售的证券数量、占本次公开发行证券数量的比例以及持有期限等。

第二十三条 发行人的高级管理人员与核心员工可以通过设立资产管理计划参与战略配售。前述资产管理计划获配的证券数量不得超过本次公开发行证券数量的百分之十。

发行人的高级管理人员与核心员工按照前款规定参与战略配售的，应当经发行人董事会审议通过，并在招股说明书中披露参与人员的姓名、担任职务、参与比例等事项。

保荐人的相关子公司或者保荐人所属证券公司的相关子公司参与发行人证券配售的具体规则由证券交易所另行规定。

第二十四条　首次公开发行证券，发行人和主承销商可以在发行方案中采用超额配售选择权。采用超额配售选择权发行证券的数量不得超过首次公开发行证券数量的百分之十五。超额配售选择权的实施应当遵守证券交易所、证券登记结算机构和中国证券业协会的规定。

第二十五条　首次公开发行证券时公司股东公开发售股份的，公司股东应当遵循平等自愿的原则协商确定首次公开发行时公司股东之间各自公开发售股份的数量。公司股东公开发售股份的发行价格应当与公司发行股份的价格相同。

首次公开发行证券时公司股东公开发售的股份，公司股东已持有时间应当在三十六个月以上。

公司股东公开发售股份的，股份发售后，公司的股权结构不得发生重大变化，实际控制人不得发生变更。

公司股东公开发售股份的具体办法由证券交易所规定。

第二十六条　首次公开发行证券网下配售时，发行人和主承销商不得向下列对象配售证券：

（一）发行人及其股东、实际控制人、董事、监事、高级管理人员和其他员工；发行人及其股东、实际控制人、董事、监事、高级管理人员能够直接或间接实施控制、共同控制或施加重大影响的公司，以及该公司控股股东、控股子公司和控股股东控制的其他子公司；

（二）主承销商及其持股比例百分之五以上的股东，主承销商的董事、监事、高级管理人员和其他员工；主承销商及其持股比例百分之五以上的股东、董事、监事、高级管理人员能够直接或间接实施控制、共同控制或施加重大影响的公司，以及该公司控股股东、控股子公司和控股股东控制的其他子公司；

（三）承销商及其控股股东、董事、监事、高级管理人员和其他员工；

（四）本条第（一）、（二）、（三）项所述人士的关系密切的家庭成员，包括配偶、子女及其配偶、父母及配偶的父母、兄弟姐妹及其配偶、配偶的兄弟姐妹、子女配偶的父母；

（五）过去六个月内与主承销商存在保荐、承销业务关系的公司及其持股百分之五以上的股东、实际控制人、董事、监事、高级管理人员，或已与主承销商签署保荐、承销业务合同或达成相关意向的公司及其持股百分之五以上的股东、实际控制人、董事、监事、高级管理人员；

（六）通过配售可能导致不当行为或不正当利益的其他自然人、法人和组织。

本条第（二）、（三）项规定的禁止配售对象管理的公募基金、社保基金、养老金、年金基金不受前款规定的限制，但应当符合中国证监会和国务院其他主管部门的有关规定。

第二十七条 发行人和承销商及相关人员不得有下列行为：

（一）泄露询价和定价信息；

（二）劝诱网下投资者抬高报价，干扰网下投资者正常报价和申购；

（三）以提供透支、回扣或者中国证监会认定的其他不正当手段诱使他人申购证券；

（四）以代持、信托持股等方式谋取不正当利益或向其他相关利益主体输送利益；

（五）直接或通过其利益相关方向参与认购的投资者提供财务资助或者补偿；

（六）以自有资金或者变相通过自有资金参与网下配售；

（七）与网下投资者互相串通，协商报价和配售；

（八）收取网下投资者回扣或其他相关利益；

（九）以任何方式操纵发行定价。

第一百四十四条　类别股的发行

公司可以按照公司章程的规定发行下列与普通股权利不同的类别股：

（一）优先或者劣后分配利润或者剩余财产的股份；

（二）每一股的表决权数多于或者少于普通股的股份；

（三）转让须经公司同意等转让受限的股份；

（四）国务院规定的其他类别股。

公开发行股份的公司不得发行前款第二项、第三项规定的类别股；公开发行前已发行的除外。

公司发行本条第一款第二项规定的类别股的，对于监事或者审计委员会成员的选举和更换，类别股与普通股每一股的表决权数相同。

关联规定

《国务院关于开展优先股试点的指导意见》（2013 年 11 月 30 日）

一、优先股股东的权利与义务

（一）优先股的含义。优先股是指依照公司法，在一般规定的普通种类股份之外，另行规定的其他种类股份，其股份持有人优先于普通股股东分配公司利润和剩余财产，但参与公司决策管理等权利受到限制。

除本指导意见另有规定以外，优先股股东的权利、义务以及优先股股份的管理应当符合公司法的规定。试点期间不允许发行在股息分配和剩余财产分配上具有不同优先顺序的优先股，但允许发行在其他条款上具有不同设置的优先股。

第一百四十五条　类别股的章程记载

发行类别股的公司，应当在公司章程中载明以下事项：

（一）类别股分配利润或者剩余财产的顺序；

（二）类别股的表决权数；

（三）类别股的转让限制；

（四）保护中小股东权益的措施；

（五）股东会认为需要规定的其他事项。

第一百四十六条　类别股股东表决权的行使规则

发行类别股的公司，有本法第一百一十六条第三款规定的事项等可能影响类别股股东权利的，除应当依照第一百一十六条第三款的规定经股东会决议外，还应当经出席类别股股东会议的股东所持表决权的三分之二以上通过。

公司章程可以对需经类别股股东会议决议的其他事项作出规定。

第一百四十七条　公司股票及记名股票

公司的股份采取股票的形式。股票是公司签发的证明股东所持股份的凭证。

公司发行的股票，应当为记名股票。

❋ 要点提示

记名股票，是指在股东名册上登记有持股人的姓名、名称和地址，并在股票上也注明持有人的姓名、名称的股票。

无记名股票，是指在股票上不记载承购人的姓名，可以任意转让的股票。依法持有无记名股票的任何人都是公司的股东，都可以凭其所持的股票向公司主张权利。

第一百四十八条　股票发行的价格

面额股股票的发行价格可以按票面金额，也可以超过票面金额，但不得低于票面金额。

❋ 要点提示

股票的发行价格是股票发行时所使用的价格，也是投资者认购股票时所支付的价格。股票发行价格一般由发行公司根据股票面额、股市行情和其他有关因素决定。股票的发行价格可以分为平价发行价格和溢价发行价格。平价发行是指股票的发行价格与股票的票面金额相同，也称为等价发行、券面发行。溢价发行是指股票的实际发行价格超过其票面金额。

❋ 关联规定

《证券法》（2019 年 12 月 28 日）

第三十二条　股票发行采取溢价发行的，其发行价格由发行人与承销的证券公司协商确定。

第一百四十九条　股票的形式及载明事项

股票采用纸面形式或者国务院证券监督管理机构规定的其他形式。

股票采用纸面形式的，应当载明下列主要事项：

（一）公司名称；

（二）公司成立日期或者股票发行的时间；

（三）股票种类、票面金额及代表的股份数，发行无面额股的，股票代表的股份数。

> 股票采用纸面形式的，还应当载明股票的编号，由法定代表人签名，公司盖章。
> 发起人股票采用纸面形式的，应当标明发起人股票字样。

❋ 要点提示

股票是一种要式证券。股票的法定必要记载事项如本条规定。

第一百五十条　股票的交付

> 股份有限公司成立后，即向股东正式交付股票。公司成立前不得向股东交付股票。

第一百五十一条　发行新股的决议

> 公司发行新股，股东会应当对下列事项作出决议：
> （一）新股种类及数额；
> （二）新股发行价格；
> （三）新股发行的起止日期；
> （四）向原有股东发行新股的种类及数额；
> （五）发行无面额股的，新股发行所得股款计入注册资本的金额。
> 公司发行新股，可以根据公司经营情况和财务状况，确定其作价方案。

❋ 关联规定

《证券法》（2019年12月28日）

第十二条　公司首次公开发行新股，应当符合下列条件：

（一）具备健全且运行良好的组织机构；

（二）具有持续经营能力；

（三）最近三年财务会计报告被出具无保留意见审计报告；

（四）发行人及其控股股东、实际控制人最近三年不存在贪污、贿赂、侵占财产、挪用财产或者破坏社会主义市场经济秩序的刑事犯罪；

（五）经国务院批准的国务院证券监督管理机构规定的其他条件。

上市公司发行新股，应当符合经国务院批准的国务院证券监督管理机构规定的条件，具体管理办法由国务院证券监督管理机构规定。

公开发行存托凭证的，应当符合首次公开发行新股的条件以及国务院证券监督管理机构规定的其他条件。

第一百五十二条　授权董事会发行新股

公司章程或者股东会可以授权董事会在三年内决定发行不超过已发行股份百分之五十的股份。但以非货币财产作价出资的应当经股东会决议。

董事会依照前款规定决定发行股份导致公司注册资本、已发行股份数发生变化的，对公司章程该项记载事项的修改不需再由股东会表决。

第一百五十三条　授权董事会发行新股决议的通过

公司章程或者股东会授权董事会决定发行新股的，董事会决议应当经全体董事三分之二以上通过。

第一百五十四条　公开募集股份及招股说明书内容

公司向社会公开募集股份，应当经国务院证券监督管理机构注册，公告招股说明书。

招股说明书应当附有公司章程，并载明下列事项：

（一）发行的股份总数；

（二）面额股的票面金额和发行价格或者无面额股的发行价格；

（三）募集资金的用途；

（四）认股人的权利和义务；

（五）股份种类及其权利和义务；

（六）本次募股的起止日期及逾期未募足时认股人可以撤回所认股份的说明。

公司设立时发行股份的，还应当载明发起人认购的股份数。

❀ 要点提示

招股说明书是指专门表达募集股份的意思并载明有关信息的书面文件，是股票公开发行的最基本法律文件。所有公开发行股票的公司必须向证监会报送招股说明书。

❀ 关联规定

1.《公司法》（2023年12月29日）

第一百五十五条　公司向社会公开募集股份，应当由依法设立的证券公司承销，签订承销协议。

第一百五十六条　公司向社会公开募集股份，应当同银行签订代收股款协议。

代收股款的银行应当按照协议代收和保存股款，向缴纳股款的认股人出具收款单据，并负有向有关部门出具收款证明的义务。

公司发行股份募足股款后，应予公告。

2.《证券法》（2019年12月28日）

第十一条　设立股份有限公司公开发行股票，应当符合《中华人民共和国公司法》规定的条件和经国务院批准的国务院证券监督管理机构规定的其他条件，向国务院证券监督管理机构报送募股申请和下列文件：

（一）公司章程；

（二）发起人协议；

（三）发起人姓名或者名称，发起人认购的股份数、出资种类及验资证明；

（四）招股说明书；

（五）代收股款银行的名称及地址；

（六）承销机构名称及有关的协议。

依照本法规定聘请保荐人的，还应当报送保荐人出具的发行保荐书。

法律、行政法规规定设立公司必须报经批准的，还应当提交相应的批准文件。

第十三条　公司公开发行新股，应当报送募股申请和下列文件：

（一）公司营业执照；

（二）公司章程；

（三）股东大会决议；

（四）招股说明书或者其他公开发行募集文件；

（五）财务会计报告；

（六）代收股款银行的名称及地址。

依照本法规定聘请保荐人的，还应当报送保荐人出具的发行保荐书。依照本法规定实行承销的，还应当报送承销机构名称及有关的协议。

第十四条　公司对公开发行股票所募集资金，必须按照招股说明书或者其他公开发行募集文件所列资金用途使用；改变资金用途，必须经股东大会作出决议。擅自改变用途，未作纠正的，或者未经股东大会认可的，不得公开发行新股。

第一百五十五条　股票承销

公司向社会公开募集股份，应当由依法设立的证券公司承销，签订承销协议。

关联规定

1.《证券法》（2019年12月28日）

第二十六条　发行人向不特定对象发行的证券，法律、行政法规规定应当由证券公司承销的，发行人应当同证券公司签订承销协议。证券承销业务采取代销或者包销方式。

证券代销是指证券公司代发行人发售证券，在承销期结束时，将未售出的证券全部退还给发行人的承销方式。

证券包销是指证券公司将发行人的证券按照协议全部购入或者在承销期结束时将售后剩余证券全部自行购入的承销方式。

第二十七条　公开发行证券的发行人有权依法自主选择承销的证券公司。

第二十八条　证券公司承销证券，应当同发行人签订代销或者包销协议，载明下列事项：

（一）当事人的名称、住所及法定代表人姓名；

（二）代销、包销证券的种类、数量、金额及发行价格；

（三）代销、包销的期限及起止日期；

（四）代销、包销的付款方式及日期；

（五）代销、包销的费用和结算办法；

（六）违约责任；

（七）国务院证券监督管理机构规定的其他事项。

2.《证券发行与承销管理办法》（2023年2月17日）

第三章　证券承销

第二十八条　证券公司承销证券，应当依照《证券法》第二十六条的规定采用包销或者代销方式。

发行人和主承销商应当签订承销协议，在承销协议中界定双方的权利义务关系，约定明确的承销基数。采用包销方式的，应当明确包销责任；采用代销方式的，应当约定发行失败后的处理措施。

证券发行由承销团承销的，组成承销团的承销商应当签订承销团协议，由主承销商负责组织承销工作。证券发行由两家以上证券公司联合主承销的，所有担任主承销商的证券公司应当共同承担主承销责任，履行相关义务。承销团由三家以上承销商组成的，可以设副主承销商，协助主承销商组织承销活动。

证券公司不得以不正当竞争手段招揽承销业务。承销团成员应当按照承销团协议及承销协议的规定进行承销活动，不得进行虚假承销。

第二十九条　证券发行采用代销方式的，应当在发行公告或者认购邀请书中披露发行失败后的处理措施。证券发行失败后，主承销商应当协助发行人按照发行价并加算银行同期存款利息返还证券认购人。

第三十条　证券公司实施承销前，应当向证券交易所报送发行与承销方案。

第三十一条　投资者申购缴款结束后，发行人和主承销商应当聘请符合《证券法》规定的会计师事务所对申购和募集资金进行验证，并出具验资报告；应当聘请符合《证券法》规定的律师事务所对网下发行过程、配售行为、参与定价和配售的投资者资质条件及其与发行人和承销商的关联关系、资金划拨等事项进行见证，并出具专项法律意见书。

首次公开发行证券和上市公司向不特定对象发行证券在证券上市之日起十个工作日内，上市公司向特定对象发行证券在验资完成之日起十个工作日内，主承销商应当将验资报告、专项法律意见书、承销总结报告等文件一并通过证券交易所向中国证监会备案。

第一百五十六条　代收股款

公司向社会公开募集股份，应当同银行签订代收股款协议。

代收股款的银行应当按照协议代收和保存股款，向缴纳股款的认股人出具收款单据，并负有向有关部门出具收款证明的义务。

公司发行股份募足股款后，应予公告。

要点提示

代收股款的银行与发起人签订的代收股款的协议,是代收股款的银行与发起人之间设立民事权利义务关系的合同。对此合同,双方都应当按照约定全面履行自己的义务。

第二节 股份转让

第一百五十七条 股份转让

股份有限公司的股东持有的股份可以向其他股东转让,也可以向股东以外的人转让;公司章程对股份转让有限制的,其转让按照公司章程的规定进行。

关联规定

《证券法》(2019年12月28日)

第三十五条 证券交易当事人依法买卖的证券,必须是依法发行并交付的证券。

非依法发行的证券,不得买卖。

第三十六条 依法发行的证券,《中华人民共和国公司法》和其他法律对其转让期限有限制性规定的,在限定的期限内不得转让。

上市公司持有百分之五以上股份的股东、实际控制人、董事、监事、高级管理人员,以及其他持有发行人首次公开发行前发行的股份或者上市公司向特定对象发行的股份的股东,转让其持有的本公司股份的,不得违反法律、行政法规和国务院证券监督管理机构关于持有期限、卖出时间、卖出数量、卖出方式、信息披露等规定,并应当遵守证券交易所的业务规则。

第三十九条 证券交易当事人买卖的证券可以采用纸面形式或者国务

院证券监督管理机构规定的其他形式。

第四十条 证券交易场所、证券公司和证券登记结算机构的从业人员，证券监督管理机构的工作人员以及法律、行政法规规定禁止参与股票交易的其他人员，在任期或者法定限期内，不得直接或者以化名、借他人名义持有、买卖股票或者其他具有股权性质的证券，也不得收受他人赠送的股票或者其他具有股权性质的证券。

任何人在成为前款所列人员时，其原已持有的股票或者其他具有股权性质的证券，必须依法转让。

实施股权激励计划或者员工持股计划的证券公司的从业人员，可以按照国务院证券监督管理机构的规定持有、卖出本公司股票或者其他具有股权性质的证券。

第四十一条 证券交易场所、证券公司、证券登记结算机构、证券服务机构及其工作人员应当依法为投资者的信息保密，不得非法买卖、提供或者公开投资者的信息。

证券交易场所、证券公司、证券登记结算机构、证券服务机构及其工作人员不得泄露所知悉的商业秘密。

第四十二条 为证券发行出具审计报告或者法律意见书等文件的证券服务机构和人员，在该证券承销期内和期满后六个月内，不得买卖该证券。

除前款规定外，为发行人及其控股股东、实际控制人，或者收购人、重大资产交易方出具审计报告或者法律意见书等文件的证券服务机构和人员，自接受委托之日起至上述文件公开后五日内，不得买卖该证券。实际开展上述有关工作之日早于接受委托之日的，自实际开展上述有关工作之日起至上述文件公开后五日内，不得买卖该证券。

第四十三条 证券交易的收费必须合理，并公开收费项目、收费标准和管理办法。

第四十四条 上市公司、股票在国务院批准的其他全国性证券交易场所交易的公司持有百分之五以上股份的股东、董事、监事、高级管理人员，将其持有的该公司的股票或者其他具有股权性质的证券在买入后六个月内卖出，或者在卖出后六个月内又买入，由此所得收益归该公司所有，公司董事会应当收回其所得收益。但是，证券公司因购入包销售后剩余股票而持有百分之五以上股份，以及有国务院证券监督管理机构规定的其他情形的除外。

前款所称董事、监事、高级管理人员、自然人股东持有的股票或者其他具有股权性质的证券，包括其配偶、父母、子女持有的及利用他人账户持有的股票或者其他具有股权性质的证券。

公司董事会不按照第一款规定执行的，股东有权要求董事会在三十日内执行。公司董事会未在上述期限内执行的，股东有权为了公司的利益以自己的名义直接向人民法院提起诉讼。

公司董事会不按照第一款的规定执行的，负有责任的董事依法承担连带责任。

第四十五条 通过计算机程序自动生成或者下达交易指令进行程序化交易的，应当符合国务院证券监督管理机构的规定，并向证券交易所报告，不得影响证券交易所系统安全或者正常交易秩序。

第一百五十八条　股份转让场所和方式

> 股东转让其股份，应当在依法设立的证券交易场所进行或者按照国务院规定的其他方式进行。

❖ 关联规定

1.《证券法》（2019年12月28日）

第三十七条 公开发行的证券，应当在依法设立的证券交易所上市交易或者在国务院批准的其他全国性证券交易场所交易。

非公开发行的证券，可以在证券交易所、国务院批准的其他全国性证券交易场所、按照国务院规定设立的区域性股权市场转让。

第三十八条 证券在证券交易所上市交易，应当采用公开的集中交易方式或者国务院证券监督管理机构批准的其他方式。

2.《股票发行与交易管理暂行条例》（1993 年 4 月 22 日）

第二十九条　股票交易必须在经证券委批准可以进行股票交易的证券交易场所进行。

第三十条　股份有限公司申请其股票在证券交易所交易，应当符合下列条件：

（一）其股票已经公开发行；

（二）发行后的股本总额不少于人民币 5000 万元；

（三）持有面值人民币 1000 元以上的个人股东人数不少于 1000 人，个人持有的股票面值总额不少于人民币 1000 万元；

（四）公司有最近 3 年连续盈利的记录；原有企业改组设立股份有限公司的，原企业有最近 3 年连续盈利的记录，但是新设立的股份有限公司除外；

（五）证券委规定的其他条件。

第三十一条　公开发行股票符合前条规定条件的股份有限公司，申请其股票在证券交易所交易，应当向证券交易所的上市委员会提出申请；上市委员会应当自收到申请之日起 20 个工作日内作出审批，确定具体上市时间。审批文件报证监会备案，并抄报证券委。

第三十二条　股份有限公司申请其股票在证券交易所交易，应当向证券交易所的上市委员会送交下列文件：

（一）申请书；

（二）公司登记注册文件；

（三）股票公开发行的批准文件；

（四）经会计师事务所审计的公司近 3 年或者成立以来的财务报告和由 2 名以上的注册会计师及其所在事务所签字、盖章的审计报告；

（五）证券交易所会员的推荐书；

（六）最近一次的招股说明书；

（七）证券交易所要求的其他文件。

第三十三条　股票获准在证券交易所交易后，上市公司应当公布上市公告并将本条例第三十二条所列文件予以公开。

第一百五十九条　股票转让

股票的转让，由股东以背书方式或者法律、行政法规规定的其他方式进行；转让后由公司将受让人的姓名或者名称及住所记载于股东名册。

股东会会议召开前二十日内或者公司决定分配股利的基准日前五日内，不得变更股东名册。法律、行政法规或者国务院证券监督管理机构对上市公司股东名册变更另有规定的，从其规定。

第一百六十条　股份转让限制

公司公开发行股份前已发行的股份，自公司股票在证券交易所上市交易之日起一年内不得转让。法律、行政法规或者国务院证券监督管理机构对上市公司的股东、实际控制人转让其所持有的本公司股份另有规定的，从其规定。

公司董事、监事、高级管理人员应当向公司申报所持有的本公司的股份及其变动情况，在就任时确定的任职期间每年转让的股份不得超过其所持有本公司股份总数的百分之二十五；所持本公司股份自公司股票上市交易之日起一年内不得转让。上述人员离职后半年内，不得转让其所持有的本公司股份。公司章程可以对公司董事、监事、高级管理人员转让其所持有的本公司股份作出其他限制性规定。

股份在法律、行政法规规定的限制转让期限内出质的，质权人不得在限制转让期限内行使质权。

※ **关联规定**

1.《证券法》（2019年12月28日）

第四十条　证券交易场所、证券公司和证券登记结算机构的从业人员、证券监督管理机构的工作人员以及法律、行政法规规定禁止参与股票交易的其他人员，在任期或者法定限期内，不得直接或者以化名、借他人名义持有、买卖股票或者其他具有股权性质的证券，也不得收受他人赠送的股票或者其他具有股权性质的证券。

任何人在成为前款所列人员时，其原已持有的股票或者其他具有股权性质的证券，必须依法转让。

实施股权激励计划或者员工持股计划的证券公司的从业人员，可以按照国务院证券监督管理机构的规定持有、卖出本公司股票或者其他具有股权性质的证券。

2.《上市公司董事、监事和高级管理人员所持本公司股份及其变动管理规则》（2022年1月5日）

第三条　上市公司董事、监事和高级管理人员所持本公司股份，是指登记在其名下的所有本公司股份。

上市公司董事、监事和高级管理人员从事融资融券交易的，还包括记载在其信用账户内的本公司股份。

第四条　上市公司董事、监事和高级管理人员所持本公司股份在下列情形下不得转让：

（一）本公司股票上市交易之日起一年内；

（二）董事、监事和高级管理人员离职后半年内；

（三）董事、监事和高级管理人员承诺一定期限内不转让并在该期限内的；

（四）法律、法规、中国证监会和证券交易所规定的其他情形。

3.《财政部、国家税务总局、证监会关于个人转让上市公司限售股所得征收个人所得税有关问题的通知》（2009年12月31日）

一、自2010年1月1日起，对个人转让限售股取得的所得，按照"财产转让所得"，适用20%的比例税率征收个人所得税。

二、本通知所称限售股，包括：

1. 上市公司股权分置改革完成后股票复牌日之前股东所持原非流通股股份，以及股票复牌日至解禁日期间由上述股份孳生的送、转股（以下统称股改限售股）；

2. 2006年股权分置改革新老划断后，首次公开发行股票并上市的公司形成的限售股，以及上市首日至解禁日期间由上述股份孳生的送、转股（以下统称新股限售股）；

3. 财政部、税务总局、法制办和证监会共同确定的其他限售股。

三、个人转让限售股，以每次限售股转让收入，减除股票原值和合理税费后的余额，为应纳税所得额。即：

应纳税所得额＝限售股转让收入－（限售股原值＋合理税费）

应纳税额 ＝ 应纳税所得额×20%

本通知所称的限售股转让收入，是指转让限售股股票实际取得的收入。限售股原值，是指限售股买入时的买入价及按照规定缴纳的有关费用。合理税费，是指转让限售股过程中发生的印花税、佣金、过户费等与交易相关的税费。

如果纳税人未能提供完整、真实的限售股原值凭证的，不能准确计算限售股原值的，主管税务机关一律按限售股转让收入的15%核定限售股原值及合理税费。

四、限售股转让所得个人所得税，以限售股持有者为纳税义务人，以个人股东开户的证券机构为扣缴义务人。限售股个人所得税由证券机构所在地主管税务机关负责征收管理。

五、限售股转让所得个人所得税，采取证券机构预扣预缴、纳税人自行申报清算和证券机构直接扣缴相结合的方式征收。证券机构预扣预缴的税款，于次月7日内以纳税保证金形式向主管税务机关缴纳。主管税务机关在收取纳税保证金时，应向证券机构开具《中华人民共和国纳税保证金收据》，并纳入专户存储。

根据证券机构技术和制度准备完成情况，对不同阶段形成的限售股，采取不同的征收管理办法。

（一）证券机构技术和制度准备完成前形成的限售股，证券机构按照股改限售股股改复牌日收盘价，或新股限售股上市首日收盘价计算转让收入，按照计算出的转让收入的15%确定限售股原值和合理税费，以转让收入减去原值和合理税费后的余额，适用20%税率，计算预扣预缴个人所得税额。

纳税人按照实际转让收入与实际成本计算出的应纳税额，与证券机构预扣预缴税额有差异的，纳税人应自证券机构代扣并解缴税款的次月1日起3个月内，持加盖证券机构印章的交易记录和相关完整、真实凭证，向主管税务机关提出清算申报并办理清算事宜。主管税务机关审核确认后，按照重新计算的应纳税额，办理退（补）税手续。纳税人在规定期限内未到主管税务机关办理清算事宜的，税务机关不再办理清算事宜，已预扣预缴的税款从纳税保证金账户全额缴入国库。

（二）证券机构技术和制度准备完成后新上市公司的限售股，按照证券机构事先植入结算系统的限售股成本原值和发生的合理税费，以实际转让收入减去原值和合理税费后的余额，适用20%税率，计算直接扣缴个人所得税额。

六、纳税人同时持有限售股及该股流通股的，其股票转让所得，按照限售股优先原则，即：转让股票视同为先转让限售股，按规定计算缴纳个人所得税。

七、证券机构等应积极配合税务机关做好各项征收管理工作，并于每月15日前，将上月限售股减持的有关信息传递至主管税务机关。限售股减持信息包括：股东姓名、公民身份号码、开户证券公司名称及地址、限售股股票代码、本期减持股数及减持取得的收入总额。证券机构有义务向纳税人提供加盖印章的限售股交易记录。

八、对个人在上海证券交易所、深圳证券交易所转让从上市公司公开发行和转让市场取得的上市公司股票所得，继续免征个人所得税。

九、财政、税务、证监等部门要加强协调、通力合作，切实做好政策实施的各项工作。

请遵照执行。

第一百六十一条　异议股东股份回购请求权

有下列情形之一的，对股东会该项决议投反对票的股东可以请求公司按照合理的价格收购其股份，公开发行股份的公司除外：

（一）公司连续五年不向股东分配利润，而公司该五年连续盈利，并且符合本法规定的分配利润条件；

（二）公司转让主要财产；

（三）公司章程规定的营业期限届满或者章程规定的其他解散事由出现，股东会通过决议修改章程使公司存续。

自股东会决议作出之日起六十日内，股东与公司不能达成股份收购协议的，股东可以自股东会决议作出之日起九十日内向人民法院提起诉讼。

公司因本条第一款规定的情形收购的本公司股份，应当在六个月内依法转让或者注销。

第一百六十二条　公司回购股份的情形及要求

公司不得收购本公司股份。但是，有下列情形之一的除外：

（一）减少公司注册资本；

（二）与持有本公司股份的其他公司合并；

（三）将股份用于员工持股计划或者股权激励；

（四）股东因对股东会作出的公司合并、分立决议持异议，要求公司收购其股份；

（五）将股份用于转换公司发行的可转换为股票的公司债券；

（六）上市公司为维护公司价值及股东权益所必需。

公司因前款第一项、第二项规定的情形收购本公司股份的，应当经股东会决议；公司因前款第三项、第五项、第六项规定的情形收购本公司股份的，可以按照公司章程或者股东会的授权，经三分之二以上董事出席的董事会会议决议。

公司依照本条第一款规定收购本公司股份后，属于第一项情形的，应当自收购之日起十日内注销；属于第二项、第四项情形的，应当在六个月内转让或者注销；属于第三项、第五项、第六项情形的，公司合计持有的本公司股份数不得超过本公司已发行股份总数的百分之十，并应当在三年内转让或者注销。

上市公司收购本公司股份的，应当依照《中华人民共和国证券法》的规定履行信息披露义务。上市公司因本条第一款第三项、第五项、第六项规定的情形收购本公司股份的，应当通过公开的集中交易方式进行。

公司不得接受本公司的股份作为质权的标的。

关联规定

《上市公司股份回购规则》（2022年1月5日）

第一章 总 则

第一条 为规范上市公司股份回购行为，依据《中华人民共和国公司法》（以下简称《公司法》）、《中华人民共和国证券法》（以下简称《证券法》）等法律、行政法规，制定本规则。

第二条 本规则所称上市公司回购股份，是指上市公司因下列情形之一收购本公司股份的行为：

（一）减少公司注册资本；

（二）将股份用于员工持股计划或者股权激励；

（三）将股份用于转换上市公司发行的可转换为股票的公司债券；

（四）为维护公司价值及股东权益所必需。

前款第（四）项所指情形，应当符合以下条件之一：

（一）公司股票收盘价格低于最近一期每股净资产；

（二）连续二十个交易日内公司股票收盘价格跌幅累计达到百分之三十；

（三）中国证监会规定的其他条件。

第三条 上市公司回购股份，应当有利于公司的可持续发展，不得损害股东和债权人的合法权益。

上市公司的董事、监事和高级管理人员在回购股份中应当忠诚守信，勤勉尽责。

第四条 上市公司回购股份，应当依据本规则和证券交易所的规定履行决策程序和信息披露义务。

上市公司及其董事、监事、高级管理人员应当保证所披露的信息真实、准确、完整，无虚假记载、误导性陈述或重大遗漏。

第五条 上市公司回购股份，可以结合实际，自主决定聘请财务顾问、律师事务所、会计师事务所等证券服务机构出具专业意见，并与回购股份方案一并披露。

前款规定的证券服务机构及人员应当诚实守信，勤勉尽责，对回购股份相关事宜进行尽职调查，并保证其出具的文件真实、准确、完整。

第六条 任何人不得利用上市公司回购股份从事内幕交易、操纵市场和证券欺诈等违法违规活动。

第二章 一般规定

第七条 上市公司回购股份应当同时符合以下条件：

（一）公司股票上市已满一年；

（二）公司最近一年无重大违法行为；

（三）回购股份后，上市公司具备持续经营能力和债务履行能力；

（四）回购股份后，上市公司的股权分布原则上应当符合上市条件；公司拟通过回购股份终止其股票上市交易的，应当符合证券交易所的相关规定；

（五）中国证监会、证券交易所规定的其他条件。

上市公司因本规则第二条第一款第（四）项回购股份并减少注册资本的，不适用前款第（一）项。

第八条 上市公司回购股份可以采取以下方式之一进行：

（一）集中竞价交易方式；

（二）要约方式；

（三）中国证监会认可的其他方式。

上市公司因本规则第二条第一款第（二）项、第（三）项、第（四）项规定的情形回购股份的，应当通过本条第一款第（一）项、第（二）项规定的方式进行。

上市公司采用要约方式回购股份的，参照《上市公司收购管理办法》关于要约收购的规定执行。

第九条 上市公司因本规则第二条第一款第（一）项、第（二）项、第（三）项规定的情形回购股份的，回购期限自董事会或者股东大会审议通过最终回购股份方案之日起不超过十二个月。

上市公司因本规则第二条第一款第（四）项规定的情形回购股份的，回购期限自董事会或者股东大会审议通过最终回购股份方案之日起不超过三个月。

第十条 上市公司用于回购的资金来源必须合法合规。

第十一条 上市公司实施回购方案前，应当在证券登记结算机构开立由证券交易所监控的回购专用账户；该账户仅可用于存放已回购的股份。

上市公司回购的股份自过户至上市公司回购专用账户之日起即失去其权利，不享有股东大会表决权、利润分配、公积金转增股本、认购新股和可转换公司债券等权利，不得质押和出借。上市公司在计算相关指标时，应当从总股本中扣减已回购的股份数量。

第十二条 上市公司在回购期间不得实施股份发行行为，但依照有关规定实施优先股发行行为的除外。

第十三条 上市公司相关股东、董事、监事、高级管理人员在上市公司回购股份期间减持股份的，应当符合中国证监会、证券交易所关于股份减持的相关规定。

第十四条 因上市公司回购股份，导致投资者持有或者通过协议、其他安排与他人共同持有该公司已发行的有表决权股份超过百分之三十的，投资者可以免于发出要约。

第十五条 上市公司因本规则第二条第一款第（一）项规定情形回购股份的，应当在自回购之日起十日内注销；因第（二）项、第（三）项、第（四）项规定情形回购股份的，公司合计持有的本公司股份数不得超过本公司已发行股份总额的百分之十，并应当在三年内按照依法披露的用途进行转让，未按照披露用途转让的，应当在三年期限届满前注销。

上市公司因本规则第二条第一款第（四）项规定情形回购股份的，可以按照证券交易所规定的条件和程序，在履行预披露义务后，通过集中竞价交易方式出售。

第十六条 上市公司以现金为对价，采用要约方式、集中竞价方式回购股份的，视同上市公司现金分红，纳入现金分红的相关比例计算。

第十七条 股东大会授权董事会实施股份回购的，可以依法一并授权董事会实施再融资。上市公司实施股份回购的，可以同时申请发行可转换公司债券，募集时间由上市公司按照有关规定予以确定。

第三章 回购程序和信息披露

第十八条 上市公司因本规则第二条第一款第（一）项规定情形回购股份的，应当由董事会依法作出决议，并提交股东大会审议，经出席会议的股东所持表决权的三分之二以上通过；因第（二）项、第（三）项、第（四）项规定情形回购股份的，可以依照公司章程的规定或者股东大会的授权，经三分之二以上董事出席的董事会会议决议。

上市公司股东大会对董事会作出授权的，应当在决议中明确授权实施股份回购的具体情形和授权期限等内容。

第十九条 根据法律法规及公司章程等享有董事会、股东大会提案权的回购提议人向上市公司董事会提议回购股份的，应当遵守证券交易所的规定。

第二十条 上市公司应当在董事会作出回购股份决议后两个交易日内，按照交易所的规定至少披露下列文件：

（一）董事会决议及独立董事的意见；

（二）回购股份方案。

回购股份方案须经股东大会决议的，上市公司应当及时发布召开股东大会的通知。

第二十一条 上市公司独立董事应当在充分了解相关信息的基础上，按照证券交易所的规定就回购股份事宜发表独立意见。

第二十二条 回购股份方案至少应当包括以下内容：

（一）回购股份的目的、方式、价格区间；

（二）拟回购股份的种类、用途、数量及占公司总股本的比例；

（三）拟用于回购的资金总额及资金来源；

（四）回购股份的实施期限；

（五）预计回购后公司股权结构的变动情况；

（六）管理层对本次回购股份对公司经营、财务及未来发展影响的分析；

（七）上市公司董事、监事、高级管理人员在董事会作出回购股份决议前六个月是否存在买卖上市公司股票的行为，是否存在单独或者与他人联合进行内幕交易及市场操纵的说明；

（八）证券交易所规定的其他事项。

以要约方式回购股份的，还应当披露股东预受要约的方式和程序、股东撤回预受要约的方式和程序，以及股东委托办理要约回购中相关股份预受、撤回、结算、过户登记等事宜的证券公司名称及其通讯方式。

第二十三条 上市公司应当在披露回购股份方案后五个交易日内，披露董事会公告回购股份决议的前一个交易日登记在册的前十大股东和前十大无限售条件股东的名称及持股数量、比例。

回购方案需经股东大会决议的，上市公司应当在股东大会召开前三日，披露股东大会的股权登记日登记在册的前十大股东和前十大无限售条件股东的名称及持股数量、比例。

第二十四条 上市公司股东大会审议回购股份方案的，应当对回购股份方案披露的事项逐项进行表决。

第二十五条 上市公司应当在董事会或者股东大会审议通过最终回购股份方案后及时披露回购报告书。

回购报告书至少应当包括本规则第二十二条回购股份方案所列事项及其他应说明的事项。

第二十六条　上市公司回购股份后拟予以注销的，应当在股东大会作出回购股份的决议后，依照《公司法》有关规定通知债权人。

第二十七条　未经法定或章程规定的程序授权或审议，上市公司、大股东不得对外发布回购股份的有关信息。

第二十八条　上市公司回购股份方案披露后，非因充分正当事由不得变更或者终止。确需变更或终止的，应当符合中国证监会、证券交易所的相关规定，并履行相应的决策程序。

上市公司回购股份用于注销的，不得变更为其他用途。

第四章　以集中竞价交易方式回购股份的特殊规定

第二十九条　上市公司以集中竞价交易方式回购股份的，应当符合证券交易所的规定，交易申报应当符合下列要求：

（一）申报价格不得为公司股票当日交易涨幅限制的价格；

（二）不得在交易所开盘集合竞价、收盘前半小时内及股票价格无涨跌幅限制的交易日内进行股份回购的委托。

第三十条　上市公司以集中竞价交易方式回购股份的，在下列期间不得实施：

（一）上市公司年度报告、半年度报告、季度报告、业绩预告或业绩快报公告前十个交易日内；

（二）自可能对本公司股票交易价格产生重大影响的重大事项发生之日或者在决策过程中至依法披露之日内；

（三）中国证监会规定的其他情形。

上市公司因本规则第二条第一款第（四）项规定的情形回购股份并减少注册资本的，不适用前款规定。

第三十一条　上市公司以集中竞价交易方式回购股份的，应当按照以下规定履行公告义务：

（一）上市公司应当在首次回购股份事实发生的次日予以公告；

（二）上市公司回购股份占上市公司总股本的比例每增加百分之一的，

应当自该事实发生之日起三日内予以公告；

（三）在回购股份期间，上市公司应当在每个月的前三个交易日内，公告截止上月末的回购进展情况，包括已回购股份总额、购买的最高价和最低价、支付的总金额；

（四）上市公司在回购期间应当在定期报告中公告回购进展情况，包括已回购股份的数量和比例、购买的最高价和最低价、支付的总金额；

（五）上市公司在回购股份方案规定的回购实施期限过半时，仍未实施回购的，董事会应当公告未能实施回购的原因和后续回购安排；

（六）回购期届满或者回购方案已实施完毕的，上市公司应当停止回购行为，并在二个交易日内公告回购股份情况以及公司股份变动报告，包括已回购股份总额、购买的最高价和最低价以及支付的总金额等内容。

第五章 以要约方式回购股份的特殊规定

第三十二条 上市公司以要约方式回购股份的，要约价格不得低于回购股份方案公告日前三十个交易日该种股票每日加权平均价的算术平均值。

第三十三条 上市公司以要约方式回购股份的，应当在公告回购报告书的同时，将回购所需资金全额存放于证券登记结算机构指定的银行账户。

第三十四条 上市公司以要约方式回购股份，股东预受要约的股份数量超出预定回购的股份数量的，上市公司应当按照相同比例回购股东预受的股份；股东预受要约的股份数量不足预定回购的股份数量的，上市公司应当全部回购股东预受的股份。

第三十五条 上市公司以要约方式回购境内上市外资股的，还应当符合证券交易所和证券登记结算机构业务规则的有关规定。

第六章 监管措施和法律责任

第三十六条 上市公司及相关方违反本规则，或者未按照回购股份报告书约定实施回购的，中国证监会可以采取责令改正、出具警示函等监管措施。

第三十七条 在股份回购信息公开前，该信息的知情人和非法获取该信息的人，买卖该公司的证券，或者泄露该信息，或者建议他人买卖该证券的，中国证监会依照《证券法》第一百九十一条进行处罚。

第三十八条 利用上市公司股份回购，有《证券法》第五十五条禁止行为的，中国证监会依照《证券法》第一百九十二条进行处罚。

第三十九条 上市公司未按照本规则以及证券交易所规定披露回购信息的，中国证监会、证券交易所可以要求其补充披露、暂停或者终止回购股份活动。

第四十条 上市公司未按照本规则以及证券交易所规定披露回购股份的相关信息，或者所披露的信息存在虚假记载、误导性陈述或者重大遗漏的，中国证监会依照《证券法》第一百九十七条予以处罚。

第四十一条 为上市公司回购股份出具专业文件的证券服务机构及其从业人员未履行诚实守信、勤勉尽责义务，违反行业规范、业务规则的，由中国证监会责令改正，并可以采取监管谈话、出具警示函等监管措施。

前款规定的证券服务机构及其从业人员所制作、出具的文件存在虚假记载、误导性陈述或者重大遗漏的，依照《证券法》第二百一十三条予以处罚；情节严重的，可以采取市场禁入的措施。

第七章 附 则

第四十二条 本规则自公布之日起施行。2005年6月16日施行的《上市公司回购社会公众股份管理办法（试行）》（证监发〔2005〕51号）、2008年10月9日施行的《关于上市公司以集中竞价交易方式回购股份的补充规定》（证监会公告〔2008〕39号）、2018年11月20日施行的《关于认真学习贯彻〈全国人民代表大会常务委员会关于修改《中华人民共和国公司法》的决定〉的通知》（证监会公告〔2018〕37号）同时废止。

第一百六十三条 禁止财务资助

公司不得为他人取得本公司或者其母公司的股份提供赠与、借款、担保以及其他财务资助，公司实施员工持股计划的除外。

为公司利益，经股东会决议，或者董事会按照公司章程或者股东会的授权作出决议，公司可以为他人取得本公司或者其母公司的股份提供财务资助，但财务资助的累计总额不得超过已发行股本总额的百分之十。董事会作出决议应当经全体董事的三分之二以上通过。

违反前两款规定，给公司造成损失的，负有责任的董事、监事、高级管理人员应当承担赔偿责任。

第一百六十四条 股票丢失的救济

股票被盗、遗失或者灭失，股东可以依照《中华人民共和国民事诉讼法》规定的公示催告程序，请求人民法院宣告该股票失效。人民法院宣告该股票失效后，股东可以向公司申请补发股票。

❋ 关联规定

《民事诉讼法》（2023年9月1日）

第二百二十九条　按照规定可以背书转让的票据持有人，因票据被盗、遗失或者灭失，可以向票据支付地的基层人民法院申请公示催告。依照法律规定可以申请公示催告的其他事项，适用本章规定。

申请人应当向人民法院递交申请书，写明票面金额、发票人、持票人、背书人等票据主要内容和申请的理由、事实。

第二百三十条　人民法院决定受理申请，应当同时通知支付人停止支付，并在三日内发出公告，催促利害关系人申报权利。公示催告的期间，由人民法院根据情况决定，但不得少于六十日。

第二百三十一条 支付人收到人民法院停止支付的通知,应当停止支付,至公示催告程序终结。

公示催告期间,转让票据权利的行为无效。

第二百三十二条 利害关系人应当在公示催告期间向人民法院申报。

人民法院收到利害关系人的申报后,应当裁定终结公示催告程序,并通知申请人和支付人。

申请人或者申报人可以向人民法院起诉。

第二百三十三条 没有人申报的,人民法院应当根据申请人的申请,作出判决,宣告票据无效。判决应当公告,并通知支付人。自判决公告之日起,申请人有权向支付人请求支付。

第二百三十四条 利害关系人因正当理由不能在判决前向人民法院申报的,自知道或者应当知道判决公告之日起一年内,可以向作出判决的人民法院起诉。

第一百六十五条　上市公司的股票交易

上市公司的股票,依照有关法律、行政法规及证券交易所交易规则上市交易。

❋ 关联规定

《证券法》(2019 年 12 月 28 日)

第四十六条 申请证券上市交易,应当向证券交易所提出申请,由证券交易所依法审核同意,并由双方签订上市协议。

证券交易所根据国务院授权的部门的决定安排政府债券上市交易。

第四十七条 申请证券上市交易,应当符合证券交易所上市规则规定的上市条件。

证券交易所上市规则规定的上市条件,应当对发行人的经营年限、财务状况、最低公开发行比例和公司治理、诚信记录等提出要求。

第四十八条 上市交易的证券,有证券交易所规定的终止上市情形的，由证券交易所按照业务规则终止其上市交易。

证券交易所决定终止证券上市交易的，应当及时公告，并报国务院证券监督管理机构备案。

第四十九条 对证券交易所作出的不予上市交易、终止上市交易决定不服的，可以向证券交易所设立的复核机构申请复核。

第一百六十六条　上市公司的信息披露

上市公司应当依照法律、行政法规的规定披露相关信息。

❀ 关联规定

1.《证券法》（2019 年 12 月 28 日）

第七十八条 发行人及法律、行政法规和国务院证券监督管理机构规定的其他信息披露义务人，应当及时依法履行信息披露义务。

信息披露义务人披露的信息，应当真实、准确、完整，简明清晰，通俗易懂，不得有虚假记载、误导性陈述或者重大遗漏。

证券同时在境内境外公开发行、交易的，其信息披露义务人在境外披露的信息，应当在境内同时披露。

第七十九条 上市公司、公司债券上市交易的公司、股票在国务院批准的其他全国性证券交易场所交易的公司，应当按照国务院证券监督管理机构和证券交易场所规定的内容和格式编制定期报告，并按照以下规定报送和公告：

（一）在每一会计年度结束之日起四个月内，报送并公告年度报告，其中的年度财务会计报告应当经符合本法规定的会计师事务所审计；

（二）在每一会计年度的上半年结束之日起二个月内，报送并公告中期报告。

第八十条 发生可能对上市公司、股票在国务院批准的其他全国性证券交易场所交易的公司的股票交易价格产生较大影响的重大事件，投资者尚未得知时，公司应当立即将有关该重大事件的情况向国务院证券监督管理机构和证券交易场所报送临时报告，并予公告，说明事件的起因、目前的状态和可能产生的法律后果。

前款所称重大事件包括：

（一）公司的经营方针和经营范围的重大变化；

（二）公司的重大投资行为，公司在一年内购买、出售重大资产超过公司资产总额百分之三十，或者公司营业用主要资产的抵押、质押、出售或者报废一次超过该资产的百分之三十；

（三）公司订立重要合同、提供重大担保或者从事关联交易，可能对公司的资产、负债、权益和经营成果产生重要影响；

（四）公司发生重大债务和未能清偿到期重大债务的违约情况；

（五）公司发生重大亏损或者重大损失；

（六）公司生产经营的外部条件发生的重大变化；

（七）公司的董事、三分之一以上监事或者经理发生变动，董事长或者经理无法履行职责；

（八）持有公司百分之五以上股份的股东或者实际控制人持有股份或者控制公司的情况发生较大变化，公司的实际控制人及其控制的其他企业从事与公司相同或者相似业务的情况发生较大变化；

（九）公司分配股利、增资的计划，公司股权结构的重要变化，公司减资、合并、分立、解散及申请破产的决定，或者依法进入破产程序、被责令关闭；

（十）涉及公司的重大诉讼、仲裁，股东大会、董事会决议被依法撤销或者宣告无效；

（十一）公司涉嫌犯罪被依法立案调查，公司的控股股东、实际控制人、董事、监事、高级管理人员涉嫌犯罪被依法采取强制措施；

（十二）国务院证券监督管理机构规定的其他事项。

公司的控股股东或者实际控制人对重大事件的发生、进展产生较大影响的，应当及时将其知悉的有关情况书面告知公司，并配合公司履行信息披露义务。

第八十一条 发生可能对上市交易公司债券的交易价格产生较大影响

的重大事件，投资者尚未得知时，公司应当立即将有关该重大事件的情况向国务院证券监督管理机构和证券交易场所报送临时报告，并予公告，说明事件的起因、目前的状态和可能产生的法律后果。

前款所称重大事件包括：

（一）公司股权结构或者生产经营状况发生重大变化；

（二）公司债券信用评级发生变化；

（三）公司重大资产抵押、质押、出售、转让、报废；

（四）公司发生未能清偿到期债务的情况；

（五）公司新增借款或者对外提供担保超过上年末净资产的百分之二十；

（六）公司放弃债权或者财产超过上年末净资产的百分之十；

（七）公司发生超过上年末净资产百分之十的重大损失；

（八）公司分配股利，作出减资、合并、分立、解散及申请破产的决定，或者依法进入破产程序、被责令关闭；

（九）涉及公司的重大诉讼、仲裁；

（十）公司涉嫌犯罪被依法立案调查，公司的控股股东、实际控制人、董事、监事、高级管理人员涉嫌犯罪被依法采取强制措施；

（十一）国务院证券监督管理机构规定的其他事项。

第八十二条 发行人的董事、高级管理人员应当对证券发行文件和定期报告签署书面确认意见。

发行人的监事会应当对董事会编制的证券发行文件和定期报告进行审核并提出书面审核意见。监事应当签署书面确认意见。

发行人的董事、监事和高级管理人员应当保证发行人及时、公平地披露信息，所披露的信息真实、准确、完整。

董事、监事和高级管理人员无法保证证券发行文件和定期报告内容的真实性、准确性、完整性或者有异议的，应当在书面确认意见中发表意见并陈述理由，发行人应当披露。发行人不予披露的，董事、监事和高级管理人员可以直接申请披露。

第八十三条 信息披露义务人披露的信息应当同时向所有投资者披

露，不得提前向任何单位和个人泄露。但是，法律、行政法规另有规定的除外。

任何单位和个人不得非法要求信息披露义务人提供依法需要披露但尚未披露的信息。任何单位和个人提前获知的前述信息，在依法披露前应当保密。

第八十四条 除依法需要披露的信息之外，信息披露义务人可以自愿披露与投资者作出价值判断和投资决策有关的信息，但不得与依法披露的信息相冲突，不得误导投资者。

发行人及其控股股东、实际控制人、董事、监事、高级管理人员等作出公开承诺的，应当披露。不履行承诺给投资者造成损失的，应当依法承担赔偿责任。

第八十五条 信息披露义务人未按照规定披露信息，或者公告的证券发行文件、定期报告、临时报告及其他信息披露资料存在虚假记载、误导性陈述或者重大遗漏，致使投资者在证券交易中遭受损失的，信息披露义务人应当承担赔偿责任；发行人的控股股东、实际控制人、董事、监事、高级管理人员和其他直接责任人员以及保荐人、承销的证券公司及其直接责任人员，应当与发行人承担连带赔偿责任，但是能够证明自己没有过错的除外。

第八十六条 依法披露的信息，应当在证券交易场所的网站和符合国务院证券监督管理机构规定条件的媒体发布，同时将其置备于公司住所、证券交易场所，供社会公众查阅。

第八十七条 国务院证券监督管理机构对信息披露义务人的信息披露行为进行监督管理。

证券交易场所应当对其组织交易的证券的信息披露义务人的信息披露行为进行监督，督促其依法及时、准确地披露信息。

---

2. 《最高人民法院关于审理证券市场虚假陈述侵权民事赔偿案件的若干规定》（2022年1月21日）

为正确审理证券市场虚假陈述侵权民事赔偿案件，规范证券发行和交易行为，保护投资者合法权益，维护公开、公平、公正的证券市场秩序，根据《中华人民共和国民法典》《中华人民共和国证券法》《中华人民共和国公司法》《中华人民共和国民事诉讼法》等法律规定，结合审判实践，制定本规定。

一、一般规定

第一条 信息披露义务人在证券交易场所发行、交易证券过程中实施虚假陈述引发的侵权民事赔偿案件，适用本规定。

按照国务院规定设立的区域性股权市场中发生的虚假陈述侵权民事赔偿案件，可以参照适用本规定。

第二条 原告提起证券虚假陈述侵权民事赔偿诉讼，符合民事诉讼法第一百二十二条规定，并提交以下证据或者证明材料的，人民法院应当受理：

（一）证明原告身份的相关文件；

（二）信息披露义务人实施虚假陈述的相关证据；

（三）原告因虚假陈述进行交易的凭证及投资损失等相关证据。

人民法院不得仅以虚假陈述未经监管部门行政处罚或者人民法院生效刑事判决的认定为由裁定不予受理。

第三条 证券虚假陈述侵权民事赔偿案件，由发行人住所地的省、自治区、直辖市人民政府所在的市、计划单列市和经济特区中级人民法院或者专门人民法院管辖。《最高人民法院关于证券纠纷代表人诉讼若干问题的规定》等对管辖另有规定的，从其规定。

省、自治区、直辖市高级人民法院可以根据本辖区的实际情况，确定管辖第一审证券虚假陈述侵权民事赔偿案件的其他中级人民法院，报最高人民法院备案。

二、虚假陈述的认定

第四条 信息披露义务人违反法律、行政法规、监管部门制定的规章和规范性文件关于信息披露的规定，在披露的信息中存在虚假记载、误导性陈述或者重大遗漏的，人民法院应当认定为虚假陈述。

虚假记载，是指信息披露义务人披露的信息中对相关财务数据进行重大不实记载，或者对其他重要信息作出与真实情况不符的描述。

误导性陈述，是指信息披露义务人披露的信息隐瞒了与之相关的部分重要事实，或者未及时披露相关更正、确认信息，致使已经披露的信息因不完整、不准确而具有误导性。

重大遗漏，是指信息披露义务人违反关于信息披露的规定，对重大事件或者重要事项等应当披露的信息未予披露。

第五条 证券法第八十五条规定的"未按照规定披露信息"，是指信息披露义务人未按照规定的期限、方式等要求及时、公平披露信息。

信息披露义务人"未按照规定披露信息"构成虚假陈述的，依照本规定承担民事责任；构成内幕交易的，依照证券法第五十三条的规定承担民事责任；构成公司法第一百五十二条规定的损害股东利益行为的，依照该法承担民事责任。

第六条 原告以信息披露文件中的盈利预测、发展规划等预测性信息与实际经营情况存在重大差异为由主张发行人实施虚假陈述的，人民法院不予支持，但有下列情形之一的除外：

（一）信息披露文件未对影响该预测实现的重要因素进行充分风险提示的；

（二）预测性信息所依据的基本假设、选用的会计政策等编制基础明显不合理的；

（三）预测性信息所依据的前提发生重大变化时，未及时履行更正义务的。

前款所称的重大差异，可以参照监管部门和证券交易场所的有关规定认定。

第七条 虚假陈述实施日，是指信息披露义务人作出虚假陈述或者发生虚假陈述之日。

信息披露义务人在证券交易场所的网站或者符合监管部门规定条件的媒体上公告发布具有虚假陈述内容的信息披露文件，以披露日为实施日；通过召开业绩说明会、接受新闻媒体采访等方式实施虚假陈述的，以该虚假陈述的内容在具有全国性影响的媒体上首次公布之日为实施日。信息披露文件或者相关报导内容在交易日收市后发布的，以其后的第一个交易日为实施日。

因未及时披露相关更正、确认信息构成误导性陈述，或者未及时披露重大事件或者重要事项等构成重大遗漏的，以应当披露相关信息期限届满后的第一个交易日为实施日。

第八条　虚假陈述揭露日，是指虚假陈述在具有全国性影响的报刊、电台、电视台或监管部门网站、交易场所网站、主要门户网站、行业知名的自媒体等媒体上，首次被公开揭露并为证券市场知悉之日。

人民法院应当根据公开交易市场对相关信息的反应等证据，判断投资者是否知悉了虚假陈述。

除当事人有相反证据足以反驳外，下列日期应当认定为揭露日：

（一）监管部门以涉嫌信息披露违法为由对信息披露义务人立案调查的信息公开之日；

（二）证券交易场所等自律管理组织因虚假陈述对信息披露义务人等责任主体采取自律管理措施的信息公布之日。

信息披露义务人实施的虚假陈述呈连续状态的，以首次被公开揭露并为证券市场知悉之日为揭露日。信息披露义务人实施多个相互独立的虚假陈述的，人民法院应当分别认定其揭露日。

第九条　虚假陈述更正日，是指信息披露义务人在证券交易场所网站或者符合监管部门规定条件的媒体上，自行更正虚假陈述之日。

3.《上市公司治理准则》（2018年9月30日）

第九章　信息披露与透明度

第八十八条　上市公司应当建立并执行信息披露事务管理制度。上市公司及其他信息披露义务人应当严格依照法律法规、自律规则和公司章程的规定，真实、准确、完整、及时、公平地披露信息，不得有虚假记载、误导性陈述、重大遗漏或者其他不正当披露。信息披露事项涉及国家秘密、商业机密的，依照相关规定办理。

第八十九条　董事、监事、高级管理人员应当保证上市公司披露信息的真实、准确、完整、及时、公平。

上市公司应当制定规范董事、监事、高级管理人员对外发布信息的行为规范，明确未经董事会许可不得对外发布的情形。

第九十条 持股达到规定比例的股东、实际控制人以及收购人、交易对方等信息披露义务人应当依照相关规定进行信息披露，并配合上市公司的信息披露工作，及时告知上市公司控制权变更、权益变动、与其他单位和个人的关联关系及其变化等重大事项，答复上市公司的问询，保证所提供的信息真实、准确、完整。

第九十一条 鼓励上市公司除依照强制性规定披露信息外，自愿披露可能对股东和其他利益相关者决策产生影响的信息。

自愿性信息披露应当遵守公平原则，保持信息披露的持续性和一致性，不得进行选择性披露，不得利用自愿性信息披露从事市场操纵、内幕交易或者其他违法违规行为，不得违反公序良俗、损害社会公共利益。自愿披露具有一定预测性质信息的，应当明确预测的依据，并提示可能出现的不确定性和风险。

第九十二条 信息披露义务人披露的信息，应当简明清晰、便于理解。上市公司应当保证使用者能够通过经济、便捷的方式获得信息。

第九十三条 董事长对上市公司信息披露事务管理承担首要责任。

董事会秘书负责组织和协调公司信息披露事务，办理上市公司信息对外公布等相关事宜。

第九十四条 上市公司应当建立内部控制及风险管理制度，并设立专职部门或者指定内设部门负责对公司的重要营运行为、下属公司管控、财务信息披露和法律法规遵守执行情况进行检查和监督。

上市公司依照有关规定定期披露内部控制制度建设及实施情况，以及会计师事务所对上市公司内部控制有效性的审计意见。

第九十五条 上市公司应当依照法律法规和有关部门的要求，披露环境信息以及履行扶贫等社会责任相关情况。

第九十六条 上市公司应当依照有关规定披露公司治理相关信息，定期分析公司治理状况，制定改进公司治理的计划和措施并认真落实。

4.《上市公司信息披露管理办法》(2021年3月18日)

第一章 总 则

第一条 为了规范上市公司及其他信息披露义务人的信息披露行为,加强信息披露事务管理,保护投资者合法权益,根据《中华人民共和国公司法》(以下简称《公司法》)、《中华人民共和国证券法》(以下简称《证券法》)等法律、行政法规,制定本办法。

第二条 信息披露义务人履行信息披露义务应当遵守本办法的规定,中国证券监督管理委员会(以下简称中国证监会)对首次公开发行股票并上市、上市公司发行证券信息披露另有规定的,从其规定。

第三条 信息披露义务人应当及时依法履行信息披露义务,披露的信息应当真实、准确、完整,简明清晰、通俗易懂,不得有虚假记载、误导性陈述或者重大遗漏。

信息披露义务人披露的信息应当同时向所有投资者披露,不得提前向任何单位和个人泄露。但是,法律、行政法规另有规定的除外。

在内幕信息依法披露前,内幕信息的知情人和非法获取内幕信息的人不得公开或者泄露该信息,不得利用该信息进行内幕交易。任何单位和个人不得非法要求信息披露义务人提供依法需要披露但尚未披露的信息。

证券及其衍生品种同时在境内境外公开发行、交易的,其信息披露义务人在境外市场披露的信息,应当同时在境内市场披露。

第四条 上市公司的董事、监事、高级管理人员应当忠实、勤勉地履行职责,保证披露信息的真实、准确、完整,信息披露及时、公平。

第五条 除依法需要披露的信息之外,信息披露义务人可以自愿披露与投资者作出价值判断和投资决策有关的信息,但不得与依法披露的信息相冲突,不得误导投资者。

信息披露义务人自愿披露的信息应当真实、准确、完整。自愿性信息披露应当遵守公平原则,保持信息披露的持续性和一致性,不得进行选择性披露。

信息披露义务人不得利用自愿披露的信息不当影响公司证券及其衍生品种交易价格,不得利用自愿性信息披露从事市场操纵等违法违规行为。

第六条 上市公司及其控股股东、实际控制人、董事、监事、高级管理人员等作出公开承诺的，应当披露。

第七条 信息披露文件包括定期报告、临时报告、招股说明书、募集说明书、上市公告书、收购报告书等。

第八条 依法披露的信息，应当在证券交易所的网站和符合中国证监会规定条件的媒体发布，同时将其置备于上市公司住所、证券交易所，供社会公众查阅。

信息披露文件的全文应当在证券交易所的网站和符合中国证监会规定条件的报刊依法开办的网站披露，定期报告、收购报告书等信息披露文件的摘要应当在证券交易所的网站和符合中国证监会规定条件的报刊披露。

信息披露义务人不得以新闻发布或者答记者问等任何形式代替应当履行的报告、公告义务，不得以定期报告形式代替应当履行的临时报告义务。

第九条 信息披露义务人应当将信息披露公告文稿和相关备查文件报送上市公司注册地证监局。

第十条 信息披露文件应当采用中文文本。同时采用外文文本的，信息披露义务人应当保证两种文本的内容一致。两种文本发生歧义时，以中文文本为准。

第十一条 中国证监会依法对信息披露文件及公告的情况、信息披露事务管理活动进行监督检查，对信息披露义务人的信息披露行为进行监督管理。

证券交易所应当对上市公司及其他信息披露义务人的信息披露行为进行监督，督促其依法及时、准确地披露信息，对证券及其衍生品种交易实行实时监控。证券交易所制定的上市规则和其他信息披露规则应当报中国证监会批准。

第二章 定期报告

第十二条 上市公司应当披露的定期报告包括年度报告、中期报告。凡是对投资者作出价值判断和投资决策有重大影响的信息，均应当披露。

年度报告中的财务会计报告应当经符合《证券法》规定的会计师事务

所审计。

第十三条 年度报告应当在每个会计年度结束之日起四个月内，中期报告应当在每个会计年度的上半年结束之日起两个月内编制完成并披露。

第十四条 年度报告应当记载以下内容：

（一）公司基本情况；

（二）主要会计数据和财务指标；

（三）公司股票、债券发行及变动情况，报告期末股票、债券总额、股东总数，公司前十大股东持股情况；

（四）持股百分之五以上股东、控股股东及实际控制人情况；

（五）董事、监事、高级管理人员的任职情况、持股变动情况、年度报酬情况；

（六）董事会报告；

（七）管理层讨论与分析；

（八）报告期内重大事件及对公司的影响；

（九）财务会计报告和审计报告全文；

（十）中国证监会规定的其他事项。

第十五条 中期报告应当记载以下内容：

（一）公司基本情况；

（二）主要会计数据和财务指标；

（三）公司股票、债券发行及变动情况、股东总数、公司前十大股东持股情况，控股股东及实际控制人发生变化的情况；

（四）管理层讨论与分析；

（五）报告期内重大诉讼、仲裁等重大事件及对公司的影响；

（六）财务会计报告；

（七）中国证监会规定的其他事项。

第十六条 定期报告内容应当经上市公司董事会审议通过。未经董事会审议通过的定期报告不得披露。

公司董事、高级管理人员应当对定期报告签署书面确认意见，说明董事会的编制和审议程序是否符合法律、行政法规和中国证监会的规定，报告的内容是否能够真实、准确、完整地反映上市公司的实际情况。

监事会应当对董事会编制的定期报告进行审核并提出书面审核意见。监事应当签署书面确认意见。监事会对定期报告出具的书面审核意见，应当说明董事会的编制和审议程序是否符合法律、行政法规和中国证监会的规定，报告的内容是否能够真实、准确、完整地反映上市公司的实际情况。

董事、监事无法保证定期报告内容的真实性、准确性、完整性或者有异议的，应当在董事会或者监事会审议、审核定期报告时投反对票或者弃权票。

董事、监事和高级管理人员无法保证定期报告内容的真实性、准确性、完整性或者有异议的，应当在书面确认意见中发表意见并陈述理由，上市公司应当披露。上市公司不予披露的，董事、监事和高级管理人员可以直接申请披露。

董事、监事和高级管理人员按照前款规定发表意见，应当遵循审慎原则，其保证定期报告内容的真实性、准确性、完整性的责任不仅因发表意见而当然免除。

第十七条 上市公司预计经营业绩发生亏损或者发生大幅变动的，应当及时进行业绩预告。

第十八条 定期报告披露前出现业绩泄露，或者出现业绩传闻且公司证券及其衍生品种交易出现异常波动的，上市公司应当及时披露本报告期相关财务数据。

第十九条 定期报告中财务会计报告被出具非标准审计意见的，上市公司董事会应当针对该审计意见涉及事项作出专项说明。

定期报告中财务会计报告被出具非标准审计意见，证券交易所认为涉嫌违法的，应当提请中国证监会立案调查。

第二十条 上市公司未在规定期限内披露年度报告和中期报告的，中国证监会应当立即立案调查，证券交易所应当按照股票上市规则予以处理。

第二十一条 年度报告、中期报告的格式及编制规则，由中国证监会和证券交易所制定。

第三章　临时报告

第二十二条　发生可能对上市公司证券及其衍生品种交易价格产生较大影响的重大事件，投资者尚未得知时，上市公司应当立即披露，说明事件的起因、目前的状态和可能产生的影响。前款所称重大事件包括：

（一）《证券法》第八十条第二款规定的重大事件；

（二）公司发生大额赔偿责任；

（三）公司计提大额资产减值准备；

（四）公司出现股东权益为负值；

（五）公司主要债务人出现资不抵债或者进入破产程序，公司对相应债权未提取足额坏账准备；

（六）新公布的法律、行政法规、规章、行业政策可能对公司产生重大影响；

（七）公司开展股权激励、回购股份、重大资产重组、资产分拆上市或者挂牌；

（八）法院裁决禁止控股股东转让其所持股份；任一股东所持公司百分之五以上股份被质押、冻结、司法拍卖、托管、设定信托或者被依法限制表决权等，或者出现被强制过户风险；

（九）主要资产被查封、扣押或者冻结；主要银行账户被冻结；

（十）上市公司预计经营业绩发生亏损或者发生大幅变动；

（十一）主要或者全部业务陷入停顿；

（十二）获得对当期损益产生重大影响的额外收益，可能对公司的资产、负债、权益或者经营成果产生重要影响；

（十三）聘任或者解聘为公司审计的会计师事务所；

（十四）会计政策、会计估计重大自主变更；

（十五）因前期已披露的信息存在差错、未按规定披露或者虚假记载，被有关机关责令改正或者经董事会决定进行更正；

（十六）公司或者其控股股东、实际控制人、董事、监事、高级管理人员受到刑事处罚，涉嫌违法违规被中国证监会立案调查或者受到中国证监会行政处罚，或者受到其他有权机关重大行政处罚；

（十七）公司的控股股东、实际控制人、董事、监事、高级管理人员涉嫌严重违纪违法或者职务犯罪被纪检监察机关采取留置措施且影响其履行职责；

（十八）除董事长或者经理外的公司其他董事、监事、高级管理人员因身体、工作安排等原因无法正常履行职责达到或者预计达到三个月以上，或者因涉嫌违法违规被有权机关采取强制措施且影响其履行职责；

（十九）中国证监会规定的其他事项。

上市公司的控股股东或者实际控制人对重大事件的发生、进展产生较大影响的，应当及时将其知悉的有关情况书面告知上市公司，并配合上市公司履行信息披露义务。

第二十三条 上市公司变更公司名称、股票简称、公司章程、注册资本、注册地址、主要办公地址和联系电话等，应当立即披露。

第二十四条 上市公司应当在最先发生的以下任一时点，及时履行重大事件的信息披露义务：

（一）董事会或者监事会就该重大事件形成决议时；

（二）有关各方就该重大事件签署意向书或者协议时；

（三）董事、监事或者高级管理人员知悉该重大事件发生时。

在前款规定的时点之前出现下列情形之一的，上市公司应当及时披露相关事项的现状、可能影响事件进展的风险因素：

（一）该重大事件难以保密；

（二）该重大事件已经泄露或者市场出现传闻；

（三）公司证券及其衍生品种出现异常交易情况。

第二十五条 上市公司披露重大事件后，已披露的重大事件出现可能对上市公司证券及其衍生品种交易价格产生较大影响的进展或者变化的，上市公司应当及时披露进展或者变化情况、可能产生的影响。

第二十六条 上市公司控股子公司发生本办法第二十二条规定的重大事件，可能对上市公司证券及其衍生品种交易价格产生较大影响的，上市公司应当履行信息披露义务。上市公司参股公司发生可能对上市公司证券及其衍生品种交易价格产生较大影响的事件的，上市公司应当履行信息披露义务。

第二十七条 涉及上市公司的收购、合并、分立、发行股份、回购股份等行为导致上市公司股本总额、股东、实际控制人等发生重大变化的，信息披露义务人应当依法履行报告、公告义务，披露权益变动情况。

第二十八条 上市公司应当关注本公司证券及其衍生品种的异常交易情况及媒体关于本公司的报道。

证券及其衍生品种发生异常交易或者在媒体中出现的消息可能对公司证券及其衍生品种的交易产生重大影响时，上市公司应当及时向相关各方了解真实情况，必要时应当以书面方式问询。

上市公司控股股东、实际控制人及其一致行动人应当及时、准确地告知上市公司是否存在拟发生的股权转让、资产重组或者其他重大事件，并配合上市公司做好信息披露工作。

第二十九条 公司证券及其衍生品种交易被中国证监会或者证券交易所认定为异常交易的，上市公司应当及时了解造成证券及其衍生品种交易异常波动的影响因素，并及时披露。

第四章 信息披露事务管理

第三十条 上市公司应当制定信息披露事务管理制度。信息披露事务管理制度应当包括：

（一）明确上市公司应当披露的信息，确定披露标准；

（二）未公开信息的传递、审核、披露流程；

（三）信息披露事务管理部门及其负责人在信息披露中的职责；

（四）董事和董事会、监事和监事会、高级管理人员等的报告、审议和披露的职责；

（五）董事、监事、高级管理人员履行职责的记录和保管制度；

（六）未公开信息的保密措施，内幕信息知情人登记管理制度，内幕信息知情人的范围和保密责任；

（七）财务管理和会计核算的内部控制及监督机制；

（八）对外发布信息的申请、审核、发布流程；与投资者、证券服务机构、媒体等的信息沟通制度；

（九）信息披露相关文件、资料的档案管理制度；

（十）涉及子公司的信息披露事务管理和报告制度；

（十一）未按规定披露信息的责任追究机制，对违反规定人员的处理措施。

上市公司信息披露事务管理制度应当经公司董事会审议通过，报注册地证监局和证券交易所备案。

第三十一条 上市公司董事、监事、高级管理人员应当勤勉尽责，关注信息披露文件的编制情况，保证定期报告、临时报告在规定期限内披露。

第三十二条 上市公司应当制定定期报告的编制、审议、披露程序。经理、财务负责人、董事会秘书等高级管理人员应当及时编制定期报告草案，提请董事会审议；董事会秘书负责送达董事审阅；董事长负责召集和主持董事会会议审议定期报告；监事会负责审核董事会编制的定期报告；董事会秘书负责组织定期报告的披露工作。

第三十三条 上市公司应当制定重大事件的报告、传递、审核、披露程序。董事、监事、高级管理人员知悉重大事件发生时，应当按照公司规定立即履行报告义务；董事长在接到报告后，应当立即向董事会报告，并敦促董事会秘书组织临时报告的披露工作。

上市公司应当制定董事、监事、高级管理人员对外发布信息的行为规范，明确非经董事会书面授权不得对外发布上市公司未披露信息的情形。

第三十四条 上市公司通过业绩说明会、分析师会议、路演、接受投资者调研等形式就公司的经营情况、财务状况及其他事件与任何单位和个人进行沟通的，不得提供内幕信息。

第三十五条 董事应当了解并持续关注公司生产经营情况、财务状况和公司已经发生的或者可能发生的重大事件及其影响，主动调查、获取决策所需要的资料。

第三十六条 监事应当对公司董事、高级管理人员履行信息披露职责的行为进行监督；关注公司信息披露情况，发现信息披露存在违法违规问题的，应当进行调查并提出处理建议。

第三十七条　高级管理人员应当及时向董事会报告有关公司经营或者财务方面出现的重大事件、已披露的事件的进展或者变化情况及其他相关信息。

第三十八条　董事会秘书负责组织和协调公司信息披露事务，汇集上市公司应予披露的信息并报告董事会，持续关注媒体对公司的报道并主动求证报道的真实情况。董事会秘书有权参加股东大会、董事会会议、监事会会议和高级管理人员相关会议，有权了解公司的财务和经营情况，查阅涉及信息披露事宜的所有文件。董事会秘书负责办理上市公司信息对外公布等相关事宜。

上市公司应当为董事会秘书履行职责提供便利条件，财务负责人应当配合董事会秘书在财务信息披露方面的相关工作。

第三十九条　上市公司的股东、实际控制人发生以下事件时，应当主动告知上市公司董事会，并配合上市公司履行信息披露义务：

（一）持有公司百分之五以上股份的股东或者实际控制人持有股份或者控制公司的情况发生较大变化，公司的实际控制人及其控制的其他企业从事与公司相同或者相似业务的情况发生较大变化；

（二）法院裁决禁止控股股东转让其所持股份，任一股东所持公司百分之五以上股份被质押、冻结、司法拍卖、托管、设定信托或者被依法限制表决权等，或者出现被强制过户风险；

（三）拟对上市公司进行重大资产或者业务重组；

（四）中国证监会规定的其他情形。

应当披露的信息依法披露前，相关信息已在媒体上传播或者公司证券及其衍生品种出现交易异常情况的，股东或者实际控制人应当及时、准确地向上市公司作出书面报告，并配合上市公司及时、准确地公告。

上市公司的股东、实际控制人不得滥用其股东权利、支配地位，不得要求上市公司向其提供内幕信息。

第四十条　上市公司向特定对象发行股票时，其控股股东、实际控制人和发行对象应当及时向上市公司提供相关信息，配合上市公司履行信息披露义务。

第四十一条 上市公司董事、监事、高级管理人员、持股百分之五以上的股东及其一致行动人、实际控制人应当及时向上市公司董事会报送上市公司关联人名单及关联关系的说明。上市公司应当履行关联交易的审议程序，并严格执行关联交易回避表决制度。交易各方不得通过隐瞒关联关系或者采取其他手段，规避上市公司的关联交易审议程序和信息披露义务。

第四十二条 通过接受委托或者信托等方式持有上市公司百分之五以上股份的股东或者实际控制人，应当及时将委托人情况告知上市公司，配合上市公司履行信息披露义务。

第四十三条 信息披露义务人应当向其聘用的证券公司、证券服务机构提供与执业相关的所有资料，并确保资料的真实、准确、完整，不得拒绝、隐匿、谎报。

证券公司、证券服务机构在为信息披露出具专项文件时，发现上市公司及其他信息披露义务人提供的材料有虚假记载、误导性陈述、重大遗漏或者其他重大违法行为的，应当要求其补充、纠正。信息披露义务人不予补充、纠正的，证券公司、证券服务机构应当及时向公司注册地证监局和证券交易所报告。

第四十四条 上市公司解聘会计师事务所的，应当在董事会决议后及时通知会计师事务所，公司股东大会就解聘会计师事务所进行表决时，应当允许会计师事务所陈述意见。股东大会作出解聘、更换会计师事务所决议的，上市公司应当在披露时说明解聘、更换的具体原因和会计师事务所的陈述意见。

第四十五条 为信息披露义务人履行信息披露义务出具专项文件的证券公司、证券服务机构及其人员，应当勤勉尽责、诚实守信，按照法律、行政法规、中国证监会规定、行业规范、业务规则等发表专业意见，保证所出具文件的真实性、准确性和完整性。

证券服务机构应当妥善保存客户委托文件、核查和验证资料、工作底稿以及与质量控制、内部管理、业务经营有关的信息和资料。证券服务机构应当配合中国证监会的监督管理，在规定的期限内提供、报送或者披露相关资料、信息，保证其提供、报送或者披露的资料、信息真实、准确、完整，不得有虚假记载、误导性陈述或者重大遗漏。

第四十六条 会计师事务所应当建立并保持有效的质量控制体系、独立性管理和投资者保护机制，秉承风险导向审计理念，遵守法律、行政法规、中国证监会的规定，严格执行注册会计师执业准则、职业道德守则及相关规定，完善鉴证程序，科学选用鉴证方法和技术，充分了解被鉴证单位及其环境，审慎关注重大错报风险，获取充分、适当的证据，合理发表鉴证结论。

第四十七条 资产评估机构应当建立并保持有效的质量控制体系、独立性管理和投资者保护机制，恪守职业道德，遵守法律、行政法规、中国证监会的规定，严格执行评估准则或者其他评估规范，恰当选择评估方法，评估中提出的假设条件应当符合实际情况，对评估对象所涉及交易、收入、支出、投资等业务的合法性、未来预测的可靠性取得充分证据，充分考虑未来各种可能性发生的概率及其影响，形成合理的评估结论。

第四十八条 任何单位和个人不得非法获取、提供、传播上市公司的内幕信息，不得利用所获取的内幕信息买卖或者建议他人买卖公司证券及其衍生品种，不得在投资价值分析报告、研究报告等文件中使用内幕信息。

第四十九条 媒体应当客观、真实地报道涉及上市公司的情况，发挥舆论监督作用。

任何单位和个人不得提供、传播虚假或者误导投资者的上市公司信息。

第五章　监督管理与法律责任

第五十条 中国证监会可以要求信息披露义务人或者其董事、监事、高级管理人员对有关信息披露问题作出解释、说明或者提供相关资料，并要求上市公司提供证券公司或者证券服务机构的专业意见。

中国证监会对证券公司和证券服务机构出具的文件的真实性、准确性、完整性有疑义的，可以要求相关机构作出解释、补充，并调阅其工作底稿。

信息披露义务人及其董事、监事、高级管理人员，证券公司和证券服务机构应当及时作出回复，并配合中国证监会的检查、调查。

第五十一条 上市公司董事、监事、高级管理人员应当对公司信息披露的真实性、准确性、完整性、及时性、公平性负责，但有充分证据表明其已经履行勤勉尽责义务的除外。

上市公司董事长、经理、董事会秘书，应当对公司临时报告信息披露的真实性、准确性、完整性、及时性、公平性承担主要责任。

上市公司董事长、经理、财务负责人应当对公司财务会计报告的真实性、准确性、完整性、及时性、公平性承担主要责任。

第五十二条 信息披露义务人及其董事、监事、高级管理人员违反本办法的，中国证监会为防范市场风险，维护市场秩序，可以采取以下监管措施：

（一）责令改正；

（二）监管谈话；

（三）出具警示函；

（四）责令公开说明；

（五）责令定期报告；

（六）责令暂停或者终止并购重组活动；

（七）依法可以采取的其他监管措施。

第五十三条 上市公司未按本办法规定制定上市公司信息披露事务管理制度的，由中国证监会责令改正；拒不改正的，给予警告并处国务院规定限额以下罚款。

第五十四条 信息披露义务人未按照《证券法》规定在规定期限内报送有关报告、履行信息披露义务，或者报送的报告、披露的信息有虚假记载、误导性陈述或者重大遗漏的，由中国证监会按照《证券法》第一百九十七条处罚。上市公司通过隐瞒关联关系或者采取其他手段，规避信息披露、报告义务的，由中国证监会按照《证券法》第一百九十七条处罚。

第五十五条 为信息披露义务人履行信息披露义务出具专项文件的证

券公司、证券服务机构及其人员，违反法律、行政法规和中国证监会规定的，中国证监会为防范市场风险，维护市场秩序，可以采取责令改正、监管谈话、出具警示函、责令公开说明、责令定期报告等监管措施；依法应当给予行政处罚的，由中国证监会依照有关规定进行处罚。

第五十六条 任何单位和个人泄露上市公司内幕信息，或者利用内幕信息买卖证券的，由中国证监会按照《证券法》第一百九十一条处罚。

第五十七条 任何单位和个人编造、传播虚假信息或者误导性信息，扰乱证券市场的；证券交易场所、证券公司、证券登记结算机构、证券服务机构及其从业人员，证券业协会、中国证监会及其工作人员，在证券交易活动中作出虚假陈述或者信息误导的；传播媒介传播上市公司信息不真实、不客观的，由中国证监会按照《证券法》第一百九十三条处罚。

第五十八条 上市公司董事、监事在董事会或者监事会审议、审核定期报告时投赞成票，又在定期报告披露时表示无法保证定期报告内容的真实性、准确性、完整性或者有异议的，中国证监会可以对相关人员给予警告并处国务院规定限额以下罚款；情节严重的，可以对有关责任人员采取证券市场禁入的措施。

第五十九条 利用新闻报道以及其他传播方式对上市公司进行敲诈勒索的，由中国证监会责令改正，并向有关部门发出监管建议函，由有关部门依法追究法律责任。

第六十条 信息披露义务人违反本办法的规定，情节严重的，中国证监会可以对有关责任人员采取证券市场禁入的措施。

第六十一条 违反本办法，涉嫌犯罪的，依法移送司法机关追究刑事责任。

第六章 附 则

第六十二条 本办法下列用语的含义：

（一）为信息披露义务人履行信息披露义务出具专项文件的证券公司、证券服务机构，是指为证券发行、上市、交易等证券业务活动制作、出具保荐书、审计报告、资产评估报告、估值报告、法律意见书、财务顾问报告、资信评级报告等文件的证券公司、会计师事务所、资产评估机构、律师事务所、财务顾问机构、资信评级机构等。

（二）信息披露义务人，是指上市公司及其董事、监事、高级管理人员、股东、实际控制人，收购人，重大资产重组、再融资、重大交易有关各方等自然人、单位及其相关人员，破产管理人及其成员，以及法律、行政法规和中国证监会规定的其他承担信息披露义务的主体。

（三）及时，是指自起算日起或者触及披露时点的两个交易日内。

（四）上市公司的关联交易，是指上市公司或者其控股子公司与上市公司关联人之间发生的转移资源或者义务的事项。关联人包括关联法人（或者其他组织）和关联自然人。具有以下情形之一的法人（或者其他组织），为上市公司的关联法人（或者其他组织）：

1. 直接或者间接地控制上市公司的法人（或者其他组织）；

2. 由前项所述法人（或者其他组织）直接或者间接控制的除上市公司及其控股子公司以外的法人（或者其他组织）；

3. 关联自然人直接或者间接控制的、或者担任董事、高级管理人员的，除上市公司及其控股子公司以外的法人（或者其他组织）；

4. 持有上市公司百分之五以上股份的法人（或者其他组织）及其一致行动人；

5. 在过去十二个月内或者根据相关协议安排在未来十二月内，存在上述情形之一的；

6. 中国证监会、证券交易所或者上市公司根据实质重于形式的原则认定的其他与上市公司有特殊关系，可能或者已经造成上市公司对其利益倾斜的法人（或者其他组织）。

具有以下情形之一的自然人，为上市公司的关联自然人：

1. 直接或者间接持有上市公司百分之五以上股份的自然人；

2. 上市公司董事、监事及高级管理人员；

3. 直接或者间接地控制上市公司的法人的董事、监事及高级管理人员；

4. 上述第1、2项所述人士的关系密切的家庭成员，包括配偶、父母、年满十八周岁的子女及其配偶、兄弟姐妹及其配偶，配偶的父母、兄弟姐妹，子女配偶的父母；

5. 在过去十二个月内或者根据相关协议安排在未来十二个月内，存在上述情形之一的；

6. 中国证监会、证券交易所或者上市公司根据实质重于形式的原则认定的其他与上市公司有特殊关系，可能或者已经造成上市公司对其利益倾斜的自然人。

第六十三条　中国证监会可以对金融、房地产等特定行业上市公司的信息披露作出特别规定。

第六十四条　境外企业在境内发行股票或者存托凭证并上市的，依照本办法履行信息披露义务。法律、行政法规或者中国证监会另有规定的，从其规定。

第六十五条　本办法自 2021 年 5 月 1 日起施行。2007 年 1 月 30 日发布的《上市公司信息披露管理办法》（证监会令第 40 号）、2016 年 12 月 9 日发布的《公开发行证券的公司信息披露编报规则第 13 号——季度报告的内容与格式》（证监会公告〔2016〕33 号）同时废止。

第一百六十七条　股东资格的继承

自然人股东死亡后，其合法继承人可以继承股东资格；但是，股份转让受限的股份有限公司的章程另有规定的除外。

❋ 关联规定

《民法典》（2020 年 5 月 28 日）

第一千一百二十二条　遗产是自然人死亡时遗留的个人合法财产。

依照法律规定或者根据其性质不得继承的遗产，不得继承。

第七章　国家出资公司组织机构的特别规定

第一百六十八条　国家出资公司的概念

国家出资公司的组织机构，适用本章规定；本章没有规定的，适用本法其他规定。

本法所称国家出资公司，是指国家出资的国有独资公司、国有资本控股公司，包括国家出资的有限责任公司、股份有限公司。

第一百六十九条　代表国家出资人的职责和权益

国家出资公司，由国务院或者地方人民政府分别代表国家依法履行出资人职责，享有出资人权益。国务院或者地方人民政府可以授权国有资产监督管理机构或者其他部门、机构代表本级人民政府对国家出资公司履行出资人职责。

代表本级人民政府履行出资人职责的机构、部门，以下统称为履行出资人职责的机构。

第一百七十条　国家出资公司的党组织

国家出资公司中中国共产党的组织，按照中国共产党章程的规定发挥领导作用，研究讨论公司重大经营管理事项，支持公司的组织机构依法行使职权。

第一百七十一条　国有独资公司章程

国有独资公司章程由履行出资人职责的机构制定。

关联规定

《企业国有资产监督管理暂行条例》（2019年3月2日）

第二十条　国有资产监督管理机构负责指导国有及国有控股企业建立现代企业制度，审核批准其所出资企业中的国有独资企业、国有独资公司的重组、股份制改造方案和所出资企业中的国有独资公司的章程。

第一百七十二条　国有独资公司股东会职权的行使

国有独资公司不设股东会，由履行出资人职责的机构行使股东会职权。履行出资人职责的机构可以授权公司董事会行使股东会的部分职权，但公司章程的制定和修改，公司的合并、分立、解散、申请破产，增加或者减少注册资本，分配利润，应当由履行出资人职责的机构决定。

关联规定

《企业国有资产监督管理暂行条例》（2019年3月2日）

第二十一条　国有资产监督管理机构依照法定程序决定其所出资企业中的国有独资企业、国有独资公司的分立、合并、破产、解散、增减资本、发行公司债券等重大事项。其中，重要的国有独资企业、国有独资公司分立、合并、破产、解散的，应当由国有资产监督管理机构审核后，报本级人民政府批准。

国有资产监督管理机构依照法定程序审核、决定国防科技工业领域其所出资企业中的国有独资企业、国有独资公司的有关重大事项时，按照国家有关法律、规定执行。

第二十七条　国有资产监督管理机构可以对所出资企业中具备条件的国有独资企业、国有独资公司进行国有资产授权经营。

被授权的国有独资企业、国有独资公司对其全资、控股、参股企业中国家投资形成的国有资产依法进行经营、管理和监督。

第三十二条 所出资企业中的国有独资企业、国有独资公司的重大资产处置，需由国有资产监督管理机构批准的，依照有关规定执行。

第三十五条 所出资企业中的国有独资企业、国有独资公司应当按照规定定期向国有资产监督管理机构报告财务状况、生产经营状况和国有资产保值增值状况。

第三十七条 所出资企业中的国有独资企业、国有独资公司未按照规定向国有资产监督管理机构报告财务状况、生产经营状况和国有资产保值增值状况的，予以警告；情节严重的，对直接负责的主管人员和其他直接责任人员依法给予纪律处分。

第一百七十三条　国有独资公司的董事会

国有独资公司的董事会依照本法规定行使职权。

国有独资公司的董事会成员中，应当过半数为外部董事，并应当有公司职工代表。

董事会成员由履行出资人职责的机构委派；但是，董事会成员中的职工代表由公司职工代表大会选举产生。

董事会设董事长一人，可以设副董事长。董事长、副董事长由履行出资人职责的机构从董事会成员中指定。

❖ 关联规定

《企业国有资产监督管理暂行条例》（2019年3月2日）

第十七条 国有资产监督管理机构依照有关规定，任免或者建议任免所出资企业的企业负责人：

（一）任免国有独资企业的总经理、副总经理、总会计师及其他企业负责人；

（二）任免国有独资公司的董事长、副董事长、董事，并向其提出总经理、副总经理、总会计师等的任免建议；

（三）依照公司章程，提出向国有控股的公司派出的董事、监事人选，推荐国有控股的公司的董事长、副董事长和监事会主席人选，并向其提出总经理、副总经理、总会计师人选的建议；

（四）依照公司章程，提出向国有参股的公司派出的董事、监事人选。

国务院，省、自治区、直辖市人民政府，设区的市、自治州级人民政府，对所出资企业的企业负责人的任免另有规定的，按照有关规定执行。

第一百七十四条　国有独资公司的经理

国有独资公司的经理由董事会聘任或者解聘。

经履行出资人职责的机构同意，董事会成员可以兼任经理。

关联规定

《企业国有资产监督管理暂行条例》（2019年3月2日）

第十七条　国有资产监督管理机构依照有关规定，任免或者建议任免所出资企业的企业负责人：

（一）任免国有独资企业的总经理、副总经理、总会计师及其他企业负责人；

（二）任免国有独资公司的董事长、副董事长、董事，并向其提出总经理、副总经理、总会计师等的任免建议；

（三）依照公司章程，提出向国有控股的公司派出的董事、监事人选，推荐国有控股的公司的董事长、副董事长和监事会主席人选，并向其提出总经理、副总经理、总会计师人选的建议；

（四）依照公司章程，提出向国有参股的公司派出的董事、监事人选。

国务院，省、自治区、直辖市人民政府，设区的市、自治州级人民政府，对所出资企业的企业负责人的任免另有规定的，按照有关规定执行。

第一百七十五条　国有独资公司高层人员的兼职禁止

国有独资公司的董事、高级管理人员，未经履行出资人职责的机构同意，不得在其他有限责任公司、股份有限公司或者其他经济组织兼职。

要点提示

国有独资公司高层人员兼职禁止是指不论兼职是否存在竞业禁止的事由，也不问兼职是否损害本公司利益，原则上对兼职予以禁止，除非经国有资产监督管理机构同意。

第一百七十六条　国有独资公司不设监事会和监事的情形

国有独资公司在董事会中设置由董事组成的审计委员会行使本法规定的监事会职权的，不设监事会或者监事。

第一百七十七条　国家出资公司加强内部合规管理

国家出资公司应当依法建立健全内部监督管理和风险控制制度，加强内部合规管理。

第八章　公司董事、监事、高级管理人员的资格和义务

第一百七十八条　董事、监事、高级管理人员的资格禁止

有下列情形之一的，不得担任公司的董事、监事、高级管理人员：

（一）无民事行为能力或者限制民事行为能力；

（二）因贪污、贿赂、侵占财产、挪用财产或者破坏社会主义市场经济秩序，被判处刑罚，或者因犯罪被剥夺政治权利，执行

期满未逾五年，被宣告缓刑的，自缓刑考验期满之日起未逾二年；

（三）担任破产清算的公司、企业的董事或者厂长、经理，对该公司、企业的破产负有个人责任的，自该公司、企业破产清算完结之日起未逾三年；

（四）担任因违法被吊销营业执照、责令关闭的公司、企业的法定代表人，并负有个人责任的，自该公司、企业被吊销营业执照、责令关闭之日起未逾三年；

（五）个人因所负数额较大债务到期未清偿被人民法院列为失信被执行人。

违反前款规定选举、委派董事、监事或者聘任高级管理人员的，该选举、委派或者聘任无效。

董事、监事、高级管理人员在任职期间出现本条第一款所列情形的，公司应当解除其职务。

关联规定

1.《民法典》（2020 年 5 月 28 日）

第二十条　不满八周岁的未成年人为无民事行为能力人，由其法定代理人代理实施民事法律行为。

第二十一条　不能辨认自己行为的成年人为无民事行为能力人，由其法定代理人代理实施民事法律行为。

八周岁以上的未成年人不能辨认自己行为的，适用前款规定。

第二十二条　不能完全辨认自己行为的成年人为限制民事行为能力人，实施民事法律行为由其法定代理人代理或者经其法定代理人同意、追认；但是，可以独立实施纯获利益的民事法律行为或者与其智力、精神健康状况相适应的民事法律行为。

2.《最高人民法院关于适用〈中华人民共和国公司法〉若干问题的规定（五）》（2020年12月29日）

第三条 董事任期届满前被股东会或者股东大会有效决议解除职务，其主张解除不发生法律效力的，人民法院不予支持。

董事职务被解除后，因补偿与公司发生纠纷提起诉讼的，人民法院应当依据法律、行政法规、公司章程的规定或者合同的约定，综合考虑解除的原因、剩余任期、董事薪酬等因素，确定是否补偿以及补偿的合理数额。

第一百七十九条　董事、监事、高级管理人员的守法合规义务

董事、监事、高级管理人员应当遵守法律、行政法规和公司章程。

❖ 关联规定

《最高人民法院关于适用〈中华人民共和国公司法〉若干问题的规定（三）》（2020年12月29日）

第十三条 股东未履行或者未全面履行出资义务，公司或者其他股东请求其向公司依法全面履行出资义务的，人民法院应予支持。

公司债权人请求未履行或者未全面履行出资义务的股东在未出资本息范围内对公司债务不能清偿的部分承担补充赔偿责任的，人民法院应予支持；未履行或者未全面履行出资义务的股东已经承担上述责任，其他债权人提出相同请求的，人民法院不予支持。

股东在公司设立时未履行或者未全面履行出资义务，依照本条第一款或者第二款提起诉讼的原告，请求公司的发起人与被告股东承担连带责任的，人民法院应予支持；公司的发起人承担责任后，可以向被告股东追偿。

股东在公司增资时未履行或者未全面履行出资义务，依照本条第一款或者第二款提起诉讼的原告，请求未尽公司法第一百四十七条第一款规定的义务而使出资未缴足的董事、高级管理人员承担相应责任的，人民法院应予支持；董事、高级管理人员承担责任后，可以向被告股东追偿。

第一百八十条　董事、监事、高级管理人员的忠实义务和勤勉义务

董事、监事、高级管理人员对公司负有忠实义务，应当采取措施避免自身利益与公司利益冲突，不得利用职权牟取不正当利益。

董事、监事、高级管理人员对公司负有勤勉义务，执行职务应当为公司的最大利益尽到管理者通常应有的合理注意。

公司的控股股东、实际控制人不担任公司董事但实际执行公司事务的，适用前两款规定。

要点提示

董事、监事和高级管理人员的忠实义务是指董事、监事和高级管理人员管理经营公司业务、履行职责时，必须代表全体股东为公司最大利益努力工作，当自身利益与公司利益发生冲突时，将公司利益放在优先的位置。

董事、监事和高级管理人员的勤勉义务，又被称为注意义务、谨慎义务，是指董事、监事和高级管理人员处理公司事务必须出于善意，并尽到普通谨慎之人在相似的地位和情况下所应有的合理的谨慎、勤勉和注意。

第一百八十一条　董事、监事、高级管理人员的禁止行为

董事、监事、高级管理人员不得有下列行为：

（一）侵占公司财产、挪用公司资金；

（二）将公司资金以其个人名义或者以其他个人名义开立账户存储；

（三）利用职权贿赂或者收受其他非法收入；

（四）接受他人与公司交易的佣金归为己有；

（五）擅自披露公司秘密；

（六）违反对公司忠实义务的其他行为。

第一百八十二条　董事、监事、高级管理人员自我交易和关联交易的限制

董事、监事、高级管理人员，直接或者间接与本公司订立合同或者进行交易，应当就与订立合同或者进行交易有关的事项向董事会或者股东会报告，并按照公司章程的规定经董事会或者股东会决议通过。

董事、监事、高级管理人员的近亲属，董事、监事、高级管理人员或者其近亲属直接或者间接控制的企业，以及与董事、监事、高级管理人员有其他关联关系的关联人，与公司订立合同或者进行交易，适用前款规定。

要点提示

2023年修订后的《公司法》将关联交易对象扩大到了监事，董事、监事、高级管理人员的近亲属，以及上述人员直接或间接控制的企业和有其他关联关系的关联人，强化了对关联交易的规定和界定。

第一百八十三条　禁止董事、监事、高级管理人员篡夺公司商业机会

董事、监事、高级管理人员，不得利用职务便利为自己或者他人谋取属于公司的商业机会。但是，有下列情形之一的除外：

（一）向董事会或者股东会报告，并按照公司章程的规定经董事会或者股东会决议通过；

（二）根据法律、行政法规或者公司章程的规定，公司不能利用该商业机会。

第一百八十四条 董事、监事、高级管理人员同业竞争的限制

董事、监事、高级管理人员未向董事会或者股东会报告，并按照公司章程的规定经董事会或者股东会决议通过，不得自营或者为他人经营与其任职公司同类的业务。

第一百八十五条 关联董事表决权

董事会对本法第一百八十二条至第一百八十四条规定的事项决议时，关联董事不得参与表决，其表决权不计入表决权总数。出席董事会会议的无关联关系董事人数不足三人的，应当将该事项提交股东会审议。

第一百八十六条 董事、监事、高级管理人员违法所得收入应当归公司所有

董事、监事、高级管理人员违反本法第一百八十一条至第一百八十四条规定所得的收入应当归公司所有。

第一百八十七条 董事、监事、高级管理人员列席股东会

股东会要求董事、监事、高级管理人员列席会议的，董事、监事、高级管理人员应当列席并接受股东的质询。

第一百八十八条　董事、监事、高级管理人员的损害赔偿责任

董事、监事、高级管理人员执行职务违反法律、行政法规或者公司章程的规定，给公司造成损失的，应当承担赔偿责任。

第一百八十九条　公司权益受损的股东救济

董事、高级管理人员有前条规定的情形的，有限责任公司的股东、股份有限公司连续一百八十日以上单独或者合计持有公司百分之一以上股份的股东，可以书面请求监事会向人民法院提起诉讼；监事有前条规定的情形的，前述股东可以书面请求董事会向人民法院提起诉讼。

监事会或者董事会收到前款规定的股东书面请求后拒绝提起诉讼，或者自收到请求之日起三十日内未提起诉讼，或者情况紧急、不立即提起诉讼将会使公司利益受到难以弥补的损害的，前款规定的股东有权为公司利益以自己的名义直接向人民法院提起诉讼。

他人侵犯公司合法权益，给公司造成损失的，本条第一款规定的股东可以依照前两款的规定向人民法院提起诉讼。

公司全资子公司的董事、监事、高级管理人员有前条规定情形，或者他人侵犯公司全资子公司合法权益造成损失的，有限责任公司的股东、股份有限公司连续一百八十日以上单独或者合计持有公司百分之一以上股份的股东，可以依照前三款规定书面请求全资子公司的监事会、董事会向人民法院提起诉讼或者以自己的名义直接向人民法院提起诉讼。

❀ 要点提示

在股东代表诉讼中，股东个人的利益没有直接受到损害，只是由于公

司的利益受到损害而间接受损，因此，股东代表诉讼是股东为了公司的利益而以股东的名义直接提起的诉讼，胜诉后的利益归于公司。

❖ 关联规定

1.《最高人民法院关于适用〈中华人民共和国公司法〉若干问题的规定（一）》（2014年2月20日）

　　第四条　公司法第一百五十一条规定的180日以上连续持股期间，应为股东向人民法院提起诉讼时，已期满的持股时间；规定的合计持有公司百分之一以上股份，是指两个以上股东持股份额的合计。

2.《最高人民法院关于适用〈中华人民共和国公司法〉若干问题的规定（二）》（2020年12月29日）

　　第二十三条　清算组成员从事清算事务时，违反法律、行政法规或者公司章程给公司或者债权人造成损失，公司或者债权人主张其承担赔偿责任的，人民法院应依法予以支持。

　　有限责任公司的股东、股份有限公司连续一百八十日以上单独或者合计持有公司百分之一以上股份的股东，依据公司法第一百五十一条第三款的规定，以清算组成员有前款所述行为为由向人民法院提起诉讼的，人民法院应予受理。

　　公司已经清算完毕注销，上述股东参照公司法第一百五十一条第三款的规定，直接以清算组成员为被告、其他股东为第三人向人民法院提起诉讼的，人民法院应予受理。

3.《最高人民法院关于适用〈中华人民共和国公司法〉若干问题的规定（四）》（2020年12月29日）

　　第二十三条　监事会或者不设监事会的有限责任公司的监事依据公司法第一百五十一条第一款规定对董事、高级管理人员提起诉讼的，应当列公司为原告，依法由监事会主席或者不设监事会的有限责任公司的监事代表公司进行诉讼。

董事会或者不设董事会的有限责任公司的执行董事依据公司法第一百五十一条第一款规定对监事提起诉讼的，或者依据公司法第一百五十一条第三款规定对他人提起诉讼的，应当列公司为原告，依法由董事长或者执行董事代表公司进行诉讼。

第二十四条 符合公司法第一百五十一条第一款规定条件的股东，依据公司法第一百五十一条第二款、第三款规定，直接对董事、监事、高级管理人员或者他人提起诉讼的，应当列公司为第三人参加诉讼。

一审法庭辩论终结前，符合公司法第一百五十一条第一款规定条件的其他股东，以相同的诉讼请求申请参加诉讼的，应当列为共同原告。

第二十五条 股东依据公司法第一百五十一条第二款、第三款规定直接提起诉讼的案件，胜诉利益归属于公司。股东请求被告直接向其承担民事责任的，人民法院不予支持。

第二十六条 股东依据公司法第一百五十一条第二款、第三款规定直接提起诉讼的案件，其诉讼请求部分或者全部得到人民法院支持的，公司应当承担股东因参加诉讼支付的合理费用。

4.《最高人民法院关于适用〈中华人民共和国公司法〉若干问题的规定（五）》（2020年12月29日）

第一条 关联交易损害公司利益，原告公司依据民法典第八十四条、公司法第二十一条规定请求控股股东、实际控制人、董事、监事、高级管理人员赔偿所造成的损失，被告仅以该交易已经履行了信息披露、经股东会或者股东大会同意等法律、行政法规或者公司章程规定的程序为由抗辩的，人民法院不予支持。

公司没有提起诉讼的，符合公司法第一百五十一条第一款规定条件的股东，可以依据公司法第一百五十一条第二款、第三款规定向人民法院提起诉讼。

第二条 关联交易合同存在无效、可撤销或者对公司不发生效力的情形，公司没有起诉合同相对方的，符合公司法第一百五十一条第一款规定条件的股东，可以依据公司法第一百五十一条第二款、第三款规定向人民法院提起诉讼。

第一百九十条 股东权益受损的直接诉讼

董事、高级管理人员违反法律、行政法规或者公司章程的规定，损害股东利益的，股东可以向人民法院提起诉讼。

❖ 关联规定

《最高人民法院关于适用〈中华人民共和国公司法〉若干问题的规定（二）》（2020年12月29日）

第二十三条 清算组成员从事清算事务时，违反法律、行政法规或者公司章程给公司或者债权人造成损失，公司或者债权人主张其承担赔偿责任的，人民法院应依法予以支持。

有限责任公司的股东、股份有限公司连续一百八十日以上单独或者合计持有公司百分之一以上股份的股东，依据公司法第一百五十一条第三款的规定，以清算组成员有前款所述行为为由向人民法院提起诉讼的，人民法院应予受理。

公司已经清算完毕注销，上述股东参照公司法第一百五十一条第三款的规定，直接以清算组成员为被告、其他股东为第三人向人民法院提起诉讼的，人民法院应予受理。

第二十四条 解散公司诉讼案件和公司清算案件由公司住所地人民法院管辖。公司住所地是指公司主要办事机构所在地。公司办事机构所在地不明确的，由其注册地人民法院管辖。

基层人民法院管辖县、县级市或者区的公司登记机关核准登记公司的解散诉讼案件和公司清算案件；中级人民法院管辖地区、地级市以上的公司登记机关核准登记公司的解散诉讼案件和公司清算案件。

第一百九十一条　董事、高级管理人员与公司的连带责任

董事、高级管理人员执行职务，给他人造成损害的，公司应当承担赔偿责任；董事、高级管理人员存在故意或者重大过失的，也应当承担赔偿责任。

第一百九十二条　控股股东、实际控制人的连带责任

公司的控股股东、实际控制人指示董事、高级管理人员从事损害公司或者股东利益的行为的，与该董事、高级管理人员承担连带责任。

第一百九十三条　董事责任保险

公司可以在董事任职期间为董事因执行公司职务承担的赔偿责任投保责任保险。

公司为董事投保责任保险或者续保后，董事会应当向股东会报告责任保险的投保金额、承保范围及保险费率等内容。

第九章　公司债券

第一百九十四条　公司债券的定义、发行与交易

本法所称公司债券，是指公司发行的约定按期还本付息的有价证券。

公司债券可以公开发行，也可以非公开发行。

公司债券的发行和交易应当符合《中华人民共和国证券法》等法律、行政法规的规定。

关联规定

1.《证券法》(2019 年 12 月 28 日)

第十五条　公开发行公司债券，应当符合下列条件：

(一) 具备健全且运行良好的组织机构；

(二) 最近三年平均可分配利润足以支付公司债券一年的利息；

(三) 国务院规定的其他条件。

公开发行公司债券筹集的资金，必须按照公司债券募集办法所列资金用途使用；改变资金用途，必须经债券持有人会议作出决议。公开发行公司债券筹集的资金，不得用于弥补亏损和非生产性支出。

上市公司发行可转换为股票的公司债券，除应当符合第一款规定的条件外，还应当遵守本法第十二条第二款的规定。但是，按照公司债券募集办法，上市公司通过收购本公司股份的方式进行公司债券转换的除外。

第十六条　申请公开发行公司债券，应当向国务院授权的部门或者国务院证券监督管理机构报送下列文件：

(一) 公司营业执照；

(二) 公司章程；

(三) 公司债券募集办法；

(四) 国务院授权的部门或者国务院证券监督管理机构规定的其他文件。

依照本法规定聘请保荐人的，还应当报送保荐人出具的发行保荐书。

第十七条　有下列情形之一的，不得再次公开发行公司债券：

(一) 对已公开发行的公司债券或者其他债务有违约或者延迟支付本息的事实，仍处于继续状态；

(二) 违反本法规定，改变公开发行公司债券所募资金的用途。

2.《公司债券发行与交易管理办法》(2023 年 10 月 20 日)

第十条　发行公司债券，发行人应当依照《公司法》或者公司章程相关规定对以下事项作出决议：

(一) 发行债券的金额；

(二）发行方式；

(三）债券期限；

(四）募集资金的用途；

(五）其他按照法律法规及公司章程规定需要明确的事项。

发行公司债券，如果对增信机制、偿债保障措施作出安排的，也应当在决议事项中载明。

第十一条 发行公司债券，可以附认股权、可转换成相关股票等条款。上市公司、股票公开转让的非上市公众公司股东可以发行附可交换成上市公司或非上市公众公司股票条款的公司债券。商业银行等金融机构可以按照有关规定发行公司债券补充资本。上市公司发行附认股权、可转换成股票条款的公司债券，应当符合上市公司证券发行管理的相关规定。股票公开转让的非上市公众公司发行附认股权、可转换成股票条款的公司债券，由中国证监会另行规定。

第十二条 根据财产状况、金融资产状况、投资知识和经验、专业能力等因素，公司债券投资者可以分为普通投资者和专业投资者。专业投资者的标准按照中国证监会的相关规定执行。

证券自律组织可以在中国证监会相关规定的基础上，设定更为严格的投资者适当性要求。

发行人的董事、监事、高级管理人员及持股比例超过百分之五的股东，可视同专业投资者参与发行人相关公司债券的认购或交易、转让。

第十三条 公开发行公司债券筹集的资金，必须按照公司债券募集说明书所列资金用途使用；改变资金用途，必须经债券持有人会议作出决议。非公开发行公司债券，募集资金应当用于约定的用途；改变资金用途，应当履行募集说明书约定的程序。

鼓励公开发行公司债券的募集资金投向符合国家宏观调控政策和产业政策的项目建设。

公开发行公司债券筹集的资金，不得用于弥补亏损和非生产性支出。发行人应当指定专项账户，用于公司债券募集资金的接收、存储、划转。

第一百九十五条　公司债券募集办法

公开发行公司债券，应当经国务院证券监督管理机构注册，公告公司债券募集办法。

公司债券募集办法应当载明下列主要事项：

（一）公司名称；

（二）债券募集资金的用途；

（三）债券总额和债券的票面金额；

（四）债券利率的确定方式；

（五）还本付息的期限和方式；

（六）债券担保情况；

（七）债券的发行价格、发行的起止日期；

（八）公司净资产额；

（九）已发行的尚未到期的公司债券总额；

（十）公司债券的承销机构。

要点提示

公司债券募集办法是公司为了募集公司债券而制定的载有法定内容的书面文件，是公司债券发行中最基本的文件，其主旨在于向社会投资者披露发行公司的经营状况、财务状况、盈利能力、风险情况和其他一切可能影响投资人认购债券的信息。

第一百九十六条　公司债券的票面记载事项

公司以纸面形式发行公司债券的，应当在债券上载明公司名称、债券票面金额、利率、偿还期限等事项，并由法定代表人签名，公司盖章。

第一百九十七条 公司债券应记名

公司债券应当为记名债券。

第一百九十八条 公司债券持有人名册

公司发行公司债券应当置备公司债券持有人名册。

发行公司债券的,应当在公司债券持有人名册上载明下列事项:

(一)债券持有人的姓名或者名称及住所;

(二)债券持有人取得债券的日期及债券的编号;

(三)债券总额,债券的票面金额、利率、还本付息的期限和方式;

(四)债券的发行日期。

第一百九十九条 公司债券的登记结算

公司债券的登记结算机构应当建立债券登记、存管、付息、兑付等相关制度。

关联规定

《证券登记结算管理办法》(2022 年 5 月 20 日)

第一章 总 则

第一条 为了规范证券登记结算行为,保护投资者的合法权益,维护证券登记结算秩序,防范证券登记结算风险,保障证券市场安全高效运行,根据《证券法》、《公司法》等法律、行政法规的规定,制定本办法。

第二条 在证券交易所和国务院批准的其他全国性证券交易场所(以下统称证券交易场所)交易的股票、债券、存托凭证、证券投资基金份额、资产支持证券等证券及证券衍生品种(以下统称证券)的登记结算,适用本办法。证券可以采用纸面形式、电子簿记形式或者中国证券监督管理委员会（以下简称中国证监会）规定的其他形式。

未在证券交易场所交易的证券，委托证券登记结算机构办理证券登记结算业务的，证券登记结算机构参照本办法执行。

境内上市外资股、存托凭证、内地与香港股票市场交易互联互通等的登记结算业务，法律、行政法规、中国证监会另有规定的，从其规定。

第三条 证券登记结算活动必须遵循公开、公平、公正、安全、高效的原则。

第四条 证券登记结算机构为证券交易提供集中登记、存管与结算服务，不以营利为目的，依法登记，取得法人资格。

证券登记结算业务采取全国集中统一的运营方式，由证券登记结算机构依法集中统一办理。

证券登记结算机构实行行业自律管理，依据业务规则对证券登记结算业务参与人采取自律管理措施。

第五条 证券登记结算业务参与人及其相关业务活动必须遵守法律、行政法规、中国证监会的规定以及证券登记结算机构依法制定的业务规则。

第六条 证券登记结算机构根据《中国共产党章程》设立党组织，发挥领导作用，把方向、管大局、保落实，依照规定讨论和决定证券登记结算机构重大事项，保证监督党和国家的方针、政策在证券登记结算机构得到全面贯彻落实。

第七条 中国证监会依法对证券登记结算机构及证券登记结算活动进行监督管理，负责对证券登记结算机构评估与检查。

第二章 证券登记结算机构

第八条 证券登记结算机构的设立和解散，必须经中国证监会批准。

第九条 证券登记结算机构履行下列职能：

（一）证券账户、结算账户的设立和管理；

（二）证券的存管和过户；

（三）证券持有人名册登记及权益登记；

（四）证券和资金的清算交收及相关管理；

（五）受证券发行人的委托办理派发证券权益等业务；

（六）依法提供与证券登记结算业务有关的查询、信息、咨询和培训服务；

（七）依法担任存托凭证存托人；

（八）中国证监会批准的其他业务。

第十条 证券登记结算机构不得从事下列活动：

（一）与证券登记结算业务无关的投资；

（二）购置非自用不动产；

（三）在本办法第七十条、第七十一条规定之外买卖证券；

（四）法律、行政法规和中国证监会禁止的其他行为。

第十一条 证券登记结算机构的下列事项，应当报中国证监会批准：

（一）章程、业务规则的制定和修改；

（二）董事长、副董事长、监事长、总经理和副总经理的任免；

（三）依法应当报中国证监会批准的其他事项。

前款第（一）项中所称的业务规则，是指证券登记结算机构的证券账户管理、证券登记、证券托管与存管、证券结算、结算参与人管理、自律管理等与证券登记结算业务有关的业务规则。

第十二条 证券登记结算机构的下列事项和文件，应当向中国证监会报告：

（一）业务实施细则；

（二）制定或修改业务管理制度、业务复原计划、紧急应对程序；

（三）办理新的证券品种的登记结算业务，变更登记结算业务模式；

（四）结算参与人和结算银行资格的取得和丧失等变动情况；

（五）发现重大业务风险和技术风险，发现重大违法违规行为，或涉及重大诉讼；

（六）有关经营情况和国家有关规定执行情况的年度工作报告；

（七）经会计师事务所审计的年度财务报告，财务预决算方案和重大开支项目，聘请或更换会计师事务所；

（八）与证券交易场所签订的主要业务合作协议，与证券发行人、结算参与人和结算银行签订的主要业务协议的样本格式；

（九）重大国际合作与交流活动、涉港澳台重大事务；

（十）与证券登记结算有关的主要收费项目和标准的制定或调整；

（十一）中国证监会要求报告的其他事项和文件。

第十三条 证券登记结算机构应当妥善保存登记、存管和结算的原始凭证及有关文件和资料。其保存期限不得少于20年。

第十四条 证券登记结算机构对其所编制的与证券登记结算业务有关的数据和资料进行专属管理；未经证券登记结算机构同意，任何组织和个人不得将其专属管理的数据和资料用于商业目的。

第十五条 证券登记结算机构及其工作人员依法对投资者的信息以及与证券登记结算业务有关的数据和资料负有保密义务。

对投资者的信息以及与证券登记结算业务有关的数据和资料，证券登记结算机构应当拒绝查询，但有下列情形之一的，证券登记结算机构应当依法办理：

（一）证券持有人查询其本人的有关证券资料；

（二）证券质权人查询与其本人有关质押证券；

（三）证券发行人查询其证券持有人名册及有关资料；

（四）证券交易场所、中国金融期货交易所、依照法律、行政法规或者中国证监会规定设立的投资者保护机构依法履行职责要求证券登记结算机构提供相关数据和资料；

（五）监察委员会、人民法院、人民检察院、公安机关和中国证监会依照法定的条件和程序进行查询和取证。

证券登记结算机构应当采取有效措施，方便证券持有人查询其本人证券的持有记录。

第十六条 证券登记结算机构应当公开业务规则、与证券登记结算业务有关的主要收费项目和标准。

证券登记结算机构制定或者变更业务规则、调整证券登记结算主要收费项目和标准等，应当征求相关市场参与人的意见。

第十七条 证券登记结算机构工作人员必须忠于职守、依法办事、不得利用职务便利谋取不正当利益，不得泄露所知悉的有关单位和个人的商业秘密。

证券登记结算机构违反《证券法》及本办法规定的，中国证监会依法予以行政处罚；对直接负责的主管人员和其他直接责任人员，依法给予行政处分。

第三章 证券账户的管理

第十八条 投资者通过证券账户持有证券，证券账户用于记录投资者持有证券的余额及其变动情况。

第十九条 证券应当记录在证券持有人本人的证券账户内，但依据法律、行政法规和中国证监会的规定，证券记录在名义持有人证券账户内的，从其规定。

证券登记结算机构为依法履行职责，可以要求名义持有人提供其名下证券权益拥有人的相关资料，名义持有人应当保证其所提供的资料真实、准确、完整。

第二十条 投资者应当在证券登记结算机构实名开立证券账户。

前款所称投资者包括中国公民、中国法人、中国合伙企业、符合规定的外国人及法律、行政法规、中国证监会规章规定的其他投资者。

外国人申请开立证券账户的具体办法，由证券登记结算机构制定，报中国证监会批准。

投资者申请开立证券账户应当保证其提交的开户资料真实、准确、完整。

第二十一条 证券登记结算机构可以直接为投资者开立证券账户，也可以委托证券公司等代为办理。

证券登记结算机构为投资者开立证券账户，应当遵循方便投资者和优化配置账户资源的原则。

第二十二条 证券公司等代理开立证券账户，应当向证券登记结算机构申请取得开户代理资格。

证券公司等代理开立证券账户，应当根据证券登记结算机构的业务规则，对投资者提供的有效身份证明文件原件及其他开户资料的真实性、准确性、完整性进行审核，并应当妥善保管相关开户资料，保管期限不得少于20年。

第二十三条 投资者应当使用实名开立的账户进行交易。

任何单位和个人不得违反规定，出借自己的证券账户或者借用他人的证券账户从事证券交易。

第二十四条 证券登记结算机构应当根据业务规则，对开户代理机构开立证券账户的活动进行监督。开户代理机构违反业务规则的，证券登记结算机构可以根据业务规则暂停、取消其开户代理资格，并提请中国证监会按照相关规定采取暂停或撤销其相关证券业务许可；对直接负责的主管人员和其他直接责任人员，单处或并处警告、罚款等处罚措施。

第二十五条 证券公司应当勤勉尽责，掌握其客户的资料及资信状况，并对其客户证券账户的使用情况进行监督。证券公司不得将投资者的证券账户提供给他人使用。

证券公司发现其客户在证券账户使用过程中存在违规行为的，应当按照证券登记结算机构的业务规则处理，并及时向证券登记结算机构和证券交易场所报告。涉及违法行为的，还应当向中国证监会报告，由中国证监会依法予以处罚。

第二十六条 投资者在证券账户开立和使用过程中存在违规行为的，证券登记结算机构应当依法对违规证券账户采取限制使用、注销等处置措施。

第四章　证券的登记

第二十七条 上市或挂牌证券的发行人应当委托证券登记结算机构办理其所发行证券的登记业务。

证券登记结算机构应当与委托其办理证券登记业务的证券发行人签订证券登记及服务协议，明确双方的权利义务。

证券登记结算机构应当制定并公布证券登记及服务协议的范本。

证券登记结算机构可以根据政府债券主管部门的要求办理上市政府债券的登记业务。

第二十八条 证券登记结算机构根据证券账户的记录，确认证券持有人持有证券的事实，办理证券持有人名册的登记。

证券登记结算机构出具的证券登记记录是证券持有人持有证券的合法证明。

证券记录在名义持有人证券账户内的，证券权益拥有人的证券持有记录由名义持有人出具。

第二十九条 证券上市或挂牌前，证券发行人应当向证券登记结算机构提交已发行证券的证券持有人名册及其他相关资料。证券登记结算机构据此办理证券持有人名册的初始登记。

第三十条 按照证券交易场所业务规则成交的证券买卖、出借、质押式回购等交易，证券登记结算机构应当依据证券交易场所的成交结果等办理相应清算交收和登记过户。

第三十一条 证券在证券交易场所交易的，证券登记结算机构应当根据证券交易的交收结果办理证券持有人名册的变更登记。

证券以协议转让、继承、捐赠、依法进行的财产分割、强制执行、行政划拨等方式转让，或因证券增发、配股、缩股等情形导致证券数量发生变化的，证券登记结算机构根据业务规则变更相关证券账户的余额，并相应办理证券持有人名册的变更登记。

证券因质押、锁定、冻结等原因导致其持有人权利受到限制的，证券登记结算机构应当在证券持有人名册或投资者证券持有记录上加以标记。

第三十二条 证券登记结算机构应当保证证券持有人名册和登记过户记录真实、准确、完整，不得隐匿、伪造、篡改或者毁损。

证券登记申请人应当保证其所提交资料的合法、真实、准确、完整。证券登记结算机构不承担由于证券登记申请人原因导致证券持有人名册及其他相关资料有误而产生的损失和法律后果。

前款所称证券登记申请人包括证券发行人、证券持有人及证券登记结算机构认可的其他申请办理证券登记的主体。

第三十三条 证券登记结算机构应当按照业务规则和协议向证券发行人发送其证券持有人名册及有关资料。

证券发行人应当依法妥善管理、保存和使用证券持有人名册。因不当使用证券持有人名册导致的法律责任由证券发行人承担。

第三十四条 证券发行人申请办理权益分派等代理服务的，应当按照业务规则和协议向证券登记结算机构提交有关资料并支付款项。

证券发行人未及时履行上述义务的，证券登记结算机构有权推迟或不予办理，证券发行人应当及时发布公告说明有关情况。

第三十五条 证券终止上市或终止挂牌且不再由证券登记结算机构登记的，证券发行人或者其清算组等应当按照证券登记结算机构的规定办理退出登记手续。证券登记结算机构应当将持有人名册移出证券登记簿记系统并依法向其交付证券持有人名册及其他登记资料。

第五章 证券的托管和存管

第三十六条 投资者应当委托证券公司托管其持有的证券，证券公司应当将其自有证券和所托管的客户证券交由证券登记结算机构存管，但法律、行政法规和中国证监会另有规定的除外。

第三十七条 证券登记结算机构为证券公司设立客户证券总账和自有证券总账，用以统计证券公司交存的客户证券和自有证券。

证券公司应当委托证券登记结算机构维护其客户及自有证券账户，但法律、行政法规和中国证监会另有规定的除外。

第三十八条 投资者买卖证券，应当与证券公司签订证券交易、托管与结算协议。

证券登记结算机构应当制定和公布证券交易、托管与结算协议中与证券登记结算业务有关的必备条款。必备条款应当包括但不限于以下内容：

（一）证券公司根据客户的委托，按照证券交易规则提出交易申报，根据成交结果完成其与客户的证券和资金的交收，并承担相应的交收责任；客户应当同意集中交易结束后，由证券公司委托证券登记结算机构办理其证券账户与证券公司证券交收账户之间的证券划付。

（二）证券登记结算机构提供集中履约保障的质押式回购交易，投资者和证券公司应当按照业务规则的规定向证券登记结算机构提交用于回购的质押券。投资者和证券公司之间债权债务关系不影响证券登记结算机构按照业务规则对证券公司提交的质押券行使质押权。

（三）客户出现资金交收违约时，证券公司可以委托证券登记结算机构将客户净买入证券或质押品保管库中的回购质押券划付到其证券处置账户内，并要求客户在约定期限内补足资金。客户出现证券交收违约时，证券公司可以将相当于证券交收违约金额的资金暂不划付给该客户。

第三十九条 证券公司应当将其与客户之间建立、变更和终止证券托管关系的事项报送证券登记结算机构。

证券登记结算机构应当对上述事项加以记录。

第四十条 客户要求证券公司将其持有证券转由其他证券公司托管的，相关证券公司应当依据证券交易场所及证券登记结算机构有关业务规则予以办理，不得拒绝，但有关法律、行政法规和中国证监会另有规定的除外。

第四十一条 证券公司应当采取有效措施，保证其托管的证券的安全，禁止挪用、盗卖。

证券登记结算机构应当采取有效措施，保证其存管的证券的安全，禁止挪用、盗卖。

第四十二条 证券的质押、锁定、冻结或扣划，由托管证券的证券公司和证券登记结算机构按照证券登记结算机构的相关规定办理。

第六章 证券和资金的清算交收

第四十三条 证券公司、商业银行等参与证券和资金的集中清算交收，应当向证券登记结算机构申请取得结算参与人资格，与证券登记结算机构签订结算协议，明确双方的权利义务。

没有取得结算参与人资格的，应当与结算参与人签订委托结算协议，委托结算参与人代其进行证券和资金的集中清算交收。

证券登记结算机构应当制定并公布结算协议和委托结算协议范本。

第四十四条 证券登记结算机构应当根据业务需要选择符合条件的商业银行作为结算银行，办理结算资金存放、划付等证券资金结算业务。

结算银行的条件，由证券登记结算机构制定。

第四十五条 证券和资金结算实行分级结算原则。证券登记结算机构负责办理证券登记结算机构与结算参与人之间的集中清算交收；结算参与人负责办理结算参与人与客户之间的清算交收。

第四十六条 证券登记结算机构应当设立证券集中交收账户和资金集中交收账户，用以办理与结算参与人的证券和资金的集中清算交收。

结算参与人应当根据证券登记结算机构的规定，申请开立证券交收账户和资金交收账户用以办理证券和资金的交收。同时经营证券自营业务和经纪业务等业务的结算参与人，应当按照规定分别申请开立证券、资金交收账户用以办理自营业务、经纪业务等业务的证券、资金交收。

第四十七条 证券登记结算机构可以根据业务需要，为证券市场提供多边净额、逐笔全额、双边净额以及资金代收代付等结算业务。

前述结算业务中本办法未规定的，按照证券登记结算机构业务规则办理。

第四十八条 证券登记结算机构作为中央对手方提供证券结算服务的，是结算参与人共同的清算交收对手，按照货银对付的原则，以结算参与人为结算单位进行净额结算，并为证券交易提供集中履约保障。

结算参与人应当对证券登记结算机构承担交收责任。

第四十九条 证券登记结算机构与参与多边净额结算的结算参与人签订的结算协议应当包括下列内容：

（一）对于结算参与人负责结算的证券交易合同，该合同双方结算参与人向对手方结算参与人收取证券或资金的权利，以及向对手方结算参与人支付资金或证券的义务一并转让给证券登记结算机构；

（二）受让前项权利和义务后，证券登记结算机构享有原合同双方结算参与人对其对手方结算参与人的权利，并应履行原合同双方结算参与人对其对手方结算参与人的义务。

第五十条 证券登记结算机构进行多边净额清算时，应当计算结算参与人的应收应付证券数额和应收应付资金净额，并在清算结束后将清算结果及时通知结算参与人。

证券登记结算机构采取其他结算方式的，应当按照相关业务规则进行清算。

第五十一条 集中交收前，结算参与人应当向客户收取其应付的证券和资金,并在结算参与人证券交收账户、结算参与人资金交收账户留存足额证券和资金。

结算参与人与客户之间的证券划付,应当委托证券登记结算机构代为办理。

第五十二条 集中交收过程中,证券登记结算机构应当在最终交收时点,向结算参与人足额收取其应付的资金和证券,并交付其应收的证券和资金。

证券登记结算机构可在最终交收时点前设置多个交收批次,交收完成后不可撤销。

对于同时经营自营业务以及经纪业务或资产托管业务的结算参与人,如果其客户资金交收账户资金不足的,证券登记结算机构可以动用该结算参与人自营资金交收账户内的资金完成交收。

第五十三条 证券集中交收过程中,结算参与人足额交付资金前,应当按照证券登记结算机构业务规则申报标识证券及相应证券账户,证券登记结算机构按照业务规则对相应证券进行标识。被标识证券属于交收过程中的证券,不得被强制执行。

结算参与人足额履行资金交收义务的,证券登记结算机构按照业务规则取消相应证券的标识。

第五十四条 集中交收后,结算参与人应当向客户交付其应收的证券和资金。

结算参与人与客户之间的证券划付,应当委托证券登记结算机构代为办理。

第五十五条 证券登记结算机构应当在结算业务规则中对结算参与人与证券登记结算机构之间的交收时点做出规定。

结算参与人完成证券和资金的交收应当不晚于规定的最终交收时点。

采取多边净额结算方式的,结算参与人未能在最终交收时点足额履行应付证券或资金交收义务的,证券登记结算机构可以按照业务规则处理交收对价物。

第五十六条 因证券登记结算机构的原因导致清算结果有误的,结算参与人在履行交收责任后可以要求证券登记结算机构予以纠正，并承担结算参与人遭受的直接损失。

第七章 风险防范和交收违约处理
第一节 风险防范和控制措施

第五十七条 证券登记结算机构应当采取下列措施，加强证券登记结算业务的风险防范和控制：

（一）制定完善的风险防范制度和内部控制制度；

（二）建立完善的技术系统，制定由结算参与人共同遵守的技术标准和规范；

（三）建立完善的结算参与人和结算银行准入标准和风险评估体系；

（四）对结算数据和技术系统进行备份，制定业务紧急应变程序和操作流程。

第五十八条 证券登记结算机构应当与证券交易所相互配合，建立证券市场系统性风险的防范制度。

证券登记结算机构应当与证券交易所签订业务合作协议，明确双方的权利义务，并约定有关临时停市、暂缓交收等业务安排。证券登记结算机构可以根据证券交易所通知采取暂缓交收措施。

第五十九条 证券登记结算机构应当按照结算风险共担的原则，组织结算参与人建立证券结算保证金，用于保障交收的连续进行。

证券结算保证金的筹集、使用、管理和补缴办法，由证券登记结算机构在业务规则中规定。

第六十条 证券登记结算机构可以视结算参与人的风险状况，采取要求结算参与人提供交收担保等风险控制措施。

结算参与人提供交收担保的具体标准，由证券登记结算机构根据结算参与人的风险程度确定和调整。

证券登记结算机构应当将结算参与人提交的交收担保物与其自有资产隔离，严格按结算参与人分户管理，不得挪用。

结算参与人根据证券登记结算机构业务规则，向证券登记结算机构提供交收担保物。结算参与人提供交收担保物的，不得损害已履行清算交收责任客户的合法权益。

第六十一条 结算参与人可以在其资金交收账户内，存放证券结算备付金用于完成交收。

证券登记结算机构应当将结算参与人存放的结算备付金与其自有资金隔离，严格按结算参与人分户管理，不得挪用。

结算备付金的收取、使用和管理，由证券登记结算机构在业务规则中规定。

第六十二条 证券登记结算机构应当对提供集中履约保障的质押式回购实行质押品保管库制度，将结算参与人提交的用于融资回购担保的质押券转移到质押品保管库。

第六十三条 证券登记结算机构收取的下列资金和证券，只能按业务规则用于已成交的证券交易的清算交收，不得被强制执行：

（一）证券登记结算机构收取的证券结算风险基金、证券结算保证金，以及交收担保物、回购质押券等用于担保交收的资金和证券；

（二）证券登记结算机构根据本办法设立的证券集中交收账户、资金集中交收账户、专用清偿账户内的证券和资金以及根据业务规则设立的其他专用交收账户内的证券和资金；

（三）结算参与人证券交收账户、结算参与人证券处置账户等结算账户内的证券以及结算参与人资金交收账户内根据成交结果确定的应付资金；

（四）根据成交结果确定的投资者进入交收程序的证券和资金；

（五）证券登记结算机构在银行开设的结算备付金等专用存款账户、新股发行验资专户内的资金，以及证券发行人拟向投资者派发的债息、股息和红利等。

第六十四条 证券登记结算机构可以根据组织管理证券登记结算业务的需要，按照有关规定申请授信额度，或将专用清偿账户中的证券用于申请质押贷款，以保障证券登记结算活动的持续正常进行。

第二节 集中交收的违约处理

第六十五条 结算参与人未能在最终交收时点向证券登记结算机构足

额交付证券或资金的，构成对证券登记结算机构证券或资金交收违约。

第六十六条 证券登记结算机构应当设立专用清偿账户，用于在结算参与人发生违约时存放暂不交付或扣划的证券和资金。

第六十七条 结算参与人发生资金交收违约时，应当按照以下程序办理：

（一）违约结算参与人应当根据证券登记结算机构业务规则规定，向证券登记结算机构发送暂不交付交收对价物或扣划已交付交收对价物以及申报其他证券用以处分的指令。

（二）证券登记结算机构应根据业务规则将上述交收对价物及其他用以处分的证券转入专用清偿账户，并通知该结算参与人在规定的期限内补足资金或提交交收担保。

证券登记结算机构在规定时间内未收到上述指令的，属于结算参与人重大交收违约情形。结算参与人发生重大交收违约或相关交收对价物不足以弥补违约金额的，证券登记结算机构有权根据业务规则对该结算参与人违约资金交收账户对应的交收对价物实施暂不交付或扣划，并可对该结算参与人的自营证券实施扣划，转入专用清偿账户，通知该结算参与人在规定的期限内补足资金或提交交收担保。

第六十八条 结算参与人发生资金交收违约的，证券登记结算机构应当按照下列顺序动用担保物和证券结算保证金，完成与对手方结算参与人的资金交收：

（一）违约结算参与人的担保物中的现金部分；

（二）证券结算保证金中违约结算参与人交纳的部分；

（三）证券结算保证金中其他结算参与人交纳的及证券登记结算机构划拨的部分。

按前款处理仍不能弥补结算参与人资金交收违约的，证券登记结算机构还可以动用下列资金：

（一）证券结算风险基金；

（二）商业银行等机构的授信支持；

（三）其他资金。

第六十九条 结算参与人发生证券交收违约时，证券登记结算机构有权暂不交付相当于违约金额的应收资金。

证券登记结算机构应当将暂不划付的资金划入专用清偿账户，并通知该结算参与人。结算参与人应当在规定的期限内补足证券，或者提供证券登记结算机构认可的担保。

第七十条 结算参与人发生证券交收违约的，证券登记结算机构可以动用下列证券，完成与对手方结算参与人的证券交收：

（一）违约结算参与人提交的用以冲抵的相同证券；

（二）以专用清偿账户中的资金买入的相同证券；

（三）其他来源的相同证券。

第七十一条 违约结算参与人未在规定的期间内补足资金、证券的，证券登记结算机构可以按照业务规则处分违约结算参与人所提供的担保物、质押品保管库中的回购质押券，卖出专用清偿账户内的证券、以专用清偿账户内的资金买入证券。

前款处置所得，用于补足违约结算参与人欠付的资金、证券和支付相关费用；有剩余的，应当归还该相关违约结算参与人；不足偿付的，证券登记结算机构应当向相关违约结算参与人追偿。

在规定期限内无法追偿的证券或资金，证券登记结算机构可以依法动用证券结算保证金和证券结算风险基金予以弥补。依法动用证券结算保证金和证券结算风险基金弥补损失后，证券登记结算机构应当继续向违约结算参与人追偿。

第七十二条 结算参与人发生资金交收违约或证券交收违约的，证券登记结算机构可以按照有关规定收取违约金。证券登记结算机构收取的违约金应当计入证券结算保证金。

第七十三条 结算参与人发生重大交收违约情形的，证券登记结算机构可以按照以下程序办理：

（一）暂停、终止办理其部分、全部结算业务，以及中止、撤销结算参与人资格，并提请证券交易场所采取停止交易措施。

（二）提请中国证监会按照相关规定采取暂停或撤销其相关证券业务

许可；对直接负责的主管人员和其他直接责任人员，单处或并处警告、罚款的处罚措施。

证券登记结算机构提请证券交易场所采取停止交易措施的具体办法由证券登记结算机构商证券交易场所制订，报中国证监会批准。

第七十四条 证券登记结算机构依法动用证券结算保证金和证券结算风险基金，以及对违约结算参与人采取前条规定的处置措施的，应当在证券登记结算机构年度报告中列示。

第三节 结算参与人与客户交收的违约处理

第七十五条 结算参与人可以根据证券登记结算机构的规定，向证券登记结算机构申请开立证券处置账户，用以存放待处置的客户证券。

第七十六条 结算参与人可以视客户的风险状况，采取包括要求客户提供交收担保在内的风险控制措施。

客户提供交收担保的具体标准，由结算参与人与客户在证券交易、托管与结算协议中明确。

第七十七条 客户出现资金交收违约时，结算参与人在向证券登记结算机构履行资金交收义务后，可以发出指令，委托证券登记结算机构将客户净买入证券或质押品保管库中的回购质押券划付到其证券处置账户内，并要求客户在约定期限内补足资金。

证券登记结算机构可以根据结算参与人委托，协助结算参与人划转违约客户证券，具体事宜按照证券登记结算机构业务规则办理。

第七十八条 客户出现证券交收违约时，结算参与人可以将相当于证券交收违约金额的资金暂不划付给该客户。

第七十九条 客户未能按时履行其对结算参与人交付证券或资金的义务的，结算参与人可以根据其与客户的协议向违约客户进行追偿。

违约客户未在规定的期间内补足资金、证券的，结算参与人可以将证券处置账户内的相应证券卖出，或用暂不交付的资金补购相应证券。

前款处置所得，用于补足违约客户欠付的资金、证券和支付相关费用；有剩余的，应当归还该客户；尚有不足的，结算参与人有权继续向客户追偿。

第八十条 结算参与人未及时将客户应收资金支付给客户或未及时委托证券登记结算机构将客户应收证券从其证券交收账户划付到客户证券账户的，结算参与人应当对客户承担违约责任，给客户造成损失的，结算参与人应当依法承担对客户的赔偿责任。

第八十一条 客户对结算参与人交收违约的，结算参与人不能因此拒绝履行对证券登记结算机构的交收义务，也不得影响已经完成和正在进行的证券和资金的集中交收及证券登记结算机构代为办理的证券划付。

第八十二条 没有取得结算参与人资格的证券公司与其客户之间的结算权利义务关系，参照本办法执行。

第八章 附　则

第八十三条 本办法下列用语的含义是：

登记，是指证券登记结算机构接受证券登记申请人的委托，通过设立和维护证券持有人名册确认证券持有人持有证券事实的行为。

托管，是指证券公司接受客户委托，代其保管证券并提供代收红利等权益维护服务的行为。

存管，是指证券登记结算机构接受证券公司委托，集中保管证券公司的客户证券和自有证券，维护证券余额和持有状态的变动，并提供代收红利等权益维护服务的行为。

结算，是指清算和交收。

清算，是指按照确定的规则计算证券和资金的应收应付数额的行为。

交收，是指根据确定的清算结果，通过证券和资金的最终交付履行相关债权债务的行为。

交收对价物，是指结算参与人在清算交收过程中与其应付证券互为对价的资金，或与其应付资金互为对价的证券。

证券登记结算业务参与人，是指证券发行人、结算参与人、投资者等参与证券登记结算业务的主体。

名义持有人，是指受他人指定并代表他人持有证券的机构。

结算参与人，是指经证券登记结算机构核准，有资格参与集中清算交收的证券公司或其他机构。

中央对手方，是指在结算过程中，同时作为所有买方和卖方的交收对手，提供履约保障以保证交收顺利完成的主体。

货银对付，是指证券登记结算机构与结算参与人在交收过程中，证券和资金的交收互为条件，当且仅当结算参与人履行资金交收义务的，相应证券完成交收；结算参与人履行证券交收义务的，相应资金完成交收。

净额结算，是指对买入和卖出交易的证券或资金进行轧差，以计算出的净额进行交收。

多边净额结算，是指证券登记结算机构将每个结算参与人达成的所有交易进行轧差清算，计算出相对每个结算参与人的应收应付证券数额和应收应付资金净额，再按照清算结果与每个结算参与人进行交收。

逐笔全额结算，是指证券登记结算机构对每笔证券交易进行独立清算，对同一结算参与人应收和应付证券、应收和应付资金不进行轧差处理，按照清算结果为结算参与人办理交收。

双边净额结算，是指证券登记结算机构对买卖双方之间的证券交易进行轧差清算，分别形成结算参与人的应收应付证券数额、应收应付资金净额，按照清算结果为结算参与人办理交收。

资金代收代付结算，是指证券登记结算机构根据业务规则、结算参与人等主体的双方协议约定、指令等内容，代为进行资金收付划转处理。

证券集中交收账户，是指证券登记结算机构为办理多边交收业务，以自身名义开立的结算账户，用于办理结算参与人与证券登记结算机构之间的证券集中交收。

资金集中交收账户，是指证券登记结算机构为办理多边交收业务，以自身名义开立的结算账户，用于办理结算参与人与证券登记结算机构之间的资金集中交收。

结算参与人证券交收账户，是指结算参与人向证券登记结算机构申请开立的用于证券交收的结算账户。

结算参与人资金交收账户，是指结算参与人向证券登记结算机构申请开立的用于资金交收的结算账户。

专用清偿账户，是指证券登记结算机构开立的结算账户，用于存放结算参与人交收违约时证券登记结算机构暂未交付、扣划的证券和资金。

证券处置账户，是指结算参与人向证券登记结算机构申请开立的结算账户，用于存放客户交收违约时待处置的客户证券。

质押品保管库，是指证券登记结算机构开立的质押品保管专用账户，用于存放结算参与人提交的用于回购的质押券等质押品。

最终交收时点，是指证券登记结算机构确定的证券和资金交收的最晚时点。

证券结算备付金，是指结算参与人在其资金交收账户内存放的用于完成资金交收的资金。

证券结算保证金，是指全体结算参与人向证券登记结算机构缴纳的以及证券登记结算机构根据业务规则划拨的，用以提供流动性保障、弥补交收违约损失的资金。

第八十四条 证券公司以外的机构经中国证监会批准，可以接受证券登记结算机构委托为投资者开立证券账户、可以接受投资者委托托管其证券，或者申请成为结算参与人为客户办理证券和资金的清算交收，有关证券登记结算业务处理参照本办法执行。

第八十五条 本办法由中国证监会负责解释、修订。

第八十六条 本办法自 2022 年 6 月 20 日起施行。

第二百条 公司债券转让

公司债券可以转让，转让价格由转让人与受让人约定。

公司债券的转让应当符合法律、行政法规的规定。

❖ 关联规定

《证券法》（2019 年 12 月 28 日）

第四十八条 上市交易的证券，有证券交易所规定的终止上市情形的，由证券交易所按照业务规则终止其上市交易。

证券交易所决定终止证券上市交易的，应当及时公告，并报国务院证券监督管理机构备案。

第二百零一条　公司债券的转让方式

公司债券由债券持有人以背书方式或者法律、行政法规规定的其他方式转让；转让后由公司将受让人的姓名或者名称及住所记载于公司债券持有人名册。

第二百零二条　可转换公司债券的发行

股份有限公司经股东会决议，或者经公司章程、股东会授权由董事会决议，可以发行可转换为股票的公司债券，并规定具体的转换办法。上市公司发行可转换为股票的公司债券，应当经国务院证券监督管理机构注册。

发行可转换为股票的公司债券，应当在债券上标明可转换公司债券字样，并在公司债券持有人名册上载明可转换公司债券的数额。

✦ 关联规定

1.《证券法》（2019 年 12 月 28 日）

第十条　发行人申请公开发行股票、可转换为股票的公司债券，依法采取承销方式的，或者公开发行法律、行政法规规定实行保荐制度的其他证券的，应当聘请证券公司担任保荐人。

保荐人应当遵守业务规则和行业规范，诚实守信，勤勉尽责，对发行人的申请文件和信息披露资料进行审慎核查，督导发行人规范运作。

保荐人的管理办法由国务院证券监督管理机构规定。

第十五条　公开发行公司债券，应当符合下列条件：

（一）具备健全且运行良好的组织机构；

（二）最近三年平均可分配利润足以支付公司债券一年的利息；

（三）国务院规定的其他条件。

公开发行公司债券筹集的资金，必须按照公司债券募集办法所列资金用途使用；改变资金用途，必须经债券持有人会议作出决议。公开发行公司债券筹集的资金，不得用于弥补亏损和非生产性支出。

上市公司发行可转换为股票的公司债券，除应当符合第一款规定的条件外，还应当遵守本法第十二条第二款的规定。但是，按照公司债券募集办法，上市公司通过收购本公司股份的方式进行公司债券转换的除外。

2.《上市公司证券发行注册管理办法》（2023年2月17日）

第十三条 上市公司发行可转债，应当符合下列规定：

（一）具备健全且运行良好的组织机构；

（二）最近三年平均可分配利润足以支付公司债券一年的利息；

（三）具有合理的资产负债结构和正常的现金流量；

（四）交易所主板上市公司向不特定对象发行可转债的，应当最近三个会计年度盈利，且最近三个会计年度加权平均净资产收益率平均不低于百分之六；净利润以扣除非经常性损益前后孰低者为计算依据。

除前款规定条件外，上市公司向不特定对象发行可转债，还应当遵守本办法第九条第（二）项至第（五）项、第十条的规定；向特定对象发行可转债，还应当遵守本办法第十一条的规定。但是，按照公司债券募集办法，上市公司通过收购本公司股份的方式进行公司债券转换的除外。

第十四条 上市公司存在下列情形之一的，不得发行可转债：

（一）对已公开发行的公司债券或者其他债务有违约或者延迟支付本息的事实，仍处于继续状态；

（二）违反《证券法》规定，改变公开发行公司债券所募资金用途。

第十五条 上市公司发行可转债，募集资金使用应当符合本办法第十二条的规定，且不得用于弥补亏损和非生产性支出。

第二百零三条　可转换公司债券的转换

发行可转换为股票的公司债券的，公司应当按照其转换办法向债券持有人换发股票，但债券持有人对转换股票或者不转换股票有选择权。法律、行政法规另有规定的除外。

关联规定

《最高人民法院关于审理与企业改制相关的民事纠纷案件若干问题的规定》（2020年12月29日）

五、企业债权转股权

第十四条　债权人与债务人自愿达成债权转股权协议，且不违反法律和行政法规强制性规定的，人民法院在审理相关的民事纠纷案件中，应当确认债权转股权协议有效。

政策性债权转股权，按照国务院有关部门的规定处理。

第十五条　债务人以隐瞒企业资产或者虚列企业资产为手段，骗取债权人与其签订债权转股权协议，债权人在法定期间内行使撤销权的，人民法院应当予以支持。

债权转股权协议被撤销后，债权人有权要求债务人清偿债务。

第十六条　部分债权人进行债权转股权的行为，不影响其他债权人向债务人主张债权。

第二百零四条　债券持有人会议

公开发行公司债券的，应当为同期债券持有人设立债券持有人会议，并在债券募集办法中对债券持有人会议的召集程序、会议规则和其他重要事项作出规定。债券持有人会议可以对与债券持有人有利害关系的事项作出决议。

除公司债券募集办法另有约定外，债券持有人会议决议对同期全体债券持有人发生效力。

第二百零五条　聘请债券受托管理人

公开发行公司债券的,发行人应当为债券持有人聘请债券受托管理人,由其为债券持有人办理受领清偿、债权保全、与债券相关的诉讼以及参与债务人破产程序等事项。

第二百零六条　债券受托管理人的职责与责任

债券受托管理人应当勤勉尽责,公正履行受托管理职责,不得损害债券持有人利益。

受托管理人与债券持有人存在利益冲突可能损害债券持有人利益的,债券持有人会议可以决议变更债券受托管理人。

债券受托管理人违反法律、行政法规或者债券持有人会议决议,损害债券持有人利益的,应当承担赔偿责任。

第十章　公司财务、会计

第二百零七条　公司财务与会计制度

公司应当依照法律、行政法规和国务院财政部门的规定建立本公司的财务、会计制度。

※ 要点提示

财务制度是指公司资金管理、成本费用的计算、营业收入的分配、货币的管理、公司的财务报告、公司的清算及公司纳税等方面的规程。

会计制度是指会计记账、会计核算等方面的规程,它是公司生产经营过程中各种财务制度的具体反映。

公司的财务制度是通过会计制度来实现的。

关联规定

1.《会计法》(2017年11月4日)

第九条 各单位必须根据实际发生的经济业务事项进行会计核算，填制会计凭证，登记会计帐簿，编制财务会计报告。

任何单位不得以虚假的经济业务事项或者资料进行会计核算。

第十条 下列经济业务事项，应当办理会计手续，进行会计核算：

（一）款项和有价证券的收付；

（二）财物的收发、增减和使用；

（三）债权债务的发生和结算；

（四）资本、基金的增减；

（五）收入、支出、费用、成本的计算；

（六）财务成果的计算和处理；

（七）需要办理会计手续、进行会计核算的其他事项。

第十一条 会计年度自公历1月1日起至12月31日止。

第十二条 会计核算以人民币为记帐本位币。

业务收支以人民币以外的货币为主的单位，可以选定其中一种货币作为记帐本位币，但是编报的财务会计报告应当折算为人民币。

第十三条 会计凭证、会计帐簿、财务会计报告和其他会计资料，必须符合国家统一的会计制度的规定。

使用电子计算机进行会计核算的，其软件及其生成的会计凭证、会计帐簿、财务会计报告和其他会计资料，也必须符合国家统一的会计制度的规定。

任何单位和个人不得伪造、变造会计凭证、会计帐簿及其他会计资料，不得提供虚假的财务会计报告。

第十四条 会计凭证包括原始凭证和记帐凭证。

办理本法第十条所列的经济业务事项，必须填制或者取得原始凭证并及时送交会计机构。

会计机构、会计人员必须按照国家统一的会计制度的规定对原始凭证进行审核，对不真实、不合法的原始凭证有权不予接受，并向单位负责人报告；对记载不准确、不完整的原始凭证予以退回，并要求按照国家统一的会计制度的规定更正、补充。

原始凭证记载的各项内容均不得涂改；原始凭证有错误的，应当由出具单位重开或者更正，更正处应当加盖出具单位印章。原始凭证金额有错误的，应当由出具单位重开，不得在原始凭证上更正。

记帐凭证应当根据经过审核的原始凭证及有关资料编制。

第十五条 会计帐簿登记，必须以经过审核的会计凭证为依据，并符合有关法律、行政法规和国家统一的会计制度的规定。会计帐簿包括总帐、明细帐、日记帐和其他辅助性帐簿。

会计帐簿应当按照连续编号的页码顺序登记。会计帐簿记录发生错误或者隔页、缺号、跳行的，应当按照国家统一的会计制度规定的方法更正，并由会计人员和会计机构负责人（会计主管人员）在更正处盖章。

使用电子计算机进行会计核算的，其会计帐簿的登记、更正，应当符合国家统一的会计制度的规定。

第十六条 各单位发生的各项经济业务事项应当在依法设置的会计帐簿上统一登记、核算，不得违反本法和国家统一的会计制度的规定私设会计帐簿登记、核算。

第十七条 各单位应当定期将会计帐簿记录与实物、款项及有关资料相互核对，保证会计帐簿记录与实物及款项的实有数额相符、会计帐簿记录与会计凭证的有关内容相符、会计帐簿之间相对应的记录相符、会计帐簿记录与会计报表的有关内容相符。

第十八条 各单位采用的会计处理方法，前后各期应当一致，不得随意变更；确有必要变更的，应当按照国家统一的会计制度的规定变更，并将变更的原因、情况及影响在财务会计报告中说明。

第十九条 单位提供的担保、未决诉讼等或有事项，应当按照国家统一的会计制度的规定，在财务会计报告中予以说明。

第二十条 财务会计报告应当根据经过审核的会计帐簿记录和有关资料编制，并符合本法和国家统一的会计制度关于财务会计报告的编制要京、提供对象和提供期限的规定；其他法律、行政法规另有规定的，从其规定。

财务会计报告由会计报表、会计报表附注和财务情况说明书组成。向不同的会计资料使用者提供的财务会计报告，其编制依据应当一致。有关法律、行政法规规定会计报表、会计报表附注和财务情况说明书须经注册会计师审计的，注册会计师及其所在的会计师事务所出具的审计报告应当随同财务会计报告一并提供。

第二十一条 财务会计报告应当由单位负责人和主管会计工作的负责人、会计机构负责人（会计主管人员）签名并盖章；设置总会计师的单位，还须由总会计师签名并盖章。

单位负责人应当保证财务会计报告真实、完整。

第二十二条 会计记录的文字应当使用中文。在民族自治地方，会计记录可以同时使用当地通用的一种民族文字。在中华人民共和国境内的外商投资企业、外国企业和其他外国组织的会计记录可以同时使用一种外国文字。

第二十三条 各单位对会计凭证、会计帐簿、财务会计报告和其他会计资料应当建立档案，妥善保管。会计档案的保管期限和销毁办法，由国务院财政部门会同有关部门制定。

2.《上市公司治理准则》（2018年9月30日）

第七十一条 上市公司应当依照法律法规和公司章程建立健全财务、会计管理制度，坚持独立核算。

控股股东、实际控制人及其关联方应当尊重上市公司财务的独立性，不得干预上市公司的财务、会计活动。

3.《企业会计准则——基本准则》（2014年7月23日）

第一章　总　　则

第一条 为了规范企业会计确认、计量和报告行为，保证会计信息质量，根据《中华人民共和国会计法》和其他有关法律、行政法规，制定本准则。

第二条 本准则适用于在中华人民共和国境内设立的企业（包括公司，下同）。

第三条 企业会计准则包括基本准则和具体准则，具体准则的制定应当遵循本准则。

第四条 企业应当编制财务会计报告（又称财务报告，下同）。财务会计报告的目标是向财务会计报告使用者提供与企业财务状况、经营成果和现金流量等有关的会计信息，反映企业管理层受托责任履行情况，有助于财务会计报告使用者作出经济决策。

财务会计报告使用者包括投资者、债权人、政府及其有关部门和社会公众等。

第五条 企业应当对其本身发生的交易或者事项进行会计确认、计量和报告。

第六条 企业会计确认、计量和报告应当以持续经营为前提。

第七条 企业应当划分会计期间，分期结算账目和编制财务会计报告。

会计期间分为年度和中期。中期是指短于一个完整的会计年度的报告期间。

第八条 企业会计应当以货币计量。

第九条 企业应当以权责发生制为基础进行会计确认、计量和报告。

第十条 企业应当按照交易或者事项的经济特征确定会计要素。会计要素包括资产、负债、所有者权益、收入、费用和利润。

第十一条 企业应当采用借贷记账法记账。

第二章　会计信息质量要求

第十二条 企业应当以实际发生的交易或者事项为依据进行会计确认、计量和报告，如实反映符合确认和计量要求的各项会计要素及其他相关信息，保证会计信息真实可靠、内容完整。

第十三条 企业提供的会计信息应当与财务会计报告使用者的经济决策需要相关，有助于财务会计报告使用者对企业过去、现在或者未来的情况作出评价或者预测。

第十四条 企业提供的会计信息应当清晰明了，便于财务会计报告使用者理解和使用。

第十五条 企业提供的会计信息应当具有可比性。

同一企业不同时期发生的相同或者相似的交易或者事项，应当采用一致的会计政策，不得随意变更。确需变更的，应当在附注中说明。

不同企业发生的相同或者相似的交易或者事项，应当采用规定的会计政策，确保会计信息口径一致、相互可比。

第十六条 企业应当按照交易或者事项的经济实质进行会计确认、计量和报告，不应仅以交易或者事项的法律形式为依据。

第十七条 企业提供的会计信息应当反映与企业财务状况、经营成果和现金流量等有关的所有重要交易或者事项。

第十八条 企业对交易或者事项进行会计确认、计量和报告应当保持应有的谨慎，不应高估资产或者收益、低估负债或者费用。

第十九条 企业对于已经发生的交易或者事项，应当及时进行会计确认、计量和报告，不得提前或者延后。

第三章 资　　产

第二十条 资产是指企业过去的交易或者事项形成的、由企业拥有或者控制的、预期会给企业带来经济利益的资源。

前款所指的企业过去的交易或者事项包括购买、生产、建造行为或其他交易或者事项。预期在未来发生的交易或者事项不形成资产。

由企业拥有或者控制，是指企业享有某项资源的所有权，或者虽然不享有某项资源的所有权，但该资源能被企业所控制。

预期会给企业带来经济利益，是指直接或者间接导致现金和现金等价物流入企业的潜力。

第二十一条 符合本准则第二十条规定的资产定义的资源，在同时满足以下条件时，确认为资产：

（一）与该资源有关的经济利益很可能流入企业；

（二）该资源的成本或者价值能够可靠地计量。

第二十二条 符合资产定义和资产确认条件的项目，应当列入资产负债表；符合资产定义、但不符合资产确认条件的项目，不应当列入资产负债表。

第四章 负 债

第二十三条 负债是指企业过去的交易或者事项形成的、预期会导致经济利益流出企业的现时义务。

现时义务是指企业在现行条件下已承担的义务。未来发生的交易或者事项形成的义务，不属于现时义务，不应当确认为负债。

第二十四条 符合本准则第二十三条规定的负债定义的义务，在同时满足以下条件时，确认为负债：

（一）与该义务有关的经济利益很可能流出企业；

（二）未来流出的经济利益的金额能够可靠地计量。

第二十五条 符合负债定义和负债确认条件的项目，应当列入资产负债表；符合负债定义、但不符合负债确认条件的项目，不应当列入资产负债表。

第五章 所有者权益

第二十六条 所有者权益是指企业资产扣除负债后由所有者享有的剩余权益。

公司的所有者权益又称为股东权益。

第二十七条 所有者权益的来源包括所有者投入的资本、直接计入所有者权益的利得和损失、留存收益等。

直接计入所有者权益的利得和损失，是指不应计入当期损益、会导致所有者权益发生增减变动的、与所有者投入资本或者向所有者分配利润无关的利得或者损失。

利得是指由企业非日常活动所形成的、会导致所有者权益增加的、与所有者投入资本无关的经济利益的流入。

损失是指由企业非日常活动所发生的、会导致所有者权益减少的、与向所有者分配利润无关的经济利益的流出。

第二十八条 所有者权益金额取决于资产和负债的计量。

第二十九条 所有者权益项目应当列入资产负债表。

第六章 收 入

第三十条 收入是指企业在日常活动中形成的、会导致所有者权益增加的、与所有者投入资本无关的经济利益的总流入。

第三十一条　收入只有在经济利益很可能流入从而导致企业资产增加或者负债减少、且经济利益的流入额能够可靠计量时才能予以确认。

第三十二条　符合收入定义和收入确认条件的项目，应当列入利润表。

第七章　费　　用

第三十三条　费用是指企业在日常活动中发生的、会导致所有者权益减少的、与向所有者分配利润无关的经济利益的总流出。

第三十四条　费用只有在经济利益很可能流出从而导致企业资产减少或者负债增加、且经济利益的流出额能够可靠计量时才能予以确认。

第三十五条　企业为生产产品、提供劳务等发生的可归属于产品成本、劳务成本等的费用，应当在确认产品销售收入、劳务收入等时，将已销售产品、已提供劳务的成本等计入当期损益。

企业发生的支出不产生经济利益的，或者即使能够产生经济利益但不符合或者不再符合资产确认条件的，应当在发生时确认为费用，计入当期损益。

企业发生的交易或者事项导致其承担了一项负债而又不确认为一项资产的，应当在发生时确认为费用，计入当期损益。

第三十六条　符合费用定义和费用确认条件的项目，应当列入利润表。

第八章　利　　润

第三十七条　利润是指企业在一定会计期间的经营成果。利润包括收入减去费用后的净额、直接计入当期利润的利得和损失等。

第三十八条　直接计入当期利润的利得和损失，是指应当计入当期损益、会导致所有者权益发生增减变动的、与所有者投入资本或者向所有者分配利润无关的利得或者损失。

第三十九条　利润金额取决于收入和费用、直接计入当期利润的利得和损失金额的计量。

第四十条　利润项目应当列入利润表。

第九章　会计计量

第四十一条　企业在将符合确认条件的会计要素登记入账并列报于会

计报表及其附注（又称财务报表，下同）时，应当按照规定的会计计量属性进行计量，确定其金额。

第四十二条 会计计量属性主要包括：

（一）历史成本。在历史成本计量下，资产按照购置时支付的现金或者现金等价物的金额，或者按照购置资产时所付出的对价的公允价值计量。负债按照因承担现时义务而实际收到的款项或者资产的金额，或者承担现时义务的合同金额，或者按照日常活动中为偿还负债预期需要支付的现金或者现金等价物的金额计量。

（二）重置成本。在重置成本计量下，资产按照现在购买相同或者相似资产所需支付的现金或者现金等价物的金额计量。负债按照现在偿付该项债务所需支付的现金或者现金等价物的金额计量。

（三）可变现净值。在可变现净值计量下，资产按照其正常对外销售所能收到现金或者现金等价物的金额扣减该资产至完工时估计将要发生的成本、估计的销售费用以及相关税费后的金额计量。

（四）现值。在现值计量下，资产按照预计从其持续使用和最终处置中所产生的未来净现金流入量的折现金额计量。负债按照预计期限内需要偿还的未来净现金流出量的折现金额计量。

（五）公允价值。在公允价值计量下，资产和负债按照市场参与者在计量日发生的有序交易中，出售资产所能收到或者转移负债所需支付的价格计量。

第四十三条 企业在对会计要素进行计量时，一般应当采用历史成本，采用重置成本、可变现净值、现值、公允价值计量的，应当保证所确定的会计要素金额能够取得并可靠计量。

第十章 财务会计报告

第四十四条 财务会计报告是指企业对外提供的反映企业某一特定日期的财务状况和某一会计期间的经营成果、现金流量等会计信息的文件。

财务会计报告包括会计报表及其附注和其他应当在财务会计报告中披露的相关信息和资料。会计报表至少应当包括资产负债表、利润表、现金流量表等报表。

小企业编制的会计报表可以不包括现金流量表。

第四十五条 资产负债表是指反映企业在某一特定日期的财务状况的会计报表。

第四十六条 利润表是指反映企业在一定会计期间的经营成果的会计报表。

第四十七条 现金流量表是指反映企业在一定会计期间的现金和现金等价物流入和流出的会计报表。

第四十八条 附注是指对在会计报表中列示项目所作的进一步说明,以及对未能在这些报表中列示项目的说明等。

第十一章 附　　则

第四十九条 本准则由财政部负责解释。

第五十条 本准则自 2007 年 1 月 1 日起施行。

第二百零八条 财务会计报告

公司应当在每一会计年度终了时编制财务会计报告,并依法经会计师事务所审计。

财务会计报告应当依照法律、行政法规和国务院财政部门的规定制作。

❋ 关联规定

《企业财务会计报告条例》(2000 年 6 月 21 日)

第二条 企业(包括公司,下同)编制和对外提供财务会计报告,应当遵守本条例。

本条例所称财务会计报告,是指企业对外提供的反映企业某一特定日期财务状况和某一会计期间经营成果、现金流量的文件。

第三条 企业不得编制和对外提供虚假的或者隐瞒重要事实的财务会计报告。

企业负责人对本企业财务会计报告的真实性、完整性负责。

第四条 任何组织或者个人不得授意、指使、强令企业编制和对外提供虚假的或者隐瞒重要事实的财务会计报告。

第五条 注册会计师、会计师事务所审计企业财务会计报告，应当依照有关法律、行政法规以及注册会计师执业规则的规定进行，并对所出具的审计报告负责。

第二百零九条　财务会计报告的公示

有限责任公司应当按照公司章程规定的期限将财务会计报告送交各股东。

股份有限公司的财务会计报告应当在召开股东会年会的二十日前置备于本公司，供股东查阅；公开发行股份的股份有限公司应当公告其财务会计报告。

第二百一十条　法定公积金、任意公积金与利润分配

公司分配当年税后利润时，应当提取利润的百分之十列入公司法定公积金。公司法定公积金累计额为公司注册资本的百分之五十以上的，可以不再提取。

公司的法定公积金不足以弥补以前年度亏损的，在依照前款规定提取法定公积金之前，应当先用当年利润弥补亏损。

公司从税后利润中提取法定公积金后，经股东会决议，还可以从税后利润中提取任意公积金。

公司弥补亏损和提取公积金后所余税后利润，有限责任公司按照股东实缴的出资比例分配利润，全体股东约定不按照出资比例分配利润的除外；股份有限公司按照股东所持有的股份比例分配利润，公司章程另有规定的除外。

公司持有的本公司股份不得分配利润。

❋ 要点提示

公积金，又称储备金，是公司为了巩固自身的财产基础，提高公司的信用和预防意外亏损，依照法律和公司章程的规定，在公司资本以外积存的资金。依据公积金提取的来源，分为盈余公积金和资本公积金；依据公积金的提取是否基于法律的强制性规定，分为法定公积金和任意（盈余）公积金。法定公积金包括法定盈余公积金和法定资本公积金。

《公司法》所称的法定公积金是指法定盈余公积金，即从公司盈余中必须提取的积金。

第二百一十一条　违法利润分配的法律责任

公司违反本法规定向股东分配利润的，股东应当将违反规定分配的利润退还公司；给公司造成损失的，股东及负有责任的董事、监事、高级管理人员应当承担赔偿责任。

第二百一十二条　利润分配期限

股东会作出分配利润的决议的，董事会应当在股东会决议作出之日起六个月内进行分配。

第二百一十三条　股份有限公司资本公积金

公司以超过股票票面金额的发行价格发行股份所得的溢价款、发行无面额股所得股款未计入注册资本的金额以及国务院财政部门规定列入资本公积金的其他项目，应当列为公司资本公积金。

❋ 要点提示

资本公积金，是指企业由投入资本本身所引起的各种增值，这种增值一般不是由于企业的生产经营活动产生的,与企业的生产经营活动没有直接关系。资本公积金的主要来源是资本溢价或者股票溢价、法定财产评估增值和接受捐赠的资产价值等。

第二百一十四条 公积金的用途

公司的公积金用于弥补公司的亏损、扩大公司生产经营或者转为增加公司注册资本。

公积金弥补公司亏损,应当先使用任意公积金和法定公积金;仍不能弥补的,可以按照规定使用资本公积金。

法定公积金转为增加注册资本时,所留存的该项公积金不得少于转增前公司注册资本的百分之二十五。

第二百一十五条 聘用、解聘会计师事务所

公司聘用、解聘承办公司审计业务的会计师事务所,按照公司章程的规定,由股东会、董事会或者监事会决定。

公司股东会、董事会或者监事会就解聘会计师事务所进行表决时,应当允许会计师事务所陈述意见。

关联规定

《证券法》(2019年12月28日)

第五十六条 禁止任何单位和个人编造、传播虚假信息或者误导性信息,扰乱证券市场。

禁止证券交易场所、证券公司、证券登记结算机构、证券服务机构及其从业人员,证券业协会、证券监督管理机构及其工作人员,在证券交易活动中作出虚假陈述或者信息误导。

各种传播媒介传播证券市场信息必须真实、客观,禁止误导。传播媒介及其从事证券市场信息报道的工作人员不得从事与其工作职责发生利益

冲突的证券买卖。

编造、传播虚假信息或者误导性信息，扰乱证券市场，给投资者造成损失的，应当依法承担赔偿责任。

第五十七条 禁止证券公司及其从业人员从事下列损害客户利益的行为：

（一）违背客户的委托为其买卖证券；

（二）不在规定时间内向客户提供交易的确认文件；

（三）未经客户的委托，擅自为客户买卖证券，或者假借客户的名义买卖证券；

（四）为牟取佣金收入，诱使客户进行不必要的证券买卖；

（五）其他违背客户真实意思表示，损害客户利益的行为。

违反前款规定给客户造成损失的，应当依法承担赔偿责任。

第五十八条 任何单位和个人不得违反规定，出借自己的证券账户或者借用他人的证券账户从事证券交易。

第五十九条 依法拓宽资金入市渠道，禁止资金违规流入股市。

禁止投资者违规利用财政资金、银行信贷资金买卖证券。

第六十条 国有独资企业、国有独资公司、国有资本控股公司买卖上市交易的股票，必须遵守国家有关规定。

第六十一条 证券交易场所、证券公司、证券登记结算机构、证券服务机构及其从业人员对证券交易中发现的禁止的交易行为，应当及时向证券监督管理机构报告。

第四章　上市公司的收购

第六十二条 投资者可以采取要约收购、协议收购及其他合法方式收购上市公司。

第六十三条 通过证券交易所的证券交易，投资者持有或者通过协议、其他安排与他人共同持有一个上市公司已发行的有表决权股份达到百分之五时，应当在该事实发生之日起三日内，向国务院证券监督管理机构、证券交易所作出书面报告，通知该上市公司，并予公告，在上述期限内不得再行买卖该上市公司的股票，但国务院证券监督管理机构规定的情形除外。

投资者持有或者通过协议、其他安排与他人共同持有一个上市公司已发行的有表决权股份达到百分之五后，其所持该上市公司已发行的有表决权股份比例每增加或者减少百分之五，应当依照前款规定进行报告和公告，在该事实发生之日起至公告后三日内，不得再行买卖该上市公司的股票，但国务院证券监督管理机构规定的情形除外。

投资者持有或者通过协议、其他安排与他人共同持有一个上市公司已发行的有表决权股份达到百分之五后，其所持该上市公司已发行的有表决权股份比例每增加或者减少百分之一，应当在该事实发生的次日通知该上市公司，并予公告。

违反第一款、第二款规定买入上市公司有表决权的股份的，在买入后的三十六个月内，对该超过规定比例部分的股份不得行使表决权。

第六十四条 依照前条规定所作的公告，应当包括下列内容：

（一）持股人的名称、住所；

（二）持有的股票的名称、数额；

（三）持股达到法定比例或者持股增减变化达到法定比例的日期、增持股份的资金来源；

（四）在上市公司中拥有有表决权的股份变动的时间及方式。

第六十五条 通过证券交易所的证券交易，投资者持有或者通过协议、其他安排与他人共同持有一个上市公司已发行的有表决权股份达到百分之三十时，继续进行收购的，应当依法向该上市公司所有股东发出收购上市公司全部或者部分股份的要约。

收购上市公司部分股份的要约应当约定，被收购公司股东承诺出售的股份数额超过预定收购的股份数额的，收购人按比例进行收购。

第六十六条 依照前条规定发出收购要约，收购人必须公告上市公司收购报告书，并载明下列事项：

（一）收购人的名称、住所；

（二）收购人关于收购的决定；

（三）被收购的上市公司名称；

（四）收购目的；

（五）收购股份的详细名称和预定收购的股份数额；

（六）收购期限、收购价格；

（七）收购所需资金额及资金保证；

（八）公告上市公司收购报告书时持有被收购公司股份数占该公司已发行的股份总数的比例。

第六十七条 收购要约约定的收购期限不得少于三十日，并不得超过六十日。

第六十八条 在收购要约确定的承诺期限内，收购人不得撤销其收购要约。收购人需要变更收购要约的，应当及时公告，载明具体变更事项，且不得存在下列情形：

（一）降低收购价格；

（二）减少预定收购股份数额；

（三）缩短收购期限；

（四）国务院证券监督管理机构规定的其他情形。

第六十九条 收购要约提出的各项收购条件，适用于被收购公司的所有股东。

上市公司发行不同种类股份的，收购人可以针对不同种类股份提出不同的收购条件。

第七十条 采取要约收购方式的，收购人在收购期限内，不得卖出被收购公司的股票，也不得采取要约规定以外的形式和超出要约的条件买入被收购公司的股票。

第七十一条 采取协议收购方式的，收购人可以依照法律、行政法规的规定同被收购公司的股东以协议方式进行股份转让。

以协议方式收购上市公司时，达成协议后，收购人必须在三日内将该收购协议向国务院证券监督管理机构及证券交易所作出书面报告，并予公告。

在公告前不得履行收购协议。

第七十二条 采取协议收购方式的，协议双方可以临时委托证券登记结算机构保管协议转让的股票，并将资金存放于指定的银行。

第七十三条 采取协议收购方式的,收购人收购或者通过协议、其他安排与他人共同收购一个上市公司已发行的有表决权股份达到百分之三十时,继续进行收购的,应当依法向该上市公司所有股东发出收购上市公司全部或者部分股份的要约。但是,按照国务院证券监督管理机构的规定免除发出要约的除外。

收购人依照前款规定以要约方式收购上市公司股份,应当遵守本法第六十五条第二款、第六十六条至第七十条的规定。

第七十四条 收购期限届满,被收购公司股权分布不符合证券交易所规定的上市交易要求的,该上市公司的股票应当由证券交易所依法终止上市交易;其余仍持有被收购公司股票的股东,有权向收购人以收购要约的同等条件出售其股票,收购人应当收购。

收购行为完成后,被收购公司不再具备股份有限公司条件的,应当依法变更企业形式。

第七十五条 在上市公司收购中,收购人持有的被收购的上市公司的股票,在收购行为完成后的十八个月内不得转让。

第七十六条 收购行为完成后,收购人与被收购公司合并,并将该公司解散的,被解散公司的原有股票由收购人依法更换。

收购行为完成后,收购人应当在十五日内将收购情况报告国务院证券监督管理机构和证券交易所,并予公告。

第七十七条 国务院证券监督管理机构依照本法制定上市公司收购的具体办法。

上市公司分立或者被其他公司合并,应当向国务院证券监督管理机构报告,并予公告。

第二百一十六条　真实提供会计资料

公司应当向聘用的会计师事务所提供真实、完整的会计凭证、会计账簿、财务会计报告及其他会计资料,不得拒绝、隐匿、谎报。

关联规定

《会计法》（2017 年 11 月 4 日）

第三条 各单位必须依法设置会计帐簿，并保证其真实、完整。

第四条 单位负责人对本单位的会计工作和会计资料的真实性、完整性负责。

第十七条 各单位应当定期将会计帐簿记录与实物、款项及有关资料相互核对，保证会计帐簿记录与实物及款项的实有数额相符、会计帐簿记录与会计凭证的有关内容相符、会计帐簿之间相对应的记录相符、会计帐簿记录与会计报表的有关内容相符。

第三十二条 财政部门对各单位的下列情况实施监督：

（一）是否依法设置会计帐簿；

（二）会计凭证、会计帐簿、财务会计报告和其他会计资料是否真实、完整；

（三）会计核算是否符合本法和国家统一的会计制度的规定；

（四）从事会计工作的人员是否具备专业能力、遵守职业道德。

在对前款第（二）项所列事项实施监督，发现重大违法嫌疑时，国务院财政部门及其派出机构可以向与被监督单位有经济业务往来的单位和被监督单位开立帐户的金融机构查询有关情况，有关单位和金融机构应当给予支持。

第四十三条 伪造、变造会计凭证、会计帐簿，编制虚假财务会计报告，构成犯罪的，依法追究刑事责任。

有前款行为，尚不构成犯罪的，由县级以上人民政府财政部门予以通报，可以对单位并处五千元以上十万元以下的罚款；对其直接负责的主管人员和其他直接责任人员，可以处三千元以上五万元以下的罚款；属于国家工作人员的，还应当由其所在单位或者有关单位依法给予撤职直至开除的行政处分；其中的会计人员，五年内不得从事会计工作。

第四十四条 隐匿或者故意销毁依法应当保存的会计凭证、会计帐簿、财务会计报告，构成犯罪的，依法追究刑事责任。

有前款行为，尚不构成犯罪的，由县级以上人民政府财政部门予以通报，可以对单位并处五千元以上十万元以下的罚款；对其直接负责的主管人员和其他直接责任人员，可以处三千元以上五万元以下的罚款；属于国家工作人员的，还应当由其所在单位或者有关单位依法给予撤职直至开除的行政处分；其中的会计人员，五年内不得从事会计工作。

第四十五条 授意、指使、强令会计机构、会计人员及其他人员伪造、变造会计凭证、会计帐簿，编制虚假财务会计报告或者隐匿、故意销毁依法应当保存的会计凭证、会计帐簿、财务会计报告，构成犯罪的，依法追究刑事责任；尚不构成犯罪的，可以处五千元以上五万元以下的罚款；属于国家工作人员的，还应当由其所在单位或者有关单位依法给予降级、撤职、开除的行政处分。

第二百一十七条 会计账簿

公司除法定的会计账簿外，不得另立会计账簿。

对公司资金，不得以任何个人名义开立账户存储。

✱ 要点提示

会计账簿通常也称账册，是由一定格式的账页所组成，用来全面、连续、系统地记录各项经济业务的会计簿籍。公司的会计账簿是公司财务状况的重要表现之一，是公司资产负债、资金流动和利润分配等方面的全面体现，也是国家对公司进行征税的重要依据。

第十一章　公司合并、分立、增资、减资

第二百一十八条　公司合并

公司合并可以采取吸收合并或者新设合并。

一个公司吸收其他公司为吸收合并，被吸收的公司解散。两个以上公司合并设立一个新的公司为新设合并，合并各方解散。

要点提示

公司合并是指两个或者两个以上的公司通过订立合并协议，依照《公司法》等有关法律、行政法规的规定，组成一个新的公司的法律行为。《公司法》对公司的合并规定了两种形式：一种是吸收合并；另一种是新设合并。

吸收合并又称存续合并，它是指两个或者两个以上的公司合并时，其中一个或者一个以上的公司并入另一个公司的法律行为。并入的公司并入另一个公司以后其法人资格消灭即行解散，成为另一个公司的组成部分；接受并入公司的公司，应当于公司合并以后到工商行政管理部门办理变更登记手续，继续享有法人的地位。

新设合并是指两个或者两个以上的公司组合成为一个新公司的法律行为。这种合并是原来的公司均以法人资格的消灭为前提，以这种形式合并的公司一旦合并以后，原来合并的公司的各方应当到工商行政管理部门办理注销手续。新设立的公司应当到工商行政管理部门办理设立登记手续，取得法人资格。

第二百一十九条　简易合并

公司与其持股百分之九十以上的公司合并，被合并的公司不需经股东会决议，但应当通知其他股东，其他股东有权请求公司按照合理的价格收购其股权或者股份。

公司合并支付的价款不超过本公司净资产百分之十的，可以不经股东会决议；但是，公司章程另有规定的除外。

公司依照前两款规定合并不经股东会决议的，应当经董事会决议。

要点提示

简易合并主要适用于两种情形，一是与控股在90%以上的子公司合并，二是公司合并支付的价款不超过自身公司净资产10%的。第一种情形无须被合并的公司股东会形成决议，第二种情形无须自身公司股东会形成决议。

第二百二十条　公司合并的程序

公司合并，应当由合并各方签订合并协议，并编制资产负债表及财产清单。公司应当自作出合并决议之日起十日内通知债权人，并于三十日内在报纸上或者国家企业信用信息公示系统公告。债权人自接到通知之日起三十日内，未接到通知的自公告之日起四十五日内，可以要求公司清偿债务或者提供相应的担保。

关联规定

1.《反垄断法》（2022年6月24日）

第二十五条　经营者集中是指下列情形：

（一）经营者合并；

（二）经营者通过取得股权或者资产的方式取得对其他经营者的控制权；

（三）经营者通过合同等方式取得对其他经营者的控制权或者能够对其他经营者施加决定性影响。

第二十六条　经营者集中达到国务院规定的申报标准的，经营者应当事先向国务院反垄断执法机构申报，未申报的不得实施集中。

经营者集中未达到国务院规定的申报标准，但有证据证明该经营者集中具有或者可能具有排除、限制竞争效果的，国务院反垄断执法机构可以要求经营者申报。

经营者未依照前两款规定进行申报的，国务院反垄断执法机构应当依法进行调查。

第二十七条　经营者集中有下列情形之一的，可以不向国务院反垄断执法机构申报：

（一）参与集中的一个经营者拥有其他每个经营者百分之五十以上有表决权的股份或者资产的；

（二）参与集中的每个经营者百分之五十以上有表决权的股份或者资产被同一个未参与集中的经营者拥有的。

2.《最高人民法院关于审理与企业改制相关的民事纠纷案件若干问题的规定》（2020年12月29日）

第三十条　企业兼并协议自当事人签字盖章之日起生效。需经政府主管部门批准的，兼并协议自批准之日起生效；未经批准的，企业兼并协议不生效。但当事人在一审法庭辩论终结前补办报批手续的，人民法院应当确认该兼并协议有效。

第二百二十一条　公司合并前债权债务的承继

公司合并时，合并各方的债权、债务，应当由合并后存续的公司或者新设的公司承继。

❋ 要点提示

公司合并的法律后果之一就是债权、债务承继。

所谓债权、债务承继，是指合并后存续的公司或者新设立的公司，必须无条件地接受因合并而消灭的公司的对外债权与债务。合并后公司有权对原来公司的债权进行清理并予以收取，有义务清偿原公司的债务。

❖ 关联规定

1.《民法典》（2020 年 5 月 28 日）

第六十七条　法人合并的，其权利和义务由合并后的法人享有和承担。

法人分立的，其权利和义务由分立后的法人享有连带债权，承担连带债务，但是债权人和债务人另有约定的除外。

2.《最高人民法院关于审理与企业改制相关的民事纠纷案件若干问题的规定》（2020 年 12 月 29 日）

第三十一条　企业吸收合并后，被兼并企业的债务应当由兼并方承担。

第三十二条　企业新设合并后，被兼并企业的债务由新设合并后的企业法人承担。

第三十三条　企业吸收合并或新设合并后，被兼并企业应当办理而未办理工商注销登记，债权人起诉被兼并企业的，人民法院应当根据企业兼并后的具体情况，告知债权人追加责任主体，并判令责任主体承担民事责任。

第三十四条　以收购方式实现对企业控股的，被控股企业的债务，仍由其自行承担。但因控股企业抽逃资金、逃避债务，致被控股企业无力偿还债务的，被控股企业的债务则由控股企业承担。

3.《市场主体登记管理条例实施细则》（2022 年 3 月 1 日）

第二十一条　申请人申请市场主体设立登记，登记机关依法予以登记的，签发营业执照。营业执照签发日期为市场主体的成立日期。

法律、行政法规或者国务院决定规定设立市场主体须经批准的，应当在批准文件有效期内向登记机关申请登记。

第二百二十二条 公司分立

公司分立，其财产作相应的分割。

公司分立，应当编制资产负债表及财产清单。公司应当自作出分立决议之日起十日内通知债权人，并于三十日内在报纸上或者国家企业信用信息公示系统公告。

❖ 要点提示

公司分立是指一个公司依照《公司法》的有关规定，分成两个以上的公司。

公司分立可以采取存续分立和解散分立两种形式。

存续分立是指一个公司分立成两个以上公司，本公司继续存在并设立一个以上新的公司；解散分立是指一个公司分解为两个以上公司，本公司解散并设立两个以上新的公司。

❖ 关联规定

《最高人民法院关于审理与企业改制相关的民事纠纷案件若干问题的规定》（2020年12月29日）

四、企业分立

第十二条　债权人向分立后的企业主张债权，企业分立时对原企业的债务承担有约定，并经债权人认可的，按照当事人的约定处理；企业分立时对原企业债务承担没有约定或者约定不明，或者虽然有约定但债权人不予认可的，分立后的企业应当承担连带责任。

第十三条　分立的企业在承担连带责任后，各分立的企业间对原企业债务承担有约定的，按照约定处理；没有约定或者约定不明的，根据企业分立时的资产比例分担。

第二百二十三条　公司分立前的债务承担

公司分立前的债务由分立后的公司承担连带责任。但是，公司在分立前与债权人就债务清偿达成的书面协议另有约定的除外。

❖ 关联规定

1.《民法典》（2020年5月28日）

第六十七条　法人合并的，其权利和义务由合并后的法人享有和承担。

法人分立的，其权利和义务由分立后的法人享有连带债权，承担连带债务，但是债权人和债务人另有约定的除外。

2.《最高人民法院关于审理与企业改制相关的民事纠纷案件若干问题的规定》（2020年12月29日）

第十二条　债权人向分立后的企业主张债权，企业分立时对原企业的债务承担有约定，并经债权人认可的，按照当事人的约定处理；企业分立时对原企业债务承担没有约定或者约定不明，或者虽然有约定但债权人不予认可的，分立后的企业应当承担连带责任。

第十三条　分立的企业在承担连带责任后，各分立的企业间对原企业债务承担有约定的，按照约定处理；没有约定或者约定不明的，根据企业分立时的资产比例分担。

3.《市场主体登记管理条例实施细则》（2022年3月1日）

第二十一条　公司或者农民专业合作社（联合社）合并、分立的，可以通过国家企业信用信息公示系统公告，公告期45日，应当于公告期届满后申请办理登记。

非公司企业法人合并、分立的，应当经出资人（主管部门）批准，自批准之日起30日内申请办理登记。

市场主体设立分支机构的，应当自决定作出之日起30日内向分支机构所在地登记机关申请办理登记。

第二百二十四条 公司减资

公司减少注册资本，应当编制资产负债表及财产清单。

公司应当自股东会作出减少注册资本决议之日起十日内通知债权人，并于三十日内在报纸上或者国家企业信用信息公示系统公告。债权人自接到通知之日起三十日内，未接到通知的自公告之日起四十五日内，有权要求公司清偿债务或者提供相应的担保。

公司减少注册资本，应当按照股东出资或者持有股份的比例相应减少出资额或者股份，法律另有规定、有限责任公司全体股东另有约定或者股份有限公司章程另有规定的除外。

关联规定

《市场主体登记管理条例实施细则》（2022年3月1日）

第十三条 申请人申请登记的市场主体注册资本（出资额）应当符合章程或者协议约定。

市场主体注册资本（出资额）以人民币表示。外商投资企业的注册资本（出资额）可以用可自由兑换的货币表示。

依法以境内公司股权或者债权出资的，应当权属清楚、权能完整，依法可以评估、转让，符合公司章程规定。

第三十六条 市场主体变更注册资本或者出资额的，应当办理变更登记。

公司增加注册资本，有限责任公司股东认缴新增资本的出资和股份有限公司的股东认购新股的，应当按照设立时缴纳出资和缴纳股款的规定执行。股份有限公司以公开发行新股方式或者上市公司以非公开发行新股方式增加注册资本，还应当提交国务院证券监督管理机构的核准或者注册文件。

公司减少注册资本，可以通过国家企业信用信息公示系统公告，公告期45日，应当于公告期届满后申请变更登记。法律、行政法规或者国务院决定对公司注册资本有最低限额规定的，减少后的注册资本应当不少于最低限额。

外商投资企业注册资本（出资额）币种发生变更，应当向登记机关申请变更登记。

第二百二十五条　简易减资

公司依照本法第二百一十四条第二款的规定弥补亏损后，仍有亏损的，可以减少注册资本弥补亏损。减少注册资本弥补亏损的，公司不得向股东分配，也不得免除股东缴纳出资或者股款的义务。

依照前款规定减少注册资本的，不适用前条第二款的规定，但应当自股东会作出减少注册资本决议之日起三十日内在报纸上或者国家企业信用信息公示系统公告。

公司依照前两款的规定减少注册资本后，在法定公积金和任意公积金累计额达到公司注册资本百分之五十前，不得分配利润。

第二百二十六条　违法减资的法律后果

违反本法规定减少注册资本的，股东应当退还其收到的资金，减免股东出资的应当恢复原状；给公司造成损失的，股东及负有责任的董事、监事、高级管理人员应当承担赔偿责任。

第二百二十七条　增资优先认缴（购）权

有限责任公司增加注册资本时，股东在同等条件下有权优先按照实缴的出资比例认缴出资。但是，全体股东约定不按照出资比例优先认缴出资的除外。

股份有限公司为增加注册资本发行新股时，股东不享有优先认购权，公司章程另有规定或者股东会决议决定股东享有优先认购权的除外。

第二百二十八条　公司增资

有限责任公司增加注册资本时，股东认缴新增资本的出资，依照本法设立有限责任公司缴纳出资的有关规定执行。

股份有限公司为增加注册资本发行新股时，股东认购新股，依照本法设立股份有限公司缴纳股款的有关规定执行。

关联规定

1.《证券法》（2019年12月28日）

第十二条　公司首次公开发行新股，应当符合下列条件：

（一）具备健全且运行良好的组织机构；

（二）具有持续经营能力；

（三）最近三年财务会计报告被出具无保留意见审计报告；

（四）发行人及其控股股东、实际控制人最近三年不存在贪污、贿赂、侵占财产、挪用财产或者破坏社会主义市场经济秩序的刑事犯罪；

（五）经国务院批准的国务院证券监督管理机构规定的其他条件。

上市公司发行新股，应当符合经国务院批准的国务院证券监督管理机构规定的条件，具体管理办法由国务院证券监督管理机构规定。

公开发行存托凭证的，应当符合首次公开发行新股的条件以及国务院证券监督管理机构规定的其他条件。

第十三条　公司公开发行新股，应当报送募股申请和下列文件：

（一）公司营业执照；

（二）公司章程；

（三）股东大会决议；

（四）招股说明书或者其他公开发行募集文件；

（五）财务会计报告；

（六）代收股款银行的名称及地址。

依照本法规定聘请保荐人的，还应当报送保荐人出具的发行保荐书。依照本法规定实行承销的，还应当报送承销机构名称及有关的协议。

2.《市场主体登记管理条例实施细则》（2022年3月1日）

第十三条　申请人申请登记的市场主体注册资本（出资额）应当符合章程或者协议约定。

市场主体注册资本（出资额）以人民币表示。外商投资企业的注册资本（出资额）可以用可自由兑换的货币表示。

依法以境内公司股权或者债权出资的，应当权属清楚、权能完整，依法可以评估、转让，符合公司章程规定。

第36条　市场主体变更注册资本或者出资额的，应当办理变更登记。

公司增加注册资本，有限责任公司股东认缴新增资本的出资和股份有限公司的股东认购新股的，应当按照设立时缴纳出资和缴纳股款的规定执行。股份有限公司以公开发行新股方式或者上市公司以非公开发行新股方式增加注册资本，还应当提交国务院证券监督管理机构的核准或者注册文件。

公司减少注册资本，可以通过国家企业信用信息公示系统公告，公告期45日，应当于公告期届满后申请变更登记。法律、行政法规或者国务院决定对公司注册资本有最低限额规定的，减少后的注册资本应当不少于最低限额。

外商投资企业注册资本（出资额）币种发生变更，应当向登记机关申请变更登记。

第十二章　公司解散和清算

第二百二十九条　公司解散的事由及公示

公司因下列原因解散：

（一）公司章程规定的营业期限届满或者公司章程规定的其他解散事由出现；

（二）股东会决议解散；

（三）因公司合并或者分立需要解散；

（四）依法被吊销营业执照、责令关闭或者被撤销；

（五）人民法院依照本法第二百三十一条的规定予以解散。

公司出现前款规定的解散事由，应当在十日内将解散事由通过国家企业信用信息公示系统予以公示。

要点提示

公司解散是指公司因发生章程规定或法律规定的解散事由而停止业务活动，最终失去法律人格的法律行为。根据公司是否自愿解散，可以将公司解散分为自行解散和强制解散两种情况。需要指出的是，公司一经解散即应停止对外的积极活动，不能再对外进行正常的经营活动。一般情况下公司解散使法人资格消灭的，它与清算的完结一同构成公司法人资格的消灭，但是，并非所有的公司解散必然跟随清算，如因公司合并或者分立需要解散的，不必进行清算，只需依照本法第八章的规定履行编制资产负债表和财产清单等程序即可。

关联规定

《民法典》（2020 年 5 月 28 日）

第六十九条　有下列情形之一的，法人解散：

（一）法人章程规定的存续期间届满或者法人章程规定的其他解散事由出现；

（二）法人的权力机构决议解散；

（三）因法人合并或者分立需要解散；

（四）法人依法被吊销营业执照、登记证书，被责令关闭或者被撤销；

（五）法律规定的其他情形。

第二百三十条　特定解散情形下的公司存续

公司有前条第一款第一项、第二项情形，且尚未向股东分配财产的，可以通过修改公司章程或者经股东会决议而存续。

依照前款规定修改公司章程或者经股东会决议，有限责任公司须经持有三分之二以上表决权的股东通过，股份有限公司须经出席股东会会议的股东所持表决权的三分之二以上通过。

第二百三十一条　司法强制解散公司

公司经营管理发生严重困难，继续存续会使股东利益受到重大损失，通过其他途径不能解决的，持有公司百分之十以上表决权的股东，可以请求人民法院解散公司。

❂ 要点提示

在适用法院解散公司的情形时，对公司僵局的认定是本条的关键。应该说，只有公司同时具备了"公司经营管理发生严重困难""继续存续会使股东利益受到重大损失""通过其他途径不能解决的"三个条件才能认定公司出现了僵局，在此情况下，持有公司全部股东表决权 10% 以上的股东，可以通过提起请求人民法院解散公司之诉维护自己的合法权益。

关联规定

《最高人民法院关于适用〈中华人民共和国公司法〉若干问题的规定（二）》
（2020年12月29日）

第一条 单独或者合计持有公司全部股东表决权百分之十以上的股东，以下列事由之一提起解散公司诉讼，并符合公司法第一百八十二条规定的，人民法院应予受理：

（一）公司持续两年以上无法召开股东会或者股东大会，公司经营管理发生严重困难的；

（二）股东表决时无法达到法定或者公司章程规定的比例，持续两年以上不能做出有效的股东会或者股东大会决议，公司经营管理发生严重困难的；

（三）公司董事长期冲突，且无法通过股东会或者股东大会解决，公司经营管理发生严重困难的；

（四）经营管理发生其他严重困难，公司继续存续会使股东利益受到重大损失的情形。

股东以知情权、利润分配请求权等权益受到损害，或者公司亏损、财产不足以偿还全部债务，以及公司被吊销企业法人营业执照未进行清算等为由，提起解散公司诉讼的，人民法院不予受理。

第二条 股东提起解散公司诉讼，同时又申请人民法院对公司进行清算的，人民法院对其提出的清算申请不予受理。人民法院可以告知原告，在人民法院判决解散公司后，依据民法典第七十条、公司法第一百八十三条和本规定第七条的规定，自行组织清算或者另行申请人民法院对公司进行清算。

第三条 股东提起解散公司诉讼时，向人民法院申请财产保全或者证据保全的，在股东提供担保且不影响公司正常经营的情形下，人民法院可予以保全。

第四条 股东提起解散公司诉讼应当以公司为被告。

原告以其他股东为被告一并提起诉讼的，人民法院应当告知原告将其他股东变更为第三人；原告坚持不予变更的，人民法院应当驳回原告对其他股东的起诉。

原告提起解散公司诉讼应当告知其他股东，或者由人民法院通知其参加诉讼。其他股东或者有关利害关系人申请以共同原告或者第三人身份参加诉讼的，人民法院应予准许。

第五条 人民法院审理解散公司诉讼案件，应当注重调解。当事人协商同意由公司或者股东收购股份，或者以减资等方式使公司存续，且不违反法律、行政法规强制性规定的，人民法院应予支持。当事人不能协商一致使公司存续的，人民法院应当及时判决。

经人民法院调解公司收购原告股份的，公司应当自调解书生效之日起六个月内将股份转让或者注销。股份转让或者注销之前，原告不得以公司收购其股份为由对抗公司债权人。

第六条 人民法院关于解散公司诉讼作出的判决，对公司全体股东具有法律约束力。

人民法院判决驳回解散公司诉讼请求后，提起该诉讼的股东或者其他股东又以同一事实和理由提起解散公司诉讼的，人民法院不予受理。

第二百三十二条　清算义务人和清算组

> 公司因本法第二百二十九条第一款第一项、第二项、第四项、第五项规定而解散的，应当清算。董事为公司清算义务人，应当在解散事由出现之日起十五日内组成清算组进行清算。
>
> 清算组由董事组成，但是公司章程另有规定或者股东会决议另选他人的除外。
>
> 清算义务人未及时履行清算义务，给公司或者债权人造成损失的，应当承担赔偿责任。

✿ 关联规定

1.《民法典》（2020年5月28日）

第七十条　法人解散的，除合并或者分立的情形外，清算义务人应当及时组成清算组进行清算。

　　法人的董事、理事等执行机构或者决策机构的成员为清算义务人。法律、行政法规另有规定的，依照其规定。

　　清算义务人未及时履行清算义务，造成损害的，应当承担民事责任；主管机关或者利害关系人可以申请人民法院指定有关人员组成清算组进行清算。

2.《市场主体登记管理条例》（2021年7月27日）

　　第三十二条　市场主体注销登记前依法应当清算的，清算组应当自成立之日起10日内将清算组成员、清算组负责人名单通过国家企业信用信息公示系统公告。清算组可以通过国家企业信用信息公示系统发布债权人公告。

　　清算组应当自清算结束之日起30日内向登记机关申请注销登记。市场主体申请注销登记前，应当依法办理分支机构注销登记。

3.《最高人民法院关于适用〈中华人民共和国公司法〉若干问题的规定（二）》（2020年12月29日）

　　第二条　股东提起解散公司诉讼，同时又申请人民法院对公司进行清算的，人民法院对其提出的清算申请不予受理。人民法院可以告知原告，在人民法院判决解散公司后，依据民法典第七十条、公司法第一百八十三条和本规定第七条的规定，自行组织清算或者另行申请人民法院对公司进行清算。

　　第七条　公司应当依照民法典第七十条、公司法第一百八十三条的规定，在解散事由出现之日起十五日内成立清算组，开始自行清算。

　　有下列情形之一，债权人、公司股东、董事或其他利害关系人申请人民法院指定清算组进行清算的，人民法院应予受理：

　　（一）公司解散逾期不成立清算组进行清算的；

　　（二）虽然成立清算组但故意拖延清算的；

　　（三）违法清算可能严重损害债权人或者股东利益的。

　　第八条　人民法院受理公司清算案件，应当及时指定有关人员组成清算组。

　　清算组成员可以从下列人员或者机构中产生：

（一）公司股东、董事、监事、高级管理人员；

（二）依法设立的律师事务所、会计师事务所、破产清算事务所等社会中介机构；

（三）依法设立的律师事务所、会计师事务所、破产清算事务所等社会中介机构中具备相关专业知识并取得执业资格的人员。

第九条 人民法院指定的清算组成员有下列情形之一的，人民法院可以根据债权人、公司股东、董事或其他利害关系人的申请，或者依职权更换清算组成员：

（一）有违反法律或者行政法规的行为；

（二）丧失执业能力或者民事行为能力；

（三）有严重损害公司或者债权人利益的行为。

第十八条 有限责任公司的股东、股份有限公司的董事和控股股东未在法定期限内成立清算组开始清算，导致公司财产贬值、流失、毁损或者灭失，债权人主张其在造成损失范围内对公司债务承担赔偿责任的，人民法院应依法予以支持。

有限责任公司的股东、股份有限公司的董事和控股股东因怠于履行义务，导致公司主要财产、账册、重要文件等灭失，无法进行清算，债权人主张其对公司债务承担连带清偿责任的，人民法院应依法予以支持。

上述情形系实际控制人原因造成，债权人主张实际控制人对公司债务承担相应民事责任的，人民法院应依法予以支持。

第十九条 有限责任公司的股东、股份有限公司的董事和控股股东，以及公司的实际控制人在公司解散后，恶意处置公司财产给债权人造成损失，或者未经依法清算，以虚假的清算报告骗取公司登记机关办理法人注销登记，债权人主张其对公司债务承担相应赔偿责任的，人民法院应依法予以支持。

典型案例

1. 林方清诉常熟市凯莱实业有限公司、戴小明公司解散纠纷案①

◎ **关键词**

民事　公司解散　经营管理严重困难　公司僵局

◎ **裁判要点**

公司法第一百八十三条将"公司经营管理发生严重困难"作为股东提起解散公司之诉的条件之一。判断"公司经营管理是否发生严重困难",应从公司组织机构的运行状态进行综合分析。公司虽处于盈利状态,但其股东会机制长期失灵,内部管理有严重障碍,已陷入僵局状态,可以认定为公司经营管理发生严重困难。对于符合公司法及相关司法解释规定的其他条件的,人民法院可以依法判决公司解散。

◎ **相关法条**

《中华人民共和国公司法》第一百八十三条

◎ **基本案情**

原告林方清诉称:常熟市凯莱实业有限公司(简称凯莱公司)经营管理发生严重困难,陷入公司僵局且无法通过其他方法解决,其权益遭受重大损害,请求解散凯莱公司。

被告凯莱公司及戴小明辩称:凯莱公司及其下属分公司运营状态良好,不符合公司解散的条件,戴小明与林方清的矛盾有其他解决途径,不应通过司法程序强制解散公司。

法院经审理查明:凯莱公司成立于2002年1月,林方清与戴小明系该公司股东,各占50%的股份,戴小明任公司法定代表人及执行董事,林方清任公司总经理兼公司监事。凯莱公司章程明确规定:股东会的决议须经代表二分之一以上表决权的股东通过,但对公司增加或减少注册资本、合并、解散、变更公司形式、修改公司章程作出决议时,必须经代表三分之二以上表决权的股东通过。股东会会议由股东按照出资比例

---

① 最高人民法院指导案例8号。

行使表决权。2006年起，林方清与戴小明两人之间的矛盾逐渐显现。同年5月9日，林方清提议并通知召开股东会，由于戴小明认为林方清没有召集会议的权利，会议未能召开。同年6月6日、8月8日、9月16日、10月10日、10月17日，林方清委托律师向凯莱公司和戴小明发函称，因股东权益受到严重侵害，林方清作为享有公司股东会二分之一表决权的股东，已按公司章程规定的程序表决并通过了解散凯莱公司的决议，要求戴小明提供凯莱公司的财务账册等资料，并对凯莱公司进行清算。同年6月17日、9月7日、10月13日，戴小明回函称，林方清作出的股东会决议没有合法依据，戴小明不同意解散公司，并要求林方清交出公司财务资料。同年11月15日、25日，林方清再次向凯莱公司和戴小明发函，要求凯莱公司和戴小明提供公司财务账册等供其查阅、分配公司收入、解散公司。

江苏常熟服装城管理委员会（简称服装城管委会）证明凯莱公司目前经营尚正常，且愿意组织林方清和戴小明进行调解。

另查明，凯莱公司章程载明监事行使下列权利：（1）检查公司财务；（2）对执行董事、经理执行公司职务时违反法律、法规或者公司章程的行为进行监督；（3）当董事和经理的行为损害公司的利益时，要求董事和经理予以纠正；（4）提议召开临时股东会。从2006年6月1日至今，凯莱公司未召开过股东会。服装城管委会调解委员会于2009年12月15日、16日两次组织双方进行调解，但均未成功。

◎ 裁判结果

江苏省苏州市中级人民法院于2009年12月8日以（2006）苏中民二初字第0277号民事判决，驳回林方清的诉讼请求。宣判后，林方清提起上诉。江苏省高级人民法院于2010年10月19日以（2010）苏商终字第0043号民事判决，撤销一审判决，依法改判解散凯莱公司。

◎ 裁判理由

法院生效裁判认为：首先，凯莱公司的经营管理已发生严重困难。根据公司法第一百八十三条和《最高人民法院关于适用〈中华人民共和国公司法〉若干问题的规定（二）》（简称《公司法解释（二）》）第一条的规定，判断公司的经营管理是否出现严重困难，应当从公司的股东会、董事会或执行董事及监事会或监事的运行现状进行综合分析。"公司经营管理发生严重困难"的侧重点在于公司管理方面存有严重内部障碍，如股东会机制失灵、无法就公司的经营管理进行决策等，不应片面理解为公司资金缺乏、严重亏损等经营性困难。本案中，凯莱公司仅有戴小明与林方清两名股东，两人各占50%的股份，凯莱公司章程规定"股东会的决议须经代表二分之一以上表决权的股东通过"，且各方当事人一致认可该"二分之一以上"不包括本数。因此，只要两名股东的意见存有分歧、互不配合，就无法形成有效表决，显然影响公司的运营。凯莱公司已持续4年未召开股东会，无法形成有效股东会决议，也就无法通过股东会决议的方式管理公司，股东会机制已经失灵。执行董事戴小明作为互有矛盾的两名股东之一，其管理公司的行为，已无法贯彻股东会的决议。林方清作为公司监事不能正常行使监事职权，无法发挥监督作用。由于凯莱公司的内部机制已无法正常运行、无法对公司的经营作出决策，即使尚未处于亏损状况，也不能改变该公司的经营管理已发生严重困难的事实。

其次，由于凯莱公司的内部运营机制早已失灵，林方清的股东权、监事权长期处于无法行使的状态，其投资凯莱公司的目的无法实现，利益受到重大损失，且凯莱公司的僵局通过其他途径长期无法解决。《公司法解释（二）》第五条明确规定了"当事人不能协商一致使公司存续的，人民法院应当及时判决"。本案中，林方清在提起公司解散诉讼之前，已通过其他途径试图化解与戴小明之间的矛盾，服装城管委会也曾组织双方当事人调解，但双方仍不能达成一致意见。两审法院也基于慎用司法手段强制解散公司的考虑，积极进行调解，但均未成功。

此外，林方清持有凯莱公司50%的股份，也符合公司法关于提起公司解散诉讼的股东须持有公司10%以上股份的条件。

综上所述，凯莱公司已符合公司法及《公司法解释（二）》所规定的股东提起解散公司之诉的条件。二审法院从充分保护股东合法权益，合理规范公司治理结构，促进市场经济健康有序发展的角度出发，依法作出了上述判决。

2. 仕丰科技有限公司与富钧新型复合材料（太仓）有限公司、第三人永利集团有限公司解散纠纷案

◎ 裁判摘要

一、《公司法》第一百八十三条既是公司解散诉讼的立案受理条件，同时也是判决公司解散的实质审查条件，公司能否解散取决于公司是否存在僵局且符合《公司法》第一百八十三条规定的实质条件，而不取决于公司僵局产生的原因和责任。即使一方股东对公司僵局的产生具有过错，其仍然有权提起公司解散之诉，过错方起诉不应等同于恶意诉讼。

二、公司僵局并不必然导致公司解散，司法应审慎介入公司事务，凡有其他途径能够维持公司存续的，不应轻易解散公司。当公司陷入持续性僵局，穷尽其他途径仍无法化解，且公司不具备继续经营条件，继续存续将使股东利益受到重大损失的，法院可以依据《公司法》第一百八十三条的规定判决解散公司。

第二百三十三条　法院指定清算组

公司依照前条第一款的规定应当清算，逾期不成立清算组进行清算或者成立清算组后不清算的，利害关系人可以申请人民法院指定有关人员组成清算组进行清算。人民法院应当受理该申请，并及时组织清算组进行清算。

公司因本法第二百二十九条第一款第四项的规定而解散的，作出吊销营业执照、责令关闭或者撤销决定的部门或者公司登记机关，可以申请人民法院指定有关人员组成清算组进行清算。

第二百三十四条　清算组的职权

清算组在清算期间行使下列职权：

（一）清理公司财产，分别编制资产负债表和财产清单；

（二）通知、公告债权人；

（三）处理与清算有关的公司未了结的业务；

（四）清缴所欠税款以及清算过程中产生的税款；

（五）清理债权、债务；

（六）分配公司清偿债务后的剩余财产；

（七）代表公司参与民事诉讼活动。

关联规定

1.《民法典》（2020年5月28日）

第七十条　法人解散的，除合并或者分立的情形外，清算义务人应当及时组成清算组进行清算。

法人的董事、理事等执行机构或者决策机构的成员为清算义务人。法律、行政法规另有规定的，依照其规定。

清算义务人未及时履行清算义务，造成损害的，应当承担民事责任；主管机关或者利害关系人可以申请人民法院指定有关人员组成清算组进行清算。

第七十一条　法人的清算程序和清算组职权，依照有关法律的规定；没有规定的，参照适用公司法律的有关规定。

第七十二条　清算期间法人存续，但是不得从事与清算无关的活动。

法人清算后的剩余财产，按照法人章程的规定或者法人权力机构的决议处理。法律另有规定的，依照其规定。

清算结束并完成法人注销登记时，法人终止；依法不需要办理法人登记的，清算结束时，法人终止。

2.《最高人民法院关于适用〈中华人民共和国公司法〉若干问题的规定（二）》（2020年12月29日）

第十条 公司依法清算结束并办理注销登记前，有关公司的民事诉讼，应当以公司的名义进行。

公司成立清算组的，由清算组负责人代表公司参加诉讼；尚未成立清算组的，由原法定代表人代表公司参加诉讼。

第十八条 有限责任公司的股东、股份有限公司的董事和控股股东未在法定期限内成立清算组开始清算，导致公司财产贬值、流失、毁损或者灭失，债权人主张其在造成损失范围内对公司债务承担赔偿责任的，人民法院应依法予以支持。

有限责任公司的股东、股份有限公司的董事和控股股东因怠于履行义务，导致公司主要财产、账册、重要文件等灭失，无法进行清算，债权人主张其对公司债务承担连带清偿责任的，人民法院应依法予以支持。

第二百三十五条　债权人申报债权

清算组应当自成立之日起十日内通知债权人，并于六十日内在报纸上或者国家企业信用信息公示系统公告。债权人应当自接到通知之日起三十日内，未接到通知的自公告之日起四十五日内，向清算组申报其债权。

债权人申报债权，应当说明债权的有关事项，并提供证明材料。清算组应当对债权进行登记。

在申报债权期间，清算组不得对债权人进行清偿。

❋ 关联规定

《最高人民法院关于适用〈中华人民共和国公司法〉若干问题的规定（二）》（2020年12月29日）

第十一条 公司清算时，清算组应当按照公司法第一百八十五条的规定，将公司解散清算事宜书面通知全体已知债权人，并根据公司规模和营业地域范围在全国或者公司注册登记地省级有影响的报纸上进行公告。

清算组未按照前款规定履行通知和公告义务，导致债权人未及时申报债权而未获清偿，债权人主张清算组成员对因此造成的损失承担赔偿责任的，人民法院应依法予以支持。

第十二条　公司清算时，债权人对清算组核定的债权有异议的，可以要求清算组重新核定。清算组不予重新核定，或者债权人对重新核定的债权仍有异议，债权人以公司为被告向人民法院提起诉讼请求确认的，人民法院应予受理。

第十三条　债权人在规定的期限内未申报债权，在公司清算程序终结前补充申报的，清算组应予登记。

公司清算程序终结，是指清算报告经股东会、股东大会或者人民法院确认完毕。

第十四条　债权人补充申报的债权，可以在公司尚未分配财产中依法清偿。公司尚未分配财产不能全额清偿，债权人主张股东以其在剩余财产分配中已经取得的财产予以清偿的，人民法院应予支持；但债权人因重大过错未在规定期限内申报债权的除外。

债权人或者清算组，以公司尚未分配财产和股东在剩余财产分配中已经取得的财产，不能全额清偿补充申报的债权为由，向人民法院提出破产清算申请的，人民法院不予受理。

第二百三十六条　清算程序

清算组在清理公司财产、编制资产负债表和财产清单后，应当制订清算方案，并报股东会或者人民法院确认。

公司财产在分别支付清算费用、职工的工资、社会保险费用和法定补偿金，缴纳所欠税款，清偿公司债务后的剩余财产，有限责任公司按照股东的出资比例分配，股份有限公司按照股东持有的股份比例分配。

清算期间，公司存续，但不得开展与清算无关的经营活动。公司财产在未依照前款规定清偿前，不得分配给股东。

❂ 关联规定

1.《民法典》（2020 年 5 月 28 日）

第七十一条　法人的清算程序和清算组职权，依照有关法律的规定；没有规定的，参照适用公司法律的有关规定。

第七十二条　清算期间法人存续，但是不得从事与清算无关的活动。

法人清算后的剩余财产，按照法人章程的规定或者法人权力机构的决议处理。法律另有规定的，依照其规定。

清算结束并完成法人注销登记时，法人终止；依法不需要办理法人登记的，清算结束时，法人终止。

2.《最高人民法院关于适用〈中华人民共和国公司法〉若干问题的规定（二）》（2020 年 12 月 29 日）

第十五条　公司自行清算的，清算方案应当报股东会或者股东大会决议确认；人民法院组织清算的，清算方案应当报人民法院确认。未经确认的清算方案，清算组不得执行。

执行未经确认的清算方案给公司或者债权人造成损失，公司、股东、董事、公司其他利害关系人或者债权人主张清算组成员承担赔偿责任的，人民法院应依法予以支持。

第二百三十七条　破产申请

清算组在清理公司财产、编制资产负债表和财产清单后，发现公司财产不足清偿债务的，应当依法向人民法院申请破产清算。

> 人民法院受理破产申请后，清算组应当将清算事务移交给人民法院指定的破产管理人。

❋ 关联规定

1.《企业破产法》（2006 年 8 月 27 日）

　　第七条　债务人有本法第二条规定的情形，可以向人民法院提出重整、和解或者破产清算申请。

　　债务人不能清偿到期债务，债权人可以向人民法院提出对债务人进行重整或者破产清算的申请。

　　企业法人已解散但未清算或者未清算完毕，资产不足以清偿债务的，依法负有清算责任的人应当向人民法院申请破产清算。

　　第八条　向人民法院提出破产申请，应当提交破产申请书和有关证据。

　　破产申请书应当载明下列事项：

　　（一）申请人、被申请人的基本情况；

　　（二）申请目的；

　　（三）申请的事实和理由；

　　（四）人民法院认为应当载明的其他事项。

　　债务人提出申请的，还应当向人民法院提交财产状况说明、债务清册、债权清册、有关财务会计报告、职工安置预案以及职工工资的支付和社会保险费用的缴纳情况。

　　第九条　人民法院受理破产申请前，申请人可以请求撤回申请。

2.《最高人民法院关于适用〈中华人民共和国公司法〉若干问题的规定（二）》（2020 年 12 月 29 日）

　　第十七条　人民法院指定的清算组在清理公司财产、编制资产负债表和财产清单时，发现公司财产不足清偿债务的，可以与债权人协商制作有关债务清偿方案。

债务清偿方案经全体债权人确认且不损害其他利害关系人利益的，人民法院可依清算组的申请裁定予以认可。清算组依据该清偿方案清偿债务后，应当向人民法院申请裁定终结清算程序。

债权人对债务清偿方案不予确认或者人民法院不予认可的，清算组应当依法向人民法院申请宣告破产。

第二百三十八条　清算组成员的义务和责任

清算组成员履行清算职责，负有忠实义务和勤勉义务。

清算组成员怠于履行清算职责，给公司造成损失的，应当承担赔偿责任；因故意或者重大过失给债权人造成损失的，应当承担赔偿责任。

关联规定

《最高人民法院关于适用〈中华人民共和国公司法〉若干问题的规定（二）》
（2020年12月29日）

第十一条　公司清算时，清算组应当按照公司法第一百八十五条的规定，将公司解散清算事宜书面通知全体已知债权人，并根据公司规模和营业地域范围在全国或者公司注册登记地省级有影响的报纸上进行公告。

清算组未按照前款规定履行通知和公告义务，导致债权人未及时申报债权而未获清偿，债权人主张清算组成员对因此造成的损失承担赔偿责任的，人民法院应依法予以支持。

第十五条　公司自行清算的，清算方案应当报股东会或者股东大会决议确认；人民法院组织清算的，清算方案应当报人民法院确认。未经确认的清算方案，清算组不得执行。

执行未经确认的清算方案给公司或者债权人造成损失，公司、股东、董事、公司其他利害关系人或者债权人主张清算组成员承担赔偿责任的，人民法院应依法予以支持。

第二十三条　清算组成员从事清算事务时，违反法律、行政法规或者公司章程给公司或者债权人造成损失，公司或者债权人主张其承担赔偿责任的，人民法院应依法予以支持。

有限责任公司的股东、股份有限公司连续一百八十日以上单独或者合计持有公司百分之一以上股份的股东，依据公司法第一百五十一条第三款的规定，以清算组成员有前款所述行为为由向人民法院提起诉讼的，人民法院应予受理。

公司已经清算完毕注销，上述股东参照公司法第一百五十一条第三款的规定，直接以清算组成员为被告、其他股东为第三人向人民法院提起诉讼的，人民法院应予受理。

第二百三十九条　清算结束后公司的注销

公司清算结束后，清算组应当制作清算报告，报股东会或者人民法院确认，并报送公司登记机关，申请注销公司登记。

❀ 关联规定

1.《市场主体登记管理条例》（2021年7月27日）

第三十一条　市场主体因解散、被宣告破产或者其他法定事由需要终止的，应当依法向登记机关申请注销登记。经登记机关注销登记，市场主体终止。

市场主体注销依法须经批准的，应当经批准后向登记机关申请注销登记。

第三十二条　市场主体注销登记前依法应当清算的，清算组应当自成立之日起10日内将清算组成员、清算组负责人名单通过国家企业信用信息公示系统公告。清算组可以通过国家企业信用信息公示系统发布债权人公告。

清算组应当自清算结束之日起30日内向登记机关申请注销登记。市场主体申请注销登记前，应当依法办理分支机构注销登记。

第三十三条 市场主体未发生债权债务或者已将债权债务清偿完结，未发生或者已结清清偿费用、职工工资、社会保险费用、法定补偿金、应缴纳税款（滞纳金、罚款），并由全体投资人书面承诺对上述情况的真实性承担法律责任的，可以按照简易程序办理注销登记。

市场主体应当将承诺书及注销登记申请通过国家企业信用信息公示系统公示，公示期为20日。在公示期内无相关部门、债权人及其他利害关系人提出异议的，市场主体可以于公示期届满之日起20日内向登记机关申请注销登记。

个体工商户按照简易程序办理注销登记的，无需公示，由登记机关将个体工商户的注销登记申请推送至税务等有关部门，有关部门在10日内没有提出异议的，可以直接办理注销登记。

市场主体注销依法须经批准的，或者市场主体被吊销营业执照、责令关闭、撤销，或者被列入经营异常名录的，不适用简易注销程序。

第三十四条 人民法院裁定强制清算或者裁定宣告破产的，有关清算组、破产管理人可以持人民法院终结强制清算程序的裁定或者终结破产程序的裁定，直接向登记机关申请办理注销登记。

2.《最高人民法院关于适用〈中华人民共和国公司法〉若干问题的规定（二）》（2020年12月29日）

第二十条 公司解散应当在依法清算完毕后，申请办理注销登记。公司未经清算即办理注销登记，导致公司无法进行清算，债权人主张有限责任公司的股东、股份有限公司的董事和控股股东，以及公司的实际控制人对公司债务承担清偿责任的，人民法院应依法予以支持。

公司未经依法清算即办理注销登记，股东或者第三人在公司登记机关办理注销登记时承诺对公司债务承担责任，债权人主张其对公司债务承担相应民事责任的，人民法院应依法予以支持。

第二百四十条　简易注销

公司在存续期间未产生债务，或者已清偿全部债务的，经全体股东承诺，可以按照规定通过简易程序注销公司登记。

通过简易程序注销公司登记，应当通过国家企业信用信息公示系统予以公告，公告期限不少于二十日。公告期限届满后，未有异议的，公司可以在二十日内向公司登记机关申请注销公司登记。

公司通过简易程序注销公司登记，股东对本条第一款规定的内容承诺不实的，应当对注销登记前的债务承担连带责任。

要点提示

本条规定简化了公司清算、申报等注销程序，只需经全体股东对公司在存续期间未产生债务，或者已清偿全部债务进行承诺即可，但同时应当承担承诺真实的责任。

第二百四十一条　强制注销

公司被吊销营业执照、责令关闭或者被撤销，满三年未向公司登记机关申请注销公司登记的，公司登记机关可以通过国家企业信用信息公示系统予以公告，公告期限不少于六十日。公告期限届满后，未有异议的，公司登记机关可以注销公司登记。

依照前款规定注销公司登记的，原公司股东、清算义务人的责任不受影响。

第二百四十二条　破产清算

公司被依法宣告破产的，依照有关企业破产的法律实施破产清算。

要点提示

公司破产，是指公司不能清偿到期债务时，为保护债权人的利益，依法定程序，将公司的财产依法在全体债权人之间按比例公平分配的制度。是否宣告公司破产事关股东和债权人的利益，因此，公司不能自行宣告公司破产，债权人也无权宣告公司破产。依据我国法律规定，有权宣告公司破产的机关为人民法院，债权人可以向人民法院申请宣告债务人破产还债，债务人也可以向人民法院申请宣告破产还债。公司破产案件由公司（债务人）所在地人民法院管辖。公司破产清算的具体规范不属于《公司法》调整的内容，人民法院处理公司破产案件可依照《企业破产法》实施破产清算。

关联规定

1.《企业破产法》（2006 年 8 月 27 日）

第一章 总 则

第一条 为规范企业破产程序，公平清理债权债务，保护债权人和债务人的合法权益，维护社会主义市场经济秩序，制定本法。

第二条 企业法人不能清偿到期债务，并且资产不足以清偿全部债务或者明显缺乏清偿能力的，依照本法规定清理债务。

企业法人有前款规定情形，或者有明显丧失清偿能力可能的，可以依照本法规定进行重整。

第三条 破产案件由债务人住所地人民法院管辖。

第四条 破产案件审理程序，本法没有规定的，适用民事诉讼法的有关规定。

第五条 依照本法开始的破产程序，对债务人在中华人民共和国领域外的财产发生效力。

对外国法院作出的发生法律效力的破产案件的判决、裁定，涉及债务人在中华人民共和国领域内的财产，申请或者请求人民法院承认和执行的，人民法院依照中华人民共和国缔结或者参加的国际条约，或者按照互惠原则进行审查，认为不违反中华人民共和国法律的基本原则，不损害国家主权、安全和社会公共利益，不损害中华人民共和国领域内债权人的合法权益的，裁定承认和执行。

第六条 人民法院审理破产案件，应当依法保障企业职工的合法权益，依法追究破产企业经营管理人员的法律责任。

第十章　破产清算
第一节　破产宣告

第一百零七条 人民法院依照本法规定宣告债务人破产的，应当自裁定作出之日起五日内送达债务人和管理人，自裁定作出之日起十日内通知已知债权人，并予以公告。

债务人被宣告破产后，债务人称为破产人，债务人财产称为破产财产，人民法院受理破产申请时对债务人享有的债权称为破产债权。

第一百零八条 破产宣告前，有下列情形之一的，人民法院应当裁定终结破产程序，并予以公告：

（一）第三人为债务人提供足额担保或者为债务人清偿全部到期债务的；

（二）债务人已清偿全部到期债务的。

第一百零九条 对破产人的特定财产享有担保权的权利人，对该特定财产享有优先受偿的权利。

第一百一十条 享有本法第一百零九条规定权利的债权人行使优先受偿权利未能完全受偿的，其未受偿的债权作为普通债权；放弃优先受偿权利的，其债权作为普通债权。

第二节　变价和分配

第一百一十一条 管理人应当及时拟订破产财产变价方案，提交债权人会议讨论。

管理人应当按照债权人会议通过的或者人民法院依照本法第六十五条第一款规定裁定的破产财产变价方案，适时变价出售破产财产。

第一百一十二条 变价出售破产财产应当通过拍卖进行。但是，债权人会议另有决议的除外。

破产企业可以全部或者部分变价出售。企业变价出售时，可以将其中的无形资产和其他财产单独变价出售。

按照国家规定不能拍卖或者限制转让的财产，应当按照国家规定的方式处理。

第一百一十三条 破产财产在优先清偿破产费用和共益债务后，依照下列顺序清偿：

（一）破产人所欠职工的工资和医疗、伤残补助、抚恤费用，所欠的应当划入职工个人账户的基本养老保险、基本医疗保险费用，以及法律、行政法规规定应当支付给职工的补偿金；

（二）破产人欠缴的除前项规定以外的社会保险费用和破产人所欠税款；

（三）普通破产债权。

破产财产不足以清偿同一顺序的清偿要求的，按照比例分配。

破产企业的董事、监事和高级管理人员的工资按照该企业职工的平均工资计算。

第一百一十四条 破产财产的分配应当以货币分配方式进行。但是，债权人会议另有决议的除外。

第一百一十五条 管理人应当及时拟订破产财产分配方案，提交债权人会议讨论。

破产财产分配方案应当载明下列事项：

（一）参加破产财产分配的债权人名称或者姓名、住所；

（二）参加破产财产分配的债权额；

（三）可供分配的破产财产数额；

（四）破产财产分配的顺序、比例及数额；

（五）实施破产财产分配的方法。

债权人会议通过破产财产分配方案后，由管理人将该方案提请人民法院裁定认可。

第一百一十六条 破产财产分配方案经人民法院裁定认可后，由管理人执行。

管理人按照破产财产分配方案实施多次分配的，应当公告本次分配的财产额和债权额。管理人实施最后分配的，应当在公告中指明，并载明本法第一百一十七条第二款规定的事项。

第一百一十七条 对于附生效条件或者解除条件的债权，管理人应当将其分配额提存。

管理人依照前款规定提存的分配额，在最后分配公告日，生效条件未成就或者解除条件成就的，应当分配给其他债权人；在最后分配公告日，生效条件成就或者解除条件未成就的，应当交付给债权人。

第一百一十八条 债权人未受领的破产财产分配额，管理人应当提存。债权人自最后分配公告之日起满二个月仍不领取的，视为放弃受领分配的权利，管理人或者人民法院应当将提存的分配额分配给其他债权人。

第一百一十九条 破产财产分配时，对于诉讼或者仲裁未决的债权，管理人应当将其分配额提存。自破产程序终结之日起满二年仍不能受领分配的，人民法院应当将提存的分配额分配给其他债权人。

第三节 破产程序的终结

第一百二十条 破产人无财产可供分配的，管理人应当请求人民法院裁定终结破产程序。

管理人在最后分配完结后，应当及时向人民法院提交破产财产分配报告，并提请人民法院裁定终结破产程序。

人民法院应当自收到管理人终结破产程序的请求之日起十五日内作出是否终结破产程序的裁定。裁定终结的，应当予以公告。

第一百二十一条 管理人应当自破产程序终结之日起十日内，持人民法院终结破产程序的裁定，向破产人的原登记机关办理注销登记。

第一百二十二条 管理人于办理注销登记完毕的次日终止执行职务。但是，存在诉讼或者仲裁未决情况的除外。

第一百二十三条 自破产程序依照本法第四十三条第四款或者第一百二十条的规定终结之日起二年内，有下列情形之一的，债权人可以请求人民法院按照破产财产分配方案进行追加分配：

（一）发现有依照本法第三十一条、第三十二条、第三十三条、第三

十六条规定应当追回的财产的;

（二）发现破产人有应当供分配的其他财产的。

有前款规定情形,但财产数量不足以支付分配费用的,不再进行追加分配,由人民法院将其上交国库。

第一百二十四条 破产人的保证人和其他连带债务人,在破产程序终结后,对债权人依照破产清算程序未受清偿的债权,依法继续承担清偿责任。

2.《最高人民法院关于个人独资企业清算是否可以参照适用企业破产法规定的破产清算程序的批复》（2012年12月11日）

贵州省高级人民法院:

你院《关于个人独资企业清算是否可以参照适用破产清算程序的请示》（〔2012〕黔高研请字第2号）收悉。经研究,批复如下:

根据《中华人民共和国企业破产法》第一百三十五条的规定,在个人独资企业不能清偿到期债务,并且资产不足以清偿全部债务或者明显缺乏清偿能力的情况下,可以参照适用企业破产法规定的破产清算程序进行清算。

根据《中华人民共和国个人独资企业法》第三十一条的规定,人民法院参照适用破产清算程序裁定终结个人独资企业的清算程序后,个人独资企业的债权人仍然可以就其未获清偿的部分向投资人主张权利。

第十三章　外国公司的分支机构

第二百四十三条　外国公司的概念

本法所称外国公司,是指依照外国法律在中华人民共和国境外设立的公司。

第二百四十四条 **外国公司分支机构的设立程序**

外国公司在中华人民共和国境内设立分支机构，应当向中国主管机关提出申请，并提交其公司章程、所属国的公司登记证书等有关文件，经批准后，向公司登记机关依法办理登记，领取营业执照。

外国公司分支机构的审批办法由国务院另行规定。

第二百四十五条 **外国公司分支机构的设立条件**

外国公司在中华人民共和国境内设立分支机构，应当在中华人民共和国境内指定负责该分支机构的代表人或者代理人，并向该分支机构拨付与其所从事的经营活动相适应的资金。

对外国公司分支机构的经营资金需要规定最低限额的，由国务院另行规定。

第二百四十六条 **外国公司分支机构的名称**

外国公司的分支机构应当在其名称中标明该外国公司的国籍及责任形式。

外国公司的分支机构应当在本机构中置备该外国公司章程。

第二百四十七条 **外国公司分支机构的法律地位**

外国公司在中华人民共和国境内设立的分支机构不具有中国法人资格。

外国公司对其分支机构在中华人民共和国境内进行经营活动承担民事责任。

第二百四十八条　外国公司分支机构的活动原则

经批准设立的外国公司分支机构，在中华人民共和国境内从事业务活动，应当遵守中国的法律，不得损害中国的社会公共利益，其合法权益受中国法律保护。

第二百四十九条　外国公司分支机构的撤销和清算

外国公司撤销其在中华人民共和国境内的分支机构时，应当依法清偿债务，依照本法有关公司清算程序的规定进行清算。未清偿债务之前，不得将其分支机构的财产转移至中华人民共和国境外。

第十四章　法律责任

第二百五十条　欺诈登记的法律责任

违反本法规定，虚报注册资本、提交虚假材料或者采取其他欺诈手段隐瞒重要事实取得公司登记的，由公司登记机关责令改正，对虚报注册资本的公司，处以虚报注册资本金额百分之五以上百分之十五以下的罚款；对提交虚假材料或者采取其他欺诈手段隐瞒重要事实的公司，处以五万元以上二百万元以下的罚款；情节严重的，吊销营业执照；对直接负责的主管人员和其他直接责任人员处以三万元以上三十万元以下的罚款。

❋ 关联规定

1.《刑法》（2023 年 12 月 29 日）

第一百五十八条　【虚报注册资本罪】申请公司登记使用虚假证明文件或者采取其他欺诈手段虚报注册资本，欺骗公司登记主管部门，取得公司登记，虚报注册资本数额巨大、后果严重或者有其他严重情节的，处三年以下有期徒刑或者拘役，并处或者单处虚报注册资本金额百分之一以上百分之五以下罚金。

单位犯前款罪的，对单位判处罚金，并对其直接负责的主管人员和其他直接责任人员，处三年以下有期徒刑或者拘役。

2.《市场主体登记管理条例》（2021年7月27日）

第四十五条 实行注册资本实缴登记制的市场主体虚报注册资本取得市场主体登记的，由登记机关责令改正，处虚报注册资本金额5%以上15%以下的罚款；情节严重的，吊销营业执照。

实行注册资本实缴登记制的市场主体的发起人、股东虚假出资，未交付或者未按期交付作为出资的货币或者非货币财产的，或者在市场主体成立后抽逃出资的，由登记机关责令改正，处虚假出资金额5%以上15%以下的罚款。

❖ 典型案例

浙江省杭州市某区人民检察院督促治理虚假登记市场主体检察监督案[①]

◎ **关键词**

行政检察　虚假登记　类案监督　检察一体化　数字化治理

◎ **要旨**

人民检察院在开展行政诉讼监督中发现存在虚假登记市场主体问题，可以依法制发检察建议，督促行政主管部门依法履行监管职责。要积极运用大数据赋能法律监督，注重从个案发现类案监督线索，通过社会治理检察建议推动跨部门高效协同社会治理。

◎ **基本案情**

2018年8月，王某在购买车票时发现自己被纳入限制高消费名单，经查询得知，其遗失的身份证被他人冒名用于登记设立某咨询公司，王某被登记为公司法定代表人，因某咨询公司欠款未还，王某被法院列为失信被

---

① 最高人民检察院检例第169号。

执行人。2018年11月，王某向某区市场监督管理局申请撤销登记，该局未同意。王某申请笔迹鉴定，鉴定意见证明注册的登记资料和委托书上的"王某"签名均非其本人书写。2019年3月，王某向某区人民法院提起行政诉讼，请求判令某区市场监督管理局撤销公司登记。因王某提起的行政诉讼已超过法定起诉期限，依据浙江省高级人民法院、浙江省人民检察院《关于共同推进行政争议实质性化解工作的纪要》，某区人民法院邀请检察机关共同开展行政争议实质性化解工作。

◎ **检察机关履职过程**

案件来源。某区人民检察院应邀参与化解工作。经调查查明王某确系被冒名登记，遂于2019年11月18日向某区市场监督管理局发出检察建议书，建议其依法启动公示和调查程序。某区市场监督管理局收到检察建议后，按照规定启动了公示调查程序，并于2020年4月23日撤销王某名下的某咨询公司。针对王某案反映出的提交虚假材料或者采取其他欺诈手段隐瞒重要事实取得市场主体登记（以下简称虚假登记）问题，某区人民检察院研判认为该问题并非个案，经检索检察业务应用系统，发现该院办结的朱某某诈骗案中，朱某某等人为骗取街道招商引资引荐奖金，通过购买、借用他人身份信息，虚假登记26家公司。经对辖区内涉嫌虚假登记线索进一步筛查，发现2019年11月至2020年1月期间，杭州某灯饰有限公司等74家公司分别以杭州市已处于歇业状态的某宾馆3-8层74个房间号为经营地址登记注册，涉嫌提交虚假材料取得公司登记，遂依法启动行政检察类案监督。

调查核实。某区人民检察院开展了以下调查核实工作：一是向该区市场监督管理局调取相关公司登记材料；二是向人社部门、税务部门调取涉案公司人员社保缴纳信息、税款缴纳情况；三是向该区公安分局刑事侦查大队了解电信诈骗团伙犯罪相关情况；四是实地查看74家公司登记地址，调取该地址经营的某宾馆有限公司营业执照、租赁合同。查明：某宾馆有限公司是74间房屋产权所有方，74家公司系邓某某等人伪造租赁合同和办公租用协议，加盖伪造的"某宾馆有限公司"的印章，冒用他人身份信息，通过浙江省企业登记全程电子化平台登记设立公司，申请银行对公账户，某宾馆有限公司对 74 家公司擅自使用其地址注册公司的行为并不知情；该 74 家公司均无社保、税费缴纳记录，未在登记地址实际经营。其中有 4 家公司的对公账户已证实被用于电信诈骗活动，其余公司及其对公账户也被转卖给他人用于违法犯罪活动。上述 74 家公司冒用某宾馆有限公司经营地址，影响了该公司破产程序的进行。

监督意见。某区人民检察院经审查认为，杭州某灯饰有限公司等 74 家公司提交虚假材料取得公司登记用于违法犯罪活动，已严重损害人民群众的财产安全、信用安全，情节严重，根据《中华人民共和国公司法》第一百九十八条、《中华人民共和国公司登记管理条例》第六十四条规定，应当吊销营业执照。杭州市某区市场监督管理局对上述违法行为负有法定监督管理职责，但并未依法尽责履职。2020 年 5 月 29 日，某区人民检察院向区市场监督管理局发出检察建议书，建议：1. 履行监管职责，吊销杭州某灯饰有限公司等 74 家公司的营业执照；2. 开展涉案公司法定代表人的关联公司信息排查专项行动；3. 建立长效监管机制，利用大数据排查等方式加强日常巡查。

监督结果。某区市场监管局针对检察建议书的内容，对所涉及的 74 家公司的违法行为依法进行了相关调查处理，查明 74 家公司提供的租赁合同和办公租用协议确属伪造，依法作出吊销杭州某灯饰有限公司等 74 家公司营业执照的行政处罚决定。区市场监督管理局在全区范围内开展虚假登记专项检查，撤销 20 家因冒用他人身份证登记的公司，将 200 余家无社保缴纳记录、无缴税记录、同一地址登记多家公司等异常公司列入重点管控企业名录。朱某某诈骗案所涉及的 26 家公司亦被依法吊销营业执照。

针对案件办理过程中发现的职能衔接不畅、信息共享不及时、传统监管手段滞后等问题，某区人民检察院会同区法院、公安、人社、市场监管、税务等部门，建立线索移送反馈、快速联动查处、定期案情通报等工作机制，形成虚假登记行政监管"快通道"。

推进治理。案件办理后，某区人民检察院组建由行政检察牵头，刑事检察、检察技术部门共同参与的办案团队，开展类案解析、要素梳理、规则研判，建立数字办案模型，对检察业务应用系统中"营业执照、对公账户、公司登记、公司注册"等关键词和数据进行检索和碰撞，从而获取虚假登记线索。针对案件反映出互联网商事登记审核虚化、执法办案数据与司法办案数据存在信息壁垒、对异常信息的辨识和预警能力不足等行政监管问题，某区人民检察院撰写调研报告、检察情况反映报送区委及其政法委、区政府，得到充分肯定和支持。为提升治理效果，某区人民检察院会同区委政法委、区人社局、市场监管局、税务局签订《关于建立某区综合治理虚假登记公司共同守护法治营商环境工作机制的意见》，成立工作专班，共建"虚假公司综合治理一件事"多跨应用场景，打通了检察机关与行政机关的数据壁垒，对数字办案模型筛选出来的虚假登记线索与市场监管局的企业基本信息数据、人社局的企业社保缴纳数据、税务局的企业缴税数据进行实时对比碰撞，获取社保缴纳异常、缴税情况异常的企业清单，并将上述线索通过"法治营商环境共护"平台线上移送给相关部门处理，实现对虚假登记监督办案、处置反馈、动态预警、综合治理的全流程实时分析，形成覆盖"数据—平台—机制"的长效动态治理模式。

2022年1月，杭州市人民检察院以某区经验为范本，在全市范围内开展数字监督集中专项行动，借助"法治营商环境共护"平台对近年来杭州市内刑事案件中涉及虚假登记及关联公司的情况进行排查。2022年4月，浙江省人民检察院在全省推广某区经验，开展虚假登记数字监督专项行动，通过数字赋能，促进社会治理。截至2022年7月，全省检察机关通过制发检察建议的方式，督促市场监督管理部门对753家公司撤销登记或者吊销营业执照。杭州市检察机关向市市场监督管理部门推送涉案公司918家、关联公司822家，10个区县（市）同步启动治理，市场监督管理部门已撤销29家公司登记，吊销97家公司营业执照，另有846家公司被列入经营异常名录。

◎ 指导意义

（一）人民检察院在履行行政诉讼监督职责中发现虚假登记市场主体问题，依法制发检察建议，督促行政机关依法履职，并运用大数据挖掘分析，从个案办理发现类案线索，透过案件发现深层次问题，有助于推动跨部门高效协同数字化诉源治理。人民检察院依法能动履职，以个案办理、类案监督为切口，运用大数据构建关键词检索、关联数据碰撞的类案监督模型，对案件进行特征归纳，发掘案件背后执法司法、制度机制、管理衔接等方面存在的共性问题，适时提出检察建议，促进社会治理。要主动加强与其他执法司法机关协作，打通"数据孤岛"，推动建立执法和司法办案数据互联互通的数字化治理平台，建立数据交换、业务协同、关联分析、异常预警的数字化治理模式，实现跨部门协同治理，以监督推进共享、以共享赋能监督，有效维护公平竞争的市场秩序，营造法治化营商环境。

（二）人民检察院在办案中要坚持系统思维，充分发挥检察一体化办案机制优势，上下联动、内部融合，优化检察资源配置，提升法律监督质效。人民检察院在办案中，要凝聚检察机关上下级之间的纵向监督合力，以及内部各业务部门之间的横向监督合力，构建"线索同步发现、双向移送、协同办理"办案模式。根据办案需要，组建跨部门一体化专业办案团队，整合上下级检察机关和同一检察机关各部门资源，紧密衔接、同向发力，形成法律监督合力。上级检察机关在加大自身办案和对下指导力度的同时，要对下推动跨区域协作办案，实现检察监督效果的倍增、叠加效应。

◎ **相关规定**

《中华人民共和国人民检察院组织法》（2018年修订）第二十一条

《中华人民共和国公司法》（2018年修正）第一百九十八条

《人民检察院检察建议工作规定》（2019年施行）第三条、第十一条

《中华人民共和国公司登记管理条例》（2016年修订）第二条、第四条、第六十四条（现为2022年3月1日施行的《中华人民共和国市场主体登记管理条例》第五条、第十七条、第四十条、第四十四条）

国家市场监督管理总局《关于撤销冒用他人身份信息取得公司登记的指导意见》（2019年施行）

第二百五十一条　未依法公示有关信息的法律责任

公司未依照本法第四十条规定公示有关信息或者不如实公示有关信息的，由公司登记机关责令改正，可以处以一万元以上五万元以下的罚款。情节严重的，处以五万元以上二十万元以下的罚款；对直接负责的主管人员和其他直接责任人员处以一万元以上十万元以下的罚款。

第二百五十二条　虚假出资的法律责任

公司的发起人、股东虚假出资，未交付或者未按期交付作为出资的货币或者非货币财产的，由公司登记机关责令改正，可以处以五万元以上二十万元以下的罚款；情节严重的，处以虚假出资或者未出资金额百分之五以上百分之十五以下的罚款；对直接负责的主管人员和其他直接责任人员处以一万元以上十万元以下的罚款。

❀ 关联规定

《**刑法**》（2023 年 12 月 29 日）

第一百五十九条　【虚假出资、抽逃出资罪】公司发起人、股东违反公司法的规定未交付货币、实物或者未转移财产权，虚假出资，或者在公司成立后又抽逃其出资，数额巨大、后果严重或者有其他严重情节的，处五年以下有期徒刑或者拘役，并处或者单处虚假出资金额或者抽逃出资金额百分之二以上百分之十以下罚金。

单位犯前款罪的，对单位判处罚金，并对其直接负责的主管人员和其他直接责任人员，处五年以下有期徒刑或者拘役。

第二百五十三条 抽逃出资的法律责任

公司的发起人、股东在公司成立后，抽逃其出资的，由公司登记机关责令改正，处以所抽逃出资金额百分之五以上百分之十五以下的罚款；对直接负责的主管人员和其他直接责任人员处以三万元以上三十万元以下的罚款。

关联规定

1.《刑法》（2023 年 12 月 29 日）

第一百五十九条　【虚假出资、抽逃出资罪】公司发起人、股东违反公司法的规定未交付货币、实物或者未转移财产权，虚假出资，或者在公司成立后又抽逃其出资，数额巨大、后果严重或者有其他严重情节的，处五年以下有期徒刑或者拘役，并处或者单处虚假出资金额或者抽逃出资金额百分之二以上百分之十以下罚金。

单位犯前款罪的，对单位判处罚金，并对其直接负责的主管人员和其他直接责任人员，处五年以下有期徒刑或者拘役。

2.《最高人民法院关于适用〈中华人民共和国公司法〉若干问题的规定（三）》（2020 年 12 月 29 日）

第十二条　公司成立后，公司、股东或者公司债权人以相关股东的行为符合下列情形之一且损害公司权益为由，请求认定该股东抽逃出资的，人民法院应予支持：

（一）制作虚假财务会计报表虚增利润进行分配；

（二）通过虚构债权债务关系将其出资转出；

（三）利用关联交易将出资转出；

（四）其他未经法定程序将出资抽回的行为。

第十四条　股东抽逃出资，公司或者其他股东请求其向公司返还出资本息、协助抽逃出资的其他股东、董事、高级管理人员或者实际控制人对此承担连带责任的，人民法院应予支持。

公司债权人请求抽逃出资的股东在抽逃出资本息范围内对公司债务不能清偿的部分承担补充赔偿责任、协助抽逃出资的其他股东、董事、高级管理人员或者实际控制人对此承担连带责任的，人民法院应予支持；抽逃出资的股东已经承担上述责任，其他债权人提出相同请求的，人民法院不予支持。

第二百五十四条 另立会计账簿、提供虚假财务会计报告的法律责任

有下列行为之一的，由县级以上人民政府财政部门依照《中华人民共和国会计法》等法律、行政法规的规定处罚：

（一）在法定的会计账簿以外另立会计账簿；

（二）提供存在虚假记载或者隐瞒重要事实的财务会计报告。

关联规定

1.《刑法》（2023年12月29日）

第一百六十一条 【违规披露、不披露重要信息罪】依法负有信息披露义务的公司、企业向股东和社会公众提供虚假的或者隐瞒重要事实的财务会计报告，或者对依法应当披露的其他重要信息不按照规定披露，严重损害股东或者其他人利益，或者有其他严重情节的，对其直接负责的主管人员和其他直接责任人员，处五年以下有期徒刑或者拘役，并处或者单处罚金；情节特别严重的，处五年以上十年以下有期徒刑，并处罚金。

前款规定的公司、企业的控股股东、实际控制人实施或者组织、指使实施前款行为的，或者隐瞒相关事项导致前款规定的情形发生的，依照前款的规定处罚。

犯前款罪的控股股东、实际控制人是单位的，对单位判处罚金，并对其直接负责的主管人员和其他直接责任人员，依照第一款的规定处罚。

2.《会计法》(2017 年 11 月 4 日)

第四十二条 违反本法规定,有下列行为之一的,由县级以上人民政府财政部门责令限期改正,可以对单位并处三千元以上五万元以下的罚款;对其直接负责的主管人员和其他直接责任人员,可以处二千元以上二万元以下的罚款;属于国家工作人员的,还应当由其所在单位或者有关单位依法给予行政处分:

(一)不依法设置会计帐簿的;

(二)私设会计帐簿的;

(三)未按照规定填制、取得原始凭证或者填制、取得的原始凭证不符合规定的;

(四)以未经审核的会计凭证为依据登记会计帐簿或者登记会计帐簿不符合规定的;

(五)随意变更会计处理方法的;

(六)向不同的会计资料使用者提供的财务会计报告编制依据不一致的;

(七)未按照规定使用会计记录文字或者记帐本位币的;

(八)未按照规定保管会计资料,致使会计资料毁损、灭失的;

(九)未按照规定建立并实施单位内部会计监督制度或者拒绝依法实施的监督或者不如实提供有关会计资料及有关情况的;

(十)任用会计人员不符合本法规定的。

有前款所列行为之一,构成犯罪的,依法追究刑事责任。

会计人员有第一款所列行为之一,情节严重的,五年内不得从事会计工作。

有关法律对第一款所列行为的处罚另有规定的,依照有关法律的规定办理。

第二百五十五条 不按规定通知债权人的法律责任

公司在合并、分立、减少注册资本或者进行清算时,不依照本法规定通知或者公告债权人的,由公司登记机关责令改正,对公司处以一万元以上十万元以下的罚款。

第二百五十六条　清算时隐匿分配公司财产的法律责任

公司在进行清算时，隐匿财产，对资产负债表或者财产清单作虚假记载，或者在未清偿债务前分配公司财产的，由公司登记机关责令改正，对公司处以隐匿财产或者未清偿债务前分配公司财产金额百分之五以上百分之十以下的罚款；对直接负责的主管人员和其他直接责任人员处以一万元以上十万元以下的罚款。

关联规定

《刑法》（2023年12月29日）

第一百六十二条　【妨害清算罪】公司、企业进行清算时，隐匿财产，对资产负债表或者财产清单作虚伪记载或者在未清偿债务前分配公司、企业财产，严重损害债权人或者其他人利益的，对其直接负责的主管人员和其他直接责任人员，处五年以下有期徒刑或者拘役，并处或者单处二万元以上二十万元以下罚金。

第一百六十二条之一　【隐匿、故意销毁会计凭证、会计账簿、财务会计报告罪】隐匿或者故意销毁依法应当保存的会计凭证、会计帐簿、财务会计报告，情节严重的，处五年以下有期徒刑或者拘役，并处或者单处二万元以上二十万元以下罚金。

单位犯前款罪的，对单位判处罚金，并对其直接负责的主管人员和其他直接责任人员，依照前款的规定处罚。

第一百六十二条之二　【虚假破产罪】公司、企业通过隐匿财产、承担虚构的债务或者以其他方法转移、处分财产，实施虚假破产，严重损害债权人或者其他人利益的，对其直接负责的主管人员和其他直接责任人员，处五年以下有期徒刑或者拘役，并处或者单处二万元以上二十万元以下罚金。

第二百五十七条 承担资产评估、验资或者验证的机构违法的法律责任

承担资产评估、验资或者验证的机构提供虚假材料或者提供有重大遗漏的报告的，由有关部门依照《中华人民共和国资产评估法》、《中华人民共和国注册会计师法》等法律、行政法规的规定处罚。

承担资产评估、验资或者验证的机构因其出具的评估结果、验资或者验证证明不实，给公司债权人造成损失的，除能够证明自己没有过错的外，在其评估或者证明不实的金额范围内承担赔偿责任。

关联规定

《刑法》（2023年12月29日）

第二百二十九条 【提供虚假证明文件罪】承担资产评估、验资、验证、会计、审计、法律服务、保荐、安全评价、环境影响评价、环境监测等职责的中介组织的人员故意提供虚假证明文件，情节严重的，处五年以下有期徒刑或者拘役，并处罚金；有下列情形之一的，处五年以上十年以下有期徒刑，并处罚金：

（一）提供与证券发行相关的虚假的资产评估、会计、审计、法律服务、保荐等证明文件，情节特别严重的；

（二）提供与重大资产交易相关的虚假的资产评估、会计、审计等证明文件，情节特别严重的；

（三）在涉及公共安全的重大工程、项目中提供虚假的安全评价、环境影响评价等证明文件，致使公共财产、国家和人民利益遭受特别重大损失的。

有前款行为，同时索取他人财物或者非法收受他人财物构成犯罪的，依照处罚较重的规定定罪处罚。

【出具证明文件重大失实罪】第一款规定的人员，严重不负责任，出

具的证明文件有重大失实，造成严重后果的，处三年以下有期徒刑或者拘役，并处或者单处罚金。

第二百五十八条　公司登记机关违法的法律责任

公司登记机关违反法律、行政法规规定未履行职责或者履行职责不当的，对负有责任的领导人员和直接责任人员依法给予政务处分。

第二百五十九条　冒用公司名义的法律责任

未依法登记为有限责任公司或者股份有限公司，而冒用有限责任公司或者股份有限公司名义的，或者未依法登记为有限责任公司或者股份有限公司的分公司，而冒用有限责任公司或者股份有限公司的分公司名义的，由公司登记机关责令改正或者予以取缔，可以并处十万元以下的罚款。

第二百六十条　逾期开业、不当停业及未依法办理变更登记的法律责任

公司成立后无正当理由超过六个月未开业的，或者开业后自行停业连续六个月以上的，公司登记机关可以吊销营业执照，但公司依法办理歇业的除外。

公司登记事项发生变更时，未依照本法规定办理有关变更登记的，由公司登记机关责令限期登记；逾期不登记的，处以一万元以上十万元以下的罚款。

❀ 要点提示

公司的营利性目的除了以尽可能小的成本来获取最大的利益外，还在

于长期持续存在。因此，本法要求公司取得公司登记机关的核准后，应当尽快开业，并坚持营业。无正当理由逾期开业、停业的，会被吊销营业执照。

第二百六十一条 外国公司擅自设立分支机构的法律责任

外国公司违反本法规定，擅自在中华人民共和国境内设立分支机构的，由公司登记机关责令改正或者关闭，可以并处五万元以上二十万元以下的罚款。

第二百六十二条 利用公司名义危害国家安全与社会公共利益的法律责任

利用公司名义从事危害国家安全、社会公共利益的严重违法行为的，吊销营业执照。

第二百六十三条 民事赔偿优先

公司违反本法规定，应当承担民事赔偿责任和缴纳罚款、罚金的，其财产不足以支付时，先承担民事赔偿责任。

要点提示

在公司法适用的范围内，出现多种财产责任相竞合时，民事赔偿责任优先。

第二百六十四条 刑事责任

违反本法规定，构成犯罪的，依法追究刑事责任。

第十五章　附　　则

第二百六十五条　**本法相关用语的含义**

本法下列用语的含义：

（一）高级管理人员，是指公司的经理、副经理、财务负责人，上市公司董事会秘书和公司章程规定的其他人员。

（二）控股股东，是指其出资额占有限责任公司资本总额超过百分之五十或者其持有的股份占股份有限公司股本总额超过百分之五十的股东；出资额或者持有股份的比例虽然低于百分之五十，但依其出资额或者持有的股份所享有的表决权已足以对股东会的决议产生重大影响的股东。

（三）实际控制人，是指通过投资关系、协议或者其他安排，能够实际支配公司行为的人。

（四）关联关系，是指公司控股股东、实际控制人、董事、监事、高级管理人员与其直接或者间接控制的企业之间的关系，以及可能导致公司利益转移的其他关系。但是，国家控股的企业之间不仅因为同受国家控股而具有关联关系。

第二百六十六条　**施行日期**

本法自 2024 年 7 月 1 日起施行。

本法施行前已登记设立的公司，出资期限超过本法规定的期限的，除法律、行政法规或者国务院另有规定外，应当逐步调整至本法规定的期限以内；对于出资期限、出资额明显异常的，公司登记机关可以依法要求其及时调整。具体实施办法由国务院规定。

关联规定

《最高人民法院关于适用〈中华人民共和国公司法〉若干问题的规定（一）》
（2014年2月20日）

第一条 公司法实施后，人民法院尚未审结的和新受理的民事案件，其民事行为或事件发生在公司法实施以前的，适用当时的法律法规和司法解释。

第二条 因公司法实施前有关民事行为或者事件发生纠纷起诉到人民法院的，如当时的法律法规和司法解释没有明确规定时，可参照适用公司法的有关规定。

第五条 人民法院对公司法实施前已经终审的案件依法进行再审时，不适用公司法的规定。

附录

关于《中华人民共和国公司法（修订草案）》的说明

——2021年12月20日在第十三届全国人民代表大会
常务委员会第三十二次会议上

全国人大常委会法制工作委员会副主任　王瑞贺

委员长、各位副委员长、秘书长、各位委员：

我受委员长会议委托，作关于《中华人民共和国公司法（修订草案）》的说明。

一、关于公司法修改的必要性

公司是最重要的市场主体，公司法是社会主义市场经济制度的基础性法律。我国现行公司法于1993年制定，1999年、2004年对个别条款进行了修改，2005年进行了全面修订，2013年、2018年又对公司资本制度相关问题作了两次重要修改。公司法的制定和修改，与我国社会主义市场经济体制的建立和完善密切相关，颁布实施近30年来，对于建立健全现代企业制度、促进社会主义市场经济持续健康发展，发挥了重要作用。

党的十八大以来，以习近平同志为核心的党中央统筹推进"五位一体"总体布局，协调推进"四个全面"战略布局，在深化国有企业改革、优化营商环境、加强产权保护、促进资本市场健康发展等方面作出重大决策部署，推动公司制度和实践进一步完善发展，公司注册登记数量由2013年的1033万家增加到3800万家，同时对公司法修改提出一系列任务要求。

第一，修改公司法，是深化国有企业改革、完善中国特色现代企业制度的需要。习近平总书记强调，坚持党对国有企业的领导是重大政治原则，必须一以贯之；建立现代企业制度是国有企业的改革方向，也必须一以贯之。党的十八届三中全会决定提出，推动国有企业完善现代企业制度；健全协调运转、有效制衡的公司法人治理结构。党的十九届三中全会决定提出，将国有重点大型企业监事会职责划入审计署，不再设立国有重点大型企业监事会。党的十九届四中全会决定提出，要深化国有企业改革，完善中国特色现代企业制度；增强国有经济竞争力、创新力、控制力、影响力和抗风险能力。党中央、国务院《关于深化国有企业改革的指导意见》等对推进国有企业改革发展作出具体部署。修改公司法，贯彻落实党中央关于深化国有企业改革决策部署，是巩固深化国有企业治理改革成果，完善中国特色现代企业制度，促进国有经济高质量发展的必然要求。

第二，修改公司法，是持续优化营商环境、激发市场创新活力的需要。法治是最好的营商环境。党的十八大以来，党中央、国务院深入推进简政放权、放管结合、优化服务，持续改善营商环境。修改公司法，为方便公司设立、退出提供制度保障，为便利公司融资投资、优化治理机制提供更为丰富的制度性选择，降低公司运行成本，是推动打造市场化、法治化、国际化营商环境，更好激发市场创新动能和活力的客观需要。

第三，修改公司法，是完善产权保护制度、依法加强产权保护的需要。党的十八届四中全会决定提出，健全以公平为核心原则的产权保护制度，加强对各种所有制经济组织和自然人财产权的保护。党的十八届五中全会决定提出，推进产权保护法治化，依法保护各种所有制经济权益。党的十九大把"两个毫不动摇"写入新时代坚持和发展中国特色社会主义的基本方略。修改公司法，健全以企业组织形式和出资人承担责任方式为主的市场主体法律制度，规范公司的组织和行为，完善公司设立、运营、退出各环节相关当事人责任，切实维护公司、股东、债权人的合法权益，是完善产权保护制度、加强产权平等保护的重要内容。

第四，修改公司法，是健全资本市场基础性制度、促进资本市场健康发展的需要。习近平总书记强调，加快资本市场改革，尽快形成融资功能完备、基础制度扎实、市场监管有效、投资者合法权益得到充分保护的多层次市场体系。修改公司法，完善公司资本、公司治理等基础性制度，加强对投资者特别是中小投资者合法权益的保护，是促进资本市场健康发展、有效服务实体经济的重要举措。

同时，现行公司法律制度存在一些与改革和发展不适应、不协调的问题，主要是：有些制度滞后于近年来公司制度的创新实践；我国公司制度发展历程还不长，有些基础性制度尚有欠缺或者规定较为原则；公司监督制衡、责任追究机制不完善，中小投资者和债权人保护需要加强等。十三届全国人大以来，全国人大代表共有548人次提出相关议案、建议，呼吁修改完善公司法；一些专家学者、有关部门等通过多种方式提出修改公司法的意见建议。

各方面普遍认为，在贯彻新发展理念、构建新发展格局、推动高质量发展的过程中，市场经济体制改革不断深入，市场主体积极探索，创造了丰富的公司制度实践经验；司法机关根据公司法和公司纠纷裁判活动，制定出台了一系列司法解释和裁判规则；公司法理论研究不断深入，取得丰硕成果，为公司法修改完善提供了重要的基础和支撑。

二、关于起草工作和把握的几点

公司法修改列入了十三届全国人大常委会立法规划和年度立法工作计划。2019年初，法制工作委员会成立由中央有关部门、部分专家学者参加的公司法修改起草组，并组成工作专班，抓紧开展起草工作。在工作中，充分发挥全国人大代表的作用，通过多种方式听取他们的意见；成立专家组并委托专家学者对重点难点问题开展专题研究；请最高人民法院、国务院国资委、国家市场监管总局、中国证监会总结梳理公司法实施情况，提出修法建议。在上述工作基础上，经多次征求意见、反复修改完善，形成了公司法修订草案征求意见稿，送各省（区、市）人大常委会和中央有关部门共54家单位征求意见。总的认为，征求意见稿贯彻落实党中央一系列部署要求，深入总结实践经验，修改思路清晰，修改内容系统全面、针对性强，重要制度的充实完善符合实际，基本可行。法制工作委员会根据反馈意见对征求意见稿又作了修改完善，形成了《中华人民共和国公司法（修订草案）》。

起草工作注意把握以下几点：**一是**，坚持正确政治方向。贯彻落实党中央决策部署对完善公司法律制度提出的各项任务要求，充分发挥市场在资源配置中的决定性作用，更好发挥政府作用，完善中国特色现代企业制度，为坚持和完善我国基本经济制度提供坚实法制保障。**二是**，在现行公司法基本框架和主要制度的基础上作系统修改。保持现行公司法框架结构、基本制度稳定，维护法律制度的连续性、稳定性，降低制度转换成本；同时，适应经济社会发展变化的新形势新要求，针对实践中的突出问题和制度短板，对现行公司法作系统的修改完善。**三是**，坚持立足国情与借鉴国际经验相结合。从我国实际出发，将实践中行之有效的做法和改革成果上升为法律规范；同时注意吸收借鉴一些国家公司法律制度有益经验，还适应世界银行营商环境评价，作了一些有针对性的修改。**四是**，处理好与其他法律法规的关系。做好公司法修改与民法典、外商投资法、证券法、企业国有资产法以及正在修改的企业破产法等法律的衔接，并合理吸收相关行政法规、规章、司法解释的成果。

三、关于修订草案的主要内容

修订草案共 15 章 260 条，在现行公司法 13 章 218 条的基础上，实质新增和修改 70 条左右。主要修改内容包括：

（一）坚持党对国有企业的领导

坚持党的领导，是国有企业的本质特征和独特优势，是完善中国特色现代企业制度的根本要求。修订草案依据党章规定，明确党对国有企业的领导，保证党组织把方向、管大局、保落实的领导作用，规定："国家出资公司中中国共产党的组织，按照中国共产党章程的规定发挥领导作用，研究讨论公司重大经营管理事项，支持股东会、董事会、监事会、高级管理人员依法行使职权"。

同时，修订草案继续坚持现行公司法关于在各类型公司中根据党章规定设立党的组织，开展党的活动，公司应当为党组织的活动提供必要条件等规定。

(二) 关于完善国家出资公司特别规定

深入总结国有企业改革成果，在现行公司法关于国有独资公司专节的基础上，设"国家出资公司的特别规定"专章：**一是**，将适用范围由国有独资有限责任公司，扩大到国有独资、国有控股的有限责任公司、股份有限公司。**二是**，明确国家出资公司由国有资产监督管理机构等根据授权代表本级政府履行出资人职责；履行出资人职责的机构就重要的国家出资公司的重大事项作出有关决定前，应当报本级政府批准；国家出资公司应当依法建立健全内部监督管理和风险控制制度。**三是**，落实党中央有关部署，加强国有独资公司董事会建设，要求国有独资公司董事会成员中外部董事应当超过半数；并在董事会中设置审计委员会等专门委员会，同时不再设监事会。

(三) 关于完善公司设立、退出制度

深入总结党的十八大以来持续优化营商环境改革成果，完善公司登记制度，进一步简便公司设立和退出。**一是**，新设公司登记一章，明确公司设立登记、变更登记、注销登记的事项和程序；同时要求公司登记机关优化登记流程，提高登记效率和便利化水平。**二是**，充分利用信息化建设成果，明确电子营业执照、通过统一的企业信息公示系统发布公告、采用电子通讯方式作出决议的法律效力。**三是**，扩大可用作出资的财产范围，明确股权、债权可以作价出资；放宽一人有限责任公司设立等限制，并允许设立一人股份有限公司。**四是**，完善公司清算制度，强化清算义务人和清算组成员的义务和责任；增加规定，经全体股东对债务履行作出承诺，可以通过简易程序注销登记。

(四) 关于优化公司组织机构设置

贯彻落实党中央关于完善中国特色现代企业制度的要求，深入总结我国公司制度创新实践经验，在组织机构设置方面赋予公司更大自主权。**一是**，突出董事会在公司治理中的地位，并根据民法典的有关规定，明确董事会是公司的执行机构。**二是**，根据国有独资公司、国有资本投资运营公司董事会建设实践，并为我国企业走出去及外商到我国投资提供便利，允许公司选择单层制治理模式（即只设董事会、不设监事会）。公司选择只设董事会的，应当在董事会中设置由董事组成的审计委员会负责监督；其中，股份有限公司审计委员会的成员应过半数为非执行董事。**三是**，进一步简化公司组织机构设置，对于规模较小的公司，可以不设董事会，股份有限公司设一至二名董事，有限责任公司设一名董事或者经理；规模较小的公司还可以不设监事会，设一至二名监事。

同时，现行公司法在职工董事的设置方面，只对国有独资和国有全资的有限责任公司提出了要求。为更好保障职工参与公司民主管理、民主监督，修订草案扩大设置职工董事的公司范围，并不再按公司所有制类型对职工董事的设置提出要求。考虑到修订草案已规定规模较小的公司不设董事会，并综合考虑中型企业划分标准等因素，规定：职工人数三百人以上的公司，董事会成员中应当有职工代表；其他公司董事会成员中可以有职工代表。

（五）关于完善公司资本制度

为提高投融资效率并维护交易安全，深入总结企业注册资本制度改革成果，吸收借鉴国外公司法律制度经验，丰富完善公司资本制度。**一是**，在股份有限公司中引入授权资本制，即股份有限公司设立时只需发行部分股份，公司章程或者股东会可以作出授权，由董事会根据公司运营的实际需要决定发行剩余股份。这样既方便股份有限公司设立，又给予了公司发行新股筹集资本的灵活性，并且能够减少公司注册资本虚化等问题的发生。**二是**，为适应不同投资者的投资需求，对已有较多实践的类别股作出规定，包括优先股和劣后股、特殊表决权股、转让受限股等；允许公司根据章程择一采用面额股或者无面额股；按照反洗钱有关要求，并根据我国股票发行的实际，取消无记名股。**三是**，增加简易减资制度，即：公司按照规定弥补亏损后仍有亏损的，可以进行简易减资，但不得向股东进行分配。

同时，加强对股东出资和股权交易行为的规范，维护交易安全。**一是**，增加股东欠缴出资的失权制度，规定：股东未按期足额缴纳出资，经公司催缴后在规定期限内仍未缴纳出资的，该股东丧失其未缴纳出资的股权。**二是**，增加有限责任公司股东认缴出资的加速到期制度，规定：公司不能清偿到期债务，且明显缺乏清偿能力的，公司或者债权人有权要求已认缴出资但未届缴资期限的股东提前缴纳出资。**三是**，明确瑕疵股权转让时转让方、受让方的出资责任。

（六）关于强化控股股东和经营管理人员的责任

落实党中央关于产权平等保护等要求，总结吸收公司法司法实践经验，完善控股股东和经营管理人员责任制度。**一是**，完善董事、监事、高级管理人员忠实义务和勤勉义务的具体内容；加强对关联交易的规范，扩大关联人的范围，增加关联交易报告义务和回避表决规则。**二是**，强化董事、监事、高级管理人员维护公司资本充实的责任，包括：股东欠缴出资和抽逃出资，违反本法规定分配利润和减少注册资本，以及违反本法规定为他人取得本公司股份提供财务资助时，上述人员的赔偿责任。**三是**，增加规定：董事、高级管理人员执行职务，因故意或者重大过失，给他人造成损害的，应当与公司承担连带责任。**四是**，针对实践中控股股东、实际控制人滥用控制地位侵害公司及中小股东权益的突出问题，借鉴一些国家法律规定，明确：公司的控股股东、实际控制人利用其对公司的影响，指使董事、高级管理人员从事损害公司利益或者股东利益的行为，给公司或者股东造成损失的，与该董事、高级管理人员承担连带责任。

（七）关于加强公司社会责任

贯彻党的十八届四中全会决定有关要求，加强公司社会责任建设，增加规定：公司从事经营活动，应当在遵守法律法规规定义务的基础上，充分考虑公司职工、消费者等利益相关者的利益以及生态环境保护等社会公共利益，承担社会责任；国家鼓励公司参与社会公益活动，公布社会责任报告。

公司法修订草案和以上说明是否妥当，请审议。

图书在版编目（CIP）数据

公司法及司法解释关联适用全书/法规应用研究中心编. —北京：中国法制出版社，2024.1
（关联适用全书系列）
ISBN 978-7-5216-4132-5

Ⅰ.①公… Ⅱ.①法… Ⅲ.①公司法-法律适用-中国 Ⅳ.①D922.291.915

中国国家版本馆CIP数据核字（2024）第013380号

责任编辑：韩璐玮（hanluwei666@163.com）　　　　　　封面设计：周黎明

公司法及司法解释关联适用全书
GONGSIFA JI SIFA JIESHI GUANLIAN SHIYONG QUANSHU

编者/法规应用研究中心
经销/新华书店
印刷/三河市紫恒印装有限公司
开本/710毫米×1000毫米　16开　　　　　　　印张/20.75　字数/281千
版次/2024年1月第1版　　　　　　　　　　　　2024年1月第1次印刷

中国法制出版社出版
书号 ISBN 978-7-5216-4132-5　　　　　　　　　定价：68.00元

北京市西城区西便门西里甲16号西便门办公区
邮政编码：100053　　　　　　　　　　　　　　传真：010-63141600
网址：http：//www.zgfzs.com　　　　　　　　　编辑部电话：010-63141790
市场营销部电话：010-63141612　　　　　　　　印务部电话：010-63141606

（如有印装质量问题，请与本社印务部联系。）